# ये माताएँ अनब्याही

## डॉ. सुनीता शर्मा

दिल्ली विश्वविद्यालय के हिंदी विभाग में प्रवक्ता रह चुकी डॉ. सुनीता शर्मा का जन्म 27 जनवरी, 1967 को दिल्ली के ढका मोहल्ले में हुआ। हिंदी में स्नातक तथा पी.एच-डी. की उपाधि प्राप्त। स्वभाव से बेहद संवेदनशील डॉ. सुनीता शर्मा ने वंचितों के लिए सच में कुछ करने के मकसद से इंटूवाट नामक एक स्वयंसेवी संस्था की स्थापना की और आप इस संस्था की संस्थापक अध्यक्षा हैं।

**प्रकाशित कृतियाँ :** *किताबों में पड़े फूल* (कविता संग्रह/हिंदी अकादमी, दिल्ली सरकार से 1995 में सम्मानित), *अब इंतजार नहीं, पीले पत्ते, तुम तो गवाह हो* (कविता संग्रह), *आत्म गौरव जिनके संस्कार में है* (निबंध संग्रह), *शामियाने की दरी* (उपन्यास/केंद्रीय हिंदी निदेशालय द्वारा तत्कालीन राष्ट्रपति डॉ. शंकर दयाल शर्मा द्वारा सम्मानित), *मंगत* (उपन्यास) हैं। इनके अलावा आपने 200 से ज्यादा शोधपरक लेख भी लिखे हैं। आदिवासी महिलाओं की आर्थिक आत्मनिर्भरता के लिए ज्वाइंट लायबिलिटी ग्रुप (JLG) के जरिए आपने *सुलक्ष्मी माइक्रोफाइनेंस लिमिटेड कम्पनी* की स्थापना कर लघु ऋण को व्यापक रूप देने में जुटी हैं।

डॉ. सुनीता शर्मा अब तक वियतनाम, मलेशिया, थाईलैंड, फिलिपींस और बांग्लादेश की यात्राएँ कर चुकी हैं। बांग्लादेश के बंदरबन इलाके में नोबेल पुरस्कार से सम्मानित मुहम्मद युनुस के स्वयं सहायता समूहों की गतिविधियों का प्रयोगदर्शन भी देख चुकी है।

## अमरेंद्र किशोर

अमरेंद्र किशोर करीब दो दशकों से आदिवासी समाज से जुड़े मुद्दों पर लगातार लिख रहे हैं। इनके पिता श्री कृष्णदेव नारायण पांडे आदिवासियों के शिक्षण कार्यों से जुड़े रहे, इसी कारण अमरेंद्र किशोर का बचपन बिहार और झारखंड के आदिवासी इलाकों में बीता। ऐतिहासिक शहर सासाराम से पढ़-लिखकर अमरेंद्र ने वहीं से पत्रकारिता की शुरुआत की। पत्रकारिता में रहकर अमरेंद्र ने समझौतों से इनकार किया। पत्रकारिता से समाजसेवा में आए अमरेंद्र किशोर इन दिनों एक स्वयं सेवी संस्था इंटूवाट के कार्यकारी निदेशक हैं।

**प्रकाशित कृतियाँ :** अभी तक इनकी पाँच पुस्तकें *आजादी और आदिवासी, सत्ता, समाज और संस्कृति, पानी की आस* (सभी निबंध संग्रह), *माँ नाराज क्यों है* (उपन्यास), *जंगल-जंगल लूट मची है* (निबन्ध संग्रह/हिंदी अकादमी, दिल्ली सरकार से वर्ष 2007 में सम्मानित) प्रकाशित हो चुकी हैं। दक्षिण पूर्व एशिया के करीब 14 करोड़ आदिवासी जनों के बारे में जानने की जिज्ञासा में आप अभी तक बांग्लादेश, थाईलैंड, मलेशिया, वियतनाम तथा फिलिपींस के दुर्गम एवं दुरूह इलाकों की साहसिक यात्राएँ कर चुके हैं। इंटूवाट के करीब 150 परियोजनाओं और कार्यक्रमों की परिकल्पना को हकीकत में बदलने के व्यापक मुहिम में आपकी सक्रिय भागीदारी रही है। इन दिनों आदिवासी समाज की गहरी समस्या को लेकर एक शोधकार्य में सन्नद्ध हैं। आप पर्यावरण और आदिवासियों से सम्बन्धित कई वृत्तचित्रों के निर्माण से भी जुड़े रहे हैं।

**आवरण :** अमरेंद्र किशोर

# ये माताएँ अनब्याही

डॉ. सुनीता शर्मा
अमरेंद्र किशोर

समझदार पेपरबैक्स
राजकमल

राजकमल पेपरबैक्स में
**पहला संस्करण** : 2008



---

**राजकमल पेपरबैक्स** : उत्कृष्ट साहित्य के जनसुलभ संस्करण

---

राजकमल प्रकाशन प्रा. लि.
1-बी, नेताजी सुभाष मार्ग,
नई दिल्ली-110 002
द्वारा प्रकाशित

**शाखाएँ** : अशोक राजपथ, साइंस कॉलेज के सामने, पटना-800 006
पहली मंजिल, दरबारी बिल्डिंग, महात्मा गांधी मार्ग, इलाहाबाद-211 001

वेबसाइट : www.rajkamalprakashan.com
ई-मेल : info@rajkamalprakashan.com

**मुद्रक** : बी.के. ऑफसेट
नवीन शाहदरा, दिल्ली-110 032
द्वारा मुद्रित

**आवरण** : अमरेंद्र किशोर

**मूल्य** : रु. 125.00

YE MATAYEN UNBYAHEE
(Stories) by Dr. Sunita Sharma, Amarendra Kishore

ISBN : 978-81-267-1513-8

**समर्पण**

*बासमतिपुर (कालाहांडी) की अनब्याही माँ*
*अंबिका प्रधान*
*को,*
*जो समाज की जलालत और जिंदगी की*
*ज़द्दोजहद से जुदा होने के लिए*
*आत्महत्या करने को मजबूर हुई*

# आभार

- श्रीमती नमिता पंडा, अध्यक्षा, उड़ीसा राज्य महिला आयोग।
- डॉ. मोना शर्मा, भा.प्र.से., सचिव, महिला एवं बाल विकास विभाग, उड़ीसा सरकार।
- श्री हेमंत शर्मा, भा.प्र.से., सचिव, उद्योग विभाग, उड़ीसा सरकार।
- श्री शाश्वत मिश्र, भा.प्र.से., संयुक्त सचिव, कृषि विभाग, उड़ीसा सरकार।
- श्री सुरेश कुमार वशिष्ठ, भा.प्र.से., जिलाधीश, अंगुल।
- श्री मुनीश मुद्गल, भा.प्र.से., पूर्व जिलाधीश, मल्कानगिरि।
- श्री आर. सनदगोपालन, भा.प्र.से., जिलाधीश, बोलंगिर।
- सुश्री शुभा शर्मा, भा.प्र.से., जिलाधीश, कोरापुट।
- श्री जी. सिंह, भा.प्र.से., जिलाधीश, फूलबनी।
- श्री के. साहू, भा.प्र.से., जिलाधीश, केंद्रपाड़ा।
- श्री सत्य कार्तिकेयन, भा.प्र.से., जिलाधीश, सुंदरगढ़।
- श्री मनीष कुमार वर्मा, भा.प्र.से., जिलाधीश, मल्कानगिरि।
- श्री हरिहर पाणिग्रही, भा.प्र.से., जिलाधीश, बरगढ़।
- डॉ. पी.के. चौलिया, भा.प्र.से., जिलाधीश, सोनपुर।
- श्री पी.के. महिन्द्रा, भा.प्र.से., जिलाधीश, रायगड़ा।
- श्री नरसिंह भोल, भा.आ.से., पुलिस अधीक्षक, बोलंगिर।
- श्रीमती एन.बी. भारथी, भा.आ.से., पुलिस अधीक्षक, बरगढ़।
- श्री एस.सी. चौपटनायक, भा.आ.से., पुलिस अधीक्षक, कालाहांडी।
- श्री जी.एस. के. ईश्वरदास, भा.आ.से., पुलिस अधीक्षक, फूलबनी।
- श्री एस. परीदा, भा.आ.से., पुलिस अधीक्षक, केंद्रपाड़ा।
- श्री वाई. कोयल, भा.आ.से., पुलिस अधीक्षक, मल्कानगिरि।

# अनुक्रम

# ये माताएँ अनब्याही

# अविवाहित माताओं की ओर से

आदिवासी समाज में औरतों की भूमिका निर्विवादित तौर से स्वीकार्य है। असंगठित क्षेत्रों में मेहनत और प्रतिबद्धता से आदिवासी युवतियाँ अपना श्रम बेचती हैं। इनकी वजह से ही सुदूरवर्ती इलाकों में धान की खेती होती है, शहरों में निर्माण कार्य होता है और सरकार के विकास कार्यक्रमों को अमली जामा पहनाना संभव होता है। कोई माने या ना माने, लेकिन सचाई यही है कि अपना वजूद और अपना सब कुछ देने की हद पार कर आदिवासी औरतें असंगठित क्षेत्रों को जिंदा रख रही हैं। नतीजतन, वे समाज की हर नसीहत को चुप्पी के साथ, विवशता के साथ झेल लेती हैं। वे या तो असाध्य रोगों की शिकार हो जाती हैं या फिर उन्हें अनब्याही माँ होने की विवशता हो जाती है। यह सिलसिला सालों साल से है। सदियों से है।

उड़ीसा की करीब 40,000 अनब्याही माताएँ असंगठित क्षेत्रों की ही उपज हैं, चाहे जबरिया या भावनाओं में बहाकर ही सही, उन्हें माँ बनाया गया। शादी नामक सार्वभौम संस्था से जुड़े बगैर, उनके साथ दैहिक रिश्ते बनाए गए और वे माँ बन गईं। उन्हें यदि समाज की प्रताड़ना नहीं मिली, लांछित जिंदगी जीने की विवशता नहीं हुई या उन्हें किन्हीं कारणों से गलत नज़रों से नहीं देखा गया तो भी उनकी जिंदगी में जलालतें कम नहीं हुईं। समाज से उन्हें या उनके बच्चों को कोई सुरक्षा नहीं दी गई और न ही सांत्वना और सहयोग के स्वर उभरे। यदि उपेक्षा अपने आप में सबसे बड़ी त्रासदी है, तो इनसे अनब्याही माताएँ अछूती नहीं हैं। चाहे वे माताएँ राज्य के तटवर्ती इलाके की हों या कालाहांडी के पहाड़ी इलाके की जिंदगी से जूझना इन सबकी नियति है।

विडंबना है कि महिला हकों को लेकर संसद में हड़बोंग मचानेवाले हमारे समर्थ सांसद, औरतों की तरफदारी में संपादकीय लेख सिरजनेवाले सजग पत्रकार या आधी दुनिया को जीने की हकदारी दिलाने के नाम पर भूख हड़ताल-आमरण अनशन से लेकर झंडाबरदारी करनेवाली स्वयंसेवी संस्थाएँ अनब्याही माताओं के मुद्दे पर कुछ भी कह पाने की स्थिति में नहीं होते। चूँकि अनब्याही माताएँ वोट की राजनीति से इतर हैं। यह मुद्दा जातीय राजनीति से भी जुदा है। यही वजह है कि संसद और विधानमंडल क्या, पंचायतें भी उन माताओं की भलाई में कुछ करने और कहने की जरूरत महसूस नहीं करते। देश की दीनता के खोह में पालथी मारकर पसरे प्रखंड विकास अधिकारी (बी.डी.ओ.) नामक विकास के दावन तो इस मामले को अनुत्पादक मानते

हैं, विकास से कहीं अलग मामला मानकर इन माताओं को रंडी-पतुरिया कहकर आगे की सुधि लेने की सलाह हमें देते हैं।

सवाल यह है कि आखिरकार इन माताओं की सुधि कौन लेगा? कार्यपालिका? विधायिका? न्यायपालिका? इनके लिए आखिरकार कौन सोचेगा? यदि सामाजिक न्याय व आधिकारिता मंत्रालय की बात करें तो भी सरकार की ओर से अनब्याही माताओं के लिए ऐसे कोई प्रावधान नहीं हैं जिससे यह तसल्ली हो सके कि इनके जीने की संभावनाएँ शेष हैं। अन्य मंत्रालयों के लिए भी यह मामला अछूता है या अमहत्त्वपूर्ण है। इन माताओं को न्याय दिलाने के नाम पर न तो वैसी संस्थाएँ कुछ भी कर गुजरने का साहस रखती हैं जो जनहित के नाम पर जान देने पर आमादा होती हैं। मीडिया भी इस मामले में विवश है। क्योंकि इस मुद्दे से किसी चैनल के टी.आर.पी. रेटिंग बढ़ाई जाए ऐसा संभव नहीं है। अनब्याही माताओं का मुद्दा रहस्योद्घाटनी कार्यक्रम या स्टिंग ऑपरेशनों की अपेक्षा मीडिया में नीरसता पैदा करता है। यह मामला जेसिका लाल मामले जैसा नहीं है। जैसा प्रियदर्शनी मट्टू के मामले में हुआ, वैसी वाहवाही अनब्याही माताओं के मुद्दे से नहीं मिल सकती। यही कारण है कि कोई भी इस मामले की ओर ध्यान नहीं देता।

अनब्याही माताएँ अपनी बात किससे कहें ? यह सवाल इस सदी का सबसे बड़ा और ज्वलंत सवाल है जिनसे हम मुँह चुरा सकते हैं, उनके समाधान की परिस्थितियाँ नहीं बना सकते। यह लाचारी है। नपुंसक विवशता है, जो सोचने और समझने की शक्ति नहीं रहने देता। हमारी यह उपेक्षा ठीक वैसी ही है जैसे कमरे की गंदगी बुहारकर कालीन के नीचे छुपाई जाए। इस मुद्दे को जिस हद तक और जहाँ तक कोई उपेक्षित करे यह सामाजिक विस्फोट की स्थिति पैदा कर रहा है। इसलिए यदि समय रहते इन पर काबू नहीं किया गया तो अराजकता की स्थिति पैदा हो सकती है। चूँकि यह मामला सामाजिक बाद में है, वैयक्तिक पहले है, इसलिए हमें व्यक्तिगत रूप से इस मामले की गंभीरता सोचकर आगे बढ़ना होगा।

ये अनब्याही माताएँ आज गुहार करने की स्थिति में नहीं हैं। उन्हें नहीं पता कि कोर्ट क्या है, कचहरी क्या है, पटवारी क्या है, डी.एम. क्या है। वे सत्ता का मतलब नहीं जानतीं। सरकार की अहमियत से वे नावाकिफ हैं। क्योंकि उन्हें बताया नहीं गया कि प्रजातंत्र क्या है। प्रशासन क्या है। थाने की हैसियत उन्हें पता है कि थानेदार को हर महीने घी चाहिए, बकरी चाहिए, अंडे चाहिए, पैसे चाहिए और हर रात एक अदद मादा देह चाहिए। यहीं से शुरू होती है देहभोग की गुदगुदाती गाथा। अब सुधार कहाँ से हो, कैसे हो और इसकी पहल कौन करे ? न तो कानून के प्रावधान ऐसे हैं कि इस बारे में कोई ठोस कदम उठाने की पहल हो और न ही सरकार की सदिच्छा ही दिखती है कि अनब्याही माताओं को न्याय दिलाने की गुंजाईश दिखे। इनके राहत और पुनर्वास की बात तो बहुत दूर की है। ये हजारों अनब्याही माताएँ जिंदगी के दोराहे पर खड़ी हैं। न कुछ सोच सकती हैं और न ही कुछ करने की स्थिति में हैं।

सामाजिक सहमति तो बनाने से बनती है। कोई पहल तो करे। उड़ीसा के 11 जिलों में रहनेवाली अनब्याही माताओं को करीब से देखना जितना दुखदायी रहा उतना ही यह बात आत्मा स्वीकार नहीं करती कि भोलेपन और सहजता की इतनी बड़ी सजा हो सकती है। कोई नरक की जिंदगी इस वजह से जीने को मजबूर हो क्योंकि वह गरीब है, लाचार है, भूखी है, चिथड़ों में है, मगर व्यापार की भाषा में वह माल है। ऐसा माल जो देह की मंडी में हॉट केक है। यदि वह बाजारू नहीं भी है तो भी वह गर्मी है, आनंद है, भोग है। इतनी विशेषताएँ गरीबी पर भारी पड़ती हैं। भोग की भाषा में मादा देह की कोई जात नहीं होती। तो कैसी असमंजसता और कैसी विवशता किसी भी जाति, किसी भी धर्म, किसी रंग और किसी उम्र की औरत को भोगने में। देह भोग का दर्शन, उम्र की सीमा, सामाजिक रिश्ते और आपसी लिहाज को इनकार करता है। ये तमाम बातें उड़ीसा के साथ भी लागू होती हैं। तभी तो राज्य में हर उम्र की लड़कियाँ अनब्याही माँ बन रही है।

इस अध्ययन को पूरा करने में हमें विभिन्न जिला प्रशासन, उनके मातहत अधिकारियों के अलावा कई स्वयंसेवी संगठनों से भरपूर सहयोग मिला। इन सबके प्रति हम हृदय से आभारी हैं। *हिंदुस्तान दैनिक* की संपादिका मृणाल पांडे के प्रति हमारा विशेष आभार है जिन्होंने अपने पत्र में इस मुद्दे को प्रमुखता से प्रकाशित किया। इस मामले में गहन मनन-चिंतन में साथ दिया। *हिंदुस्तान दैनिक* के सह संपादक श्री विजय किशोर मानव ने, *इंडिया टुडे* के प्रभु चावला और *आज तक* के शमशेर सिंह का विशेष सहयोग हमारे साथ रहा। इनके अलावा सर्वश्री सौरभ तनखा *(पॉयनियर)*, अरविंद मोहन, विष्णु नागर (संपादक, *कादम्बिनी)*, और हरिवंशजी (संपादक, *प्रभात खबर)* की प्रेरणा से यह शोध पूरा हो सका है। इनके प्रति हम आभारी हैं।

यहाँ हमने उड़ीसा जैसे एक अति पिछड़े राज्य की एक ज्वलंत समस्या के प्रति देश के लोकमानस का ध्यान आकर्षित करवाने की कोशिश की है। उम्मीद है कि इसे पढ़कर लोग इस मुद्दे की गंभीरता समझेंगे और उन अभागी अनब्याही माताओं के जीवन में नई आस जगाने की कोशिश करेंगे।

इस शोध का प्रकाशन *राजकमल प्रकाशन* ने किया है, हम उन अनब्याही माताओं की ओर से श्री अशोक महेश्वरी के प्रति आभारी हैं।

**—डॉ. सुनीता शर्मा**
**अमरेन्द्र किशोर**

भवानी पटना, कालाहांडी
15 अगस्त, 2007

# पृष्ठभूमि

अपनी नृविज्ञानी विविधताओं और बहुसंजातीय विशिष्टताओं की वजह से पूरे देश में उड़ीसा राज्य का अलग महत्त्व है। राज्य में कुल 32 जिले हैं जहाँ 62 तरह के आदिवासी रहते हैं। कोरापुट, रायगड़ा, नौरंगपुर, मल्कानगिरि, कालाहांडी, नुआपाडा, फूलबनी, बउध, क्योंझर, सुंदरगढ़ और मयूरभंज जिले मुख्य रूप से आदिवासी बहुल हैं। देश के कुल आदिवासियों की आबादी का 22 प्रतिशत हिस्सा उड़ीसा के आदिवासियों का है। कंद आदिवासी राज्य में सबसे ज्यादा हैं और उसके बाद संथालों की आबादी है। इनके अलावा जोआंग, भुआंग, साओरा, बोंड और बथुदी इस राज्य में रहते हैं।

इन आदिवासियों के पास परंपराएँ आज भी सुरक्षित हैं। इनमें से कुछ समुदाय आज भी शिकार करते हैं, जंगलों के वनोपजों से अपनी जिंदगी जीते हैं और कई समुदाय आज भी जंगलों की सफाई और कटाई कर वहाँ खेती करते हैं। इनके जीने का नजरिया बिल्कुल साफ है, स्पष्ट है, सीधा है और सटीक है। इनका पहनावा-ओढ़ावा, भाषा, सामाजिक व्यवस्था, धार्मिक रीति-रिवाज, कला और संस्कृति के विविध पक्ष इनकी संजातीय पहचान को स्पष्ट करते हैं।

एक जमाना था जब आदिवासी समाज में दो बातें मुख्य तौर से देखी जाती थीं। पहली, उनकी अपनी पंचायत और दूसरा, गाँव से दूर उनके युवागृह। पंचायत को हमारी पंचायती व्यवस्था लील गई। बाकी युवागृहों को विकास की एजेंटों की नज़र लग गई। भारत का उड़ीसा ही एक ऐसा राज्य है जहाँ आदिवासी युवागृहों को कई नाम से पुकारा जाता था। जैसे 'जुंआंग' आदिवासी इसे 'मज़ांग' और 'दरबार' के नाम से पुकारते थे। कंद आदिवासियों में यह 'डिंडाघर' के रूप में प्रचलित था। जबकि भुआं आदिवासी इसे 'धांगड़बासा' और बोंड लोग इसे 'इंगेरसिन' के नाम से जानते थे। जबकि पूरे झारखंड के युवागृहों को 'धुमकुड़ियाँ,' पूर्वोतर भारत के युवागृहों को 'मोक्षक़' के नाम से और बस्तर के मुडिया 'घोटुल' के नाम से इसे पुकारते थे।

हम यह बात बार-बार कह रहे हैं कि युवागृहों के सर्वनाश की वजह से ही आदिवासी समाज में दिशाहीनता आई। युवक-युवती भटकाव के लिए विवश हुए और सबसे खेद की बात यह है कि उस समाज के सांस्कृतिक मूल्यों पर गैर-आदिवासियों ने जमकर आघात पहुँचाया। क्योंकि दैहिक संबंध बनाने की सहजता आदिवासी समाज में जरूर है मगर यह सहजता राष्ट्र की मुख्यधारा में जीनेवाले लोगों के लिए देह भोग की

परिस्थितियाँ बनाता है। तब जमाना परंपरा का था। परंपरा के सरोकार जंगलों से जुड़े थे। जंगल अपने थे। व्यवस्था अपनी थी। उनकी सरकार अपनी थी। वे आदिवासी जंगलों में रहते थे। कुदरत के भरोसे जिंदगी जीते थे। वे जल, जंगल, जमीन के साथ जीते थे और उनके लिए ही संघर्ष करते हुए मर जाते थे। क्योंकि जंगलों के साथ उनके बड़े संगत रिश्ते थे।

मगर एक जमाना ऐसा भी आया जब जंगलों के व्यापारिक महत्त्व को सरकार ने बड़ी संजीदगी से महसूस किया जो पेड़ों से पैसा कमाना चाहते थे। वे यह नहीं जानते थे कि वनवासियों की मानसिकता क्या है। उन लोगों की भावनाएँ किससे जुड़ी हैं और कहाँ तक जुड़ी हैं। तथाकथित सभ्य समाज ने जब युवागृहों के रहस्य को जान लिया तो उनके बीच से कई लोग जंगलों में जा पहुँचे कैमरे के साथ। वे नीली फिल्म बनानेवाले धुरंधर थे। वे यह भूल गए कि ये युवागृह आदिवासियों के रोजगार के साधन नहीं हैं। प्रसिद्ध नृविज्ञानी डॉ. श्याम सिंह शशि के विचार से 'ये युवागृह उन भूमिगत चकलाघरों, महानगरों के नाईटक्लब और पंचसितारा होटलों के बॉल डासिंग रूम से कहीं बेहतर हैं।' डॉ. शशि का मानना बिल्कुल सही है क्योंकि इन युवागृहों की वजह से ही जनजातीय समाज में सेक्स से जुड़े अपराध तब नहीं होते थे जब युवागृहों का जमाना था। महानगरों की सच्चाई क्या है यह सबको पता है।

युवागृहों के टूटने के साथ-साथ आदिवासी इलाकों में शहरीकरण की बयार आई। फैशन की नई तरकीबें बाजारों में स्थान बनाने में सफल रहीं। इनके लिए युवतियों में खास आकर्षण पैदा हुआ क्योंकि वे गौरांग स्त्रियों के दपदपाते सौंदर्य से चुंधियाँ जाती थीं। विकास के एजेंटों की मदद से आदिवासी इलाकों में विभिन्न विधियों से फिल्मी दुनिया की घुसपैठ शुरू हुई। पिछली सदी की छठे दशक में जब बाँध बनाए गए, पनबिजली पैदा करने की होड़ मची तो आदिवासी इलाकों में ट्रांजिस्टर, घड़ी और साईकिल की धूम मच गई। सोनभद्र और झाबुआ जैसे इलाकों में तो इनकी वजह से हत्याएँ तक होने लगीं। यह एक संक्रमण काल था। आदिवासी इलाकों में हिंदीभाषी लोग पसर रहे थे और ट्रांजिस्टर की भाषा भी हिंदी थी। इस वजह से बाहर से गए लोग देवतुल्य हो गए। जहाँ तक बात उड़ीसा की है तो वहाँ बंगलाभाषी लोगों का वर्चस्व देखने को मिला। मगर यह बहुत ही महत्त्वपूर्ण कारक नहीं था आदिवासियों के शोषण के मामले में।

आदिवासियों की हालत बदतर होने में सबसे बड़ी भूमिका जंगल से जुड़े कानूनों की रही है। जंगलों में जाना अपराध घोषित हुआ और जंगलों से बाहर जो रोजगार थे, उनपर बाहर के लोगों का कब्जा था। तो यह आदिवासियों की लाचारी हो गई कि वे रोटी कमाने के लिए जंगल से बाहर की ओर देखें और बाहर के लोगों के सामने हाथ जोड़े। तब संचार के साधन न के बराबर थे। आवागमन बड़ा मुश्किल था। जहाँ विकास का काम चल रहा था वहाँ तक जाना मानसरोवर या अमरनाथ की यात्रा से कम मुश्किल नहीं था। ऐसी स्थिति में विकास के एजेंट वहाँ खुद ही जा पाते थे और परिवार ले जाना

उनके लिए मुश्किल हो जाता था। ऐसे लोग महीनों और कभी तो साल-साल भर ऐसी जगहों पर रहने के लिए बाध्य होते थे। जंगलों से निकाले गए भूखे आदिवासियों के लिए ऐसे लोग अन्नदाता हुआ करते थे। वे यह नहीं जानते थे कि जो हाथ खाना देगा वही हाथ लगाम भी थामेगा। साथ में उन्हें यह नहीं पता था कि नींद, भूख, क्रोध और दैहिक संबंधों के मामलों में पशु और इंसान में ज्यादा अंतर नहीं होता। ये तमाम वृतियाँ स्वाभाविक हैं जिनका दमन जिंदगी में असंतुलन पैदा कर देता है। विकास के एजेंटों के साथ भी यही हुआ।

आदिवासी स्त्री के लिए संभोग एक स्वाभाविक व्यवहार है। उस जमाने में जहाँ ऐसी मानसिकता थी कि दैहिक संबंध बनाना पाप नहीं है इससे वनदेवी नाराज नहीं हो सकतीं। तो इस कारण वहाँ बड़ी सहजता के साथ उन युवतियों ने बाहर के लोगों से संबंध बनाए। इसके बदले उन्हें रोटी मिलती थी, रंगीन परिधान मिलते थे और सुगन्धित सौंदर्य सामग्रियाँ मिलती थीं। ये तमाम उपहार सहज सीधे आदिवासी स्वीकार करते गए। विकास के एजेंटों ने इस सहजता का भरपूर लाभ उठाया। स्थिति ऐसी हो गई जहाँ विकास पहुँचा वहाँ नस्ल परिवर्तन भी देखने को मिला। विकास की रफ्तार धीमी हुई। शोषण का सतत् दुश्चक्र जारी रहा। आदिवासी स्त्रियाँ बन गईं खुले सेक्स संबंधों की प्रतीक। संचार और आवागमन के साधनों की वजह से जहाँ वस्तु-विनिमय प्रणाली खत्म हुई वहीं मुद्रा के प्रचलन ने कई मुश्किलें पैदा की। यह सच है कि आदिवासी भी मोलभाव करना जान गए लेकिन वे घाटे के सौदागर साबित हुए।

चूँकि स्त्रियाँ आदिवासी समाज की रीढ़ हैं इसलिए हर जगह उनकी पहुँच है। लकड़ियाँ बेचने स्त्री गई तो लकड़ियों के गट्ठर के साथ उसकी कीमत भी लगाई गई। धान रोपने जो लड़की बाहर गई उसे मजदूरी क्या मिले बल्कि उसकी कीमत भी तय की गई। पहाड़ तोड़नेवाली औरतें पहाड़ों की पसलियाँ तोड़ती थीं और रात में खाट-खटियाँ में बिछाकर उन्हें नोंचा जाता था। देह के दमन का दौर जो एक बार शुरू हुआ तो रुकने का नाम ही नहीं लिया। चाहे सरकार गाय-बछड़ा की हो, कमल की हो, पंजे की हो या हसियाँ-बाली की हो। लुटना आज उन स्त्रियों की नियति है। संसद उनके लिए नहीं है। संविधान उनके लिए नहीं है। व्यवस्था उनकी नहीं है। आजादी के बाद जो भी कायदे-कानून बने वे गैर-आदिवासियों के लिए थे, भले ही उनके लिए विकास की डुगडुगी बजाई गई। पैसे और राजनीति के तमाम सांवैधानिक चंडूखानों में उनके लिए न कुछ होना था और न कुछ हुआ। चूँकि राजनीति सत्ता का खेल है और वहाँ सब कुछ वोट के लिए जायज है। तो आदिवासियों की सुधि कौन लेता। देश की राजनीति में उड़ीसा की भूमिका बहुत ज्यादा असरकारी नहीं रही है। मूँछ-चंदन-बंदूक की राजनीति से उड़ीसा का दूर-दूर तक वास्ता नहीं रहा। इस वजह से उड़ीसा की आवाज अनसुनी रह गई।

कहते हैं दमिश्क में अकाल पड़ा तो लोग प्यार करना भूल गए लेकिन उड़ीसा के संदर्भ में बात कुछ और है। गरीबी में भूख से निजात पाने के लिए युवतियों ने प्यार

का रास्ता ढूँढा। क्योंकि उन्हें उम्मीद थी कि एक मर्द को खुश करने के बाद ही सुख-चैन नसीब है। लेकिन ये भोली और मासूम युवतियाँ यह समझ नहीं पाईं कि दैहिक संबंधों के नतीजे क्या होते हैं। प्यार करना हर इंसान का एक निजी मामला है। उसे प्यार करने का अधिकार है। कानून के मुताबिक हर वयस्क स्त्री और पुरुष को यह अधिकार है, बशर्ते सामाजिक कायदों-कानूनों का उल्लंघन नहीं हो रहा हो। प्यार करनेवाले प्रेमिका और प्रेमी इस सच से वाकिफ होते हैं। किंतु प्यार के बाद दगाबाजी की कल्पना कोई प्रेमिका नहीं कर पातीं।

उड़ीसा के सुदूरवर्ती इलाकों में जहाँ स्त्रियाँ जागरूक नहीं हैं, उनके पास जुबाँ नहीं हैं, वे चुपचाप प्रेमी की दगाबाजी को सह लेती हैं। चूँकि उन्हें कानून की जानकारी नहीं है। उन्हें यह भी पता नहीं हैं कि इस स्थिति ने उन्हें कानून ने कितने अधिकार दिए हैं। हालाँकि यह बात दूसरी है कि ऐसे कई मामलों में न्यायालय का निर्णय अनब्याही माताओं के पक्ष में नहीं गया है। मगर बात हताशा की नहीं हैं। यदि युवतियाँ जागरूक हों तो ऐसे युवकों की धर-पकड़ संभव है और उन्हें सामाजिक दबाव में लाक़र अनब्याही माताओं को न्याय मुहैया कराई जा सकती है।

रोजगार की कमी की वजह से उड़ीसा में पूँजी की कमी है। सामाजिक लड़ाई नहीं लड़ पाने की खास वजह यही है। क्योंकि पैसे के आकर्षण में या पैसे कमाने के गरज से युवतियाँ अपना सब कुछ किसी को सौंपती हैं। यदि बात राज्य के तटवर्ती इलाकों की हो रही हो तो वहाँ जिंदगी जीने की जद्दोजहद तो है ही साथ में दिखावा भी है। जीवन शैली महँगी है। लोकमानस पर प्रतिसंस्कृति का प्रभाव कुछ ज्यादा ही है। वहाँ पर्यटन का प्रभाव है। मायावी विज्ञापन का संजाल है। इस हाल में युवतियाँ युवकों के करीब आती हैं और माँ बन जातीं हैं। जबकि पश्चिमोत्तर उड़ीसा की कहानी कुछ और है, जिसकी चर्चा हम ऊपर कर चुके हैं।

इस काम को शुरू करने के पहले ये तमाम बातें हमारे सामने थी। हमें यह भी पता था कि जब हम इस मुद्दे पर अपना काम शुरू करेंगे तो इसके अछोर विस्तार से भटकाव की स्थिति पैदा हो सकती है। इसके पहले इस मुद्दे पर कोई भी लेखन विस्तार से नहीं आ सका है, चाहे इसकी वजह जो भी हो। हमारी यह कोशिश रही है कि इस काम की दिशा ऐसी हो कि हम एक ऐसी पहल कर सकें कि अनब्याही माताओं की जिंदगी में नई आस पैदा हो सके। सच में वे घृणा के पात्र नहीं हैं। उन्हें सहानुभूति चाहिए। सहयोग चाहिए। साहस चाहिए। उन्हें समाज की मुख्यधारा में जीने की आश्वस्ति चाहिए। इस शोध के जरिए पूरे टीम की यह कोशिश रही है कि हम उन माताओं के लिए कुछ अच्छा कर सकें इसके लिए हमने स्थानीय और राष्ट्रीय स्तर पर समाज के हर तबके से उनकी राय ली है। उनमें जागरूकता पैदा करने के क्या उपाय हो सकते हैं यह हमारी पहली कोशिश थी। संतोष की बात यह है कि हमारी इस पहल का लोगों ने गर्मजोशी से स्वागत किया।

जो रायशुमारी आई है उससे अनब्याही माताओं के लिए कई अच्छे सुझाव हमारे

पास हैं। हमारी सदिच्छा थी कि हम उन माताओं को ज्यादा से ज्यादा दिनों के रोजगार की व्यवस्था कर सकें। यह शुरुआत हम कालाहांडी जिले से कर रहे हैं। स्वयंसेवी संस्था *द इंडियन नेशनल ट्रस्ट फॉर द वेलफेयर आफ द ट्राइबल्स* के साथ हमने कुटीर उद्योगों की स्थापना की रूपरेखा तैयार की है। उम्मीद है कि इसके जरिए हम 8 से 10 अनब्याही माताओं को रोजगार दे सकेंगे। यह रोजगार उन्हें इसी शर्त पर देने की बात है कि वे स्वयं सहायता समूहों से जुड़ें। हमें उम्मीद है कि ये माताएँ अब सीधे बाजार से जुड़ेंगी तथा स्वाभिमान और स्वविवेक से तरक्की के रास्ते खुद तय करेंगी और आगे बढ़ेंगी।

आखिर में हम उन राजनीतिज्ञों से और नौकरशाहों से यह गुजारिश करते हैं कि वे डुगडुगी बजाकर बंदर तमाशा दिखाने और उसके बाद ताकत की गोलियाँ बेचने के हथकंडे से बाज आएँ और इस राज्य को सामाजिक विस्फोट की स्थिति से बचाएँ।

# उन इलाकों के बारे में

खबरों के जरिए यह जानकारी हमें यदा-कदा मिलती रही है कि उड़ीसा में विभिन्न वजहों से भोली और मासूम लड़कियाँ अनब्याही माँ बन रही हैं। इसके मूल में तो बस सिर्फ उन बालाओं का मर्दों के साथ शारीरिक संसर्ग है मगर इस संसर्ग की स्थिति आखिरकार बनती कैसे है, यह जानना जरूरी हो जाता है। गाँव की युवतियाँ, कस्बों की लड़कियाँ या शहरों की बालाएँ शादी से पहले भावावेग में या लाचारी में मर्दों से दैहिक संबंध बनाती हैं और माँ बन जाती हैं। हमें यह जानकारी मिली कि शहरों से कहीं ज्यादा बदतर हालात दूरदराज के उन इलाकों में है जहाँ भूख और पलायन की पीड़ा इंसानी समाज की सबसे बड़ी त्रासदी है। यह एक चौंकानेवाला सच था। सचमुच, कड़वी सच्चाइयाँ जितनी अविश्वसनीयता होती हैं उतनी ही सटीक भी।

इस राज्य का यह दुखद पहलू है जहाँ प्यार, समर्पण, सेक्स और आपसी भावनात्मक रिश्तों के न नैतिक समीकरण होते हैं और न ही आत्मसुख के स्वाद। वहाँ आपसी रिश्तों की खदबदाती एक ऐसी दुनिया है जिसमें घृणा, द्वेष और तिरस्कार का मलमलाता माहौल है। कहीं रोटी के लिए साहूकार को बेटी बंधक रखने की परंपरा है तो कहीं इस वजह से बच्चे बेचे जाते हैं कि किसी तरह पेट भरने की औपचारिकता पूरी हो सके। इसके बावजूद राज्य की वादियाँ पर्यटकों के लिए आकर्षण हैं। अकूत वन्य संसाधनों के बावजूद राज्य में गरीबी है। कालाहांडी में तो 87 प्रतिशत से कहीं ज्यादा लोग गरीबी रेखा के नीचे गुजर-बसर कर रहे हैं। यही हाल नुआपाड़ा का है, बोलंगिर का है, फूलबनी का है, रायगड़ा का है। मल्कानगिरी हो या केंद्रपाड़ा या सुंदरगढ़—ये सब के सब गरीबी से बेहाल हैं। भूखमरी का पर्याय बन चुके उड़ीसा राज्य के ज्यादातर जिले खबरों से भी ज्यादा कविताओं की मेज पर चर्चा पाते रहे हैं। संगोष्ठियों और कार्यशालाओं में परोसे जानेवाली तश्तरियों में मुर्ग-मुसल्लम से कहीं ज्यादा चटपटी दूरदराज इलाकों की गरीबी बुद्धिजीवियों की शाब्दिक अय्याशियों की सूत्रधार बन जाती हैं।

किसी ने सही कहा है कि 'यह इलाका अकाल के पर्यटन स्थल का प्रवेश द्वार है'। सुविख्यात उपन्यासकार तेजिन्दर ने अपनी कृति ***डायरी सागा-सागा*** में लिखा है कि, 'मजदूर साग से भी यहाँ सस्ते बिकते हैं, और कुत्ते इंसान को नोंचकर खा जाते हैं, व्यवस्था के कान पर जूँ तक नहीं रेंगती।' प्रख्यात पत्रकार डॉ. वेद प्रताप वैदिक कहते हैं, ''इस मिट्टी पर कोला है, गुटखा है, टीवी के देसी विदेशी चैनल हैं—नहीं

है तो सिर्फ मानवीयता का कर्त्तव्य बोध"। आदिवासी अकाल के दिनों में लाल चींटों के अंडे में उधार का नमक डालकर चटनी बनाते हैं। विडंबना है या कुदरत का अश्लील मजाक—निगोड़ा अकाल हर साल आता है। यदि नहीं आता है तो इसे यहाँ सरकारी रिपोर्टों के जरिए और मीडिया के ताबड़तोड़ खबरिया प्रचारों के बूते लाया जाता है।

यदि राज्य में अकाल एक आयोजन है तो इसके विशाल प्रयोजन भी हैं। यही वजह है कि कालाहांडी, बोलंगीर, कोरापुट, फूलबनी, रायगड़ा, मल्कानगिरी, नुआपाड़ा, केंद्रपाड़ा, सुंदरगढ़ के आदिवासी चींटों के अंडे की लाल चटनी चाट कर मौत को अपने से दूर धकेल देते हैं। आदिवासियों की इस लाचारी को मीडिया में विज्ञापन के जरिए परोसनेवाले लोग जो पैसे जुटाते हैं, उन पैसों से वे रेड वाइन की नदियाँ बहाते हैं। राज्य में हर साल अकाल का आना मात्र खबरों की बात रह गई है। बहुत हुआ तो राहत पहुँचाई जाती है और उसके बाद लोग इस शब्द को भूल जाते हैं। जहाँ गरीबी के इतने भयावह रूप हैं, रोटी पाने की इतनी मारामारी है, वहाँ की बालाएँ जिंदगी बचाने के जुगाड़ में अपनी देह किसी मर्द को सौंप देती हैं। भूखा व्यक्ति हर तरह का पाप करता है। अभाव में स्वभाव बदलता है। जिंदगी की यही बेबसी अनब्याही माताओं की जनसंख्या बढ़ाने में अपनी सार्थक भूमिका तय कर रहा है।

उड़ीसा में गरीबी विवशता नहीं है जैसे वहाँ अकाल एक घटना नहीं है। जो भी है सोची-समझी साजिश है। खुद को गरीबों का रहनुमा कहकर सत्ता में बने रहने की प्रवंचना है। यह बेशर्म राजनीति की घोर अभिव्यजंना है। जब तक गरीबी है तभी तक सत्ता में बने रहने की निश्चिंतता है तो गरीबी हटाना कोई नहीं चाहता। निश्चित अवधि के रोजगार यदि उन्हें मिल जाए, तो ये गरीब-गुरबे सक्षम हो जाएँगे। भरपेट भोजन का मतलब है दिमागी तौर से सक्रिय होना। दिमागी सक्रियता जागरूकता पैदा करती है और जागरूकता से परिवर्तन आता है। कालाहांडी, बोलंगीर, कोरापुट, फूलबनी, रायगड़ा, मल्कानगिरी, नुआपाड़ा, केंद्रपाड़ा, सुंदरगढ़ जिलों में मानवाधिकार का खुल्लमखुल्ला उल्लंघन हो रहा है। वहाँ की लड़कियाँ कमाने के लिए बाहर जाती हैं तो वहाँ शोषित होती हैं, अपने गाँव में—अपने इलाके में भी शोषित होती हैं। अनब्याही माँ बनती हैं।

कालाहांडी, बोलंगीर, कोरापुट, फूलबनी, रायगड़ा, मल्कानगिरी, नुआपाड़ा, केंद्रपाड़ा, सुंदरगढ़ जिले उड़ीसा के सबसे पिछड़े जिले हैं। वहाँ गरीबी है, भूख है, वंचना है, बदहाली है, पलायन है और बहुस्तरीय शोषण की विशाल परंपरा है। सरकार द्वारा प्रस्तुत इन जिलों की विभिन्न रिपोर्ट्स यह बताने में समर्थ हैं कि ये सारे इलाके मध्ययुगीन अवस्था में जी रहे हैं। वहाँ सड़क के नाम पर कुछ लकीरें हैं। विकास के वायदे हैं। योजनाओं की पट्टियाँ हैं और उन योजनाओं को चलानेवाले स्वयंभू दलाल हैं। इसलिए हमने जानबूझकर उन इलाकों का चयन किया जहाँ आदिवासी आज भी अपनी पुरानी अवस्था में जी रहे हैं या उन्हें राष्ट्र की मुख्यधारा से जान-बूझकर दूर रखा गया है।

जीवन स्तर और व्यक्तिगत आमदनी के मामले में उड़ीसा एक निर्धन राज्य है।

बावजूद इसके कि यहाँ कुदरती संसाधनों की कमी नहीं है। फिर भी लोग भूखे हैं। नंगे हैं। वंचित हैं। जिनके पास खेत हैं, वहाँ सिंचाई और पटवन की व्यवस्था नहीं है। जहाँ सिंचाई की सुविधा है, वहाँ खेत उबड़-खाबड़ हैं। इसलिए रोजगार के अभाव ने लोगों को कहीं और जाने को विवश किया है। इसी विवशता से उपजता है विस्थापन का दौर। प्रशासन इस विस्थापन को चाहकर भी नहीं रोक पाती। जिला कालाहांडी की कुल आबादी का 87 प्रतिशत भाग गरीबी-रेखा के नीचे चिह्नित है। यह सच सरकारी फाइलों में दर्ज है। इस आबादी के गुजर-बसर का जुगाड़ जब नहीं हो पाता तो काम की तलाश में इधर-उधर जाना आसान बात है।

नुआपाड़ा और बोलंगिर में तो बेचारे आदिवासी परदेस जाते वक्त अपना बीपीएल कार्ड अपने पड़ोसी को दो-चार सौ रुपए में सौंप जाते हैं। उनकी अनुपस्थिति में उक्त पड़ोसी कार्ड दिखाकर ब्लॉक आफिस से चावल-दाल और सरसों का तेल हासिल कर लेता है।

दूसरी ओर हमने राज्य के तटवर्ती इलाके के एक जिले केंद्रपाड़ा का चयन इस वजह से किया ताकि हम इस बात की तुलना कर सकें कि पहाड़ी इलाकों और तटवर्ती इलाकों में अनब्याही माँ बनने की जो घटनाएँ होती हैं, उनमें अंतर क्या है। क्योंकि तटवर्ती इलाकों की सामाजिक मान्यताएँ और धारणाएँ पहाड़ी इलाकों की तुलना में बिल्कुल अलग हैं। चूँकि कालाहांडी, बोलंगीर, कोरापुट, फूलबनी, रायगड़ा, मल्कानगिरी, नुआपाड़ा, सुंदरगढ़, सोनपुर और बरगढ़ जिलों के सुदूरवर्ती समाज में सेक्स टैबू नहीं है, बशर्ते यह अपने समाज के लोगों के बीच में ही किया जाता हो। उधर तटवर्ती इलाकों में जो शहरी मानसिकता है वह कुँआरी लड़की को कच्ची मिट्टी का वैसा बर्तन मानता है, जो एक बार जूठी होने के बाद किसी काम के लायक नहीं होतीं। विशेषज्ञों की राय यही बनी कि अनब्याही माताओं के पक्ष में कानून बनाने के लिए जरूरी यह है कि उन प्रवृत्तियों के हर आयाम का बारीक अध्ययन हो जिससे कि एक समर्थ, सटीक और सर्वमान्य उपाय तय करने की दिशा निश्चित हो सकें।

# वास्तविक यथार्थ से ऐसे हुए रू-ब-रू

अनब्याही माँ का प्रसंग भारत के लिए एक चर्चा का मुद्दा है। लेकिन अफसोस की बात यह है कि इस संबंध में आज भी संबंधित पुस्तकों, मुद्रित सामग्री, उद्धरणों आदि का नितांत अभाव है। केरल राज्य में पिछली सदी में अनब्याही माताओं से जुड़ी खबरें जरूर सामने आई थीं मगर उड़ीसा की अनब्याही माताओं के बारे में आज तक किसी भी मुद्रित सामग्री की जानकारी हमें नहीं है। खासतौर से हिंदी और अंग्रेजी में ऐसा कुछ भी विस्तार से छपकर सामने नहीं आया है। यह हमारे लिए परेशानी का खास कारण बना। इसलिए जरूरी यह हो गया कि हम उड़िया भाषा में प्रकाशित समाचार पत्रों और पुस्तकों का सहारा लें। शोध टीम जो गठित की गई उनमें सारे शोधार्थी उड़ियाभाषी थे और वे हिंदी भी थोड़ी-बहुत जानते थे।

यह सच में मुश्किल काम था, क्योंकि इस बात की जानकारी हमें नहीं थी कि ऐसी युवतियाँ, जो शादी किए बगैर माँ बन गईं, उनके ठिकाने कहाँ हैं। इसके लिए हमने समाज के हर तबके का सहारा लिया। क्योंकि हमें इस मुद्दे को बेहद गंभीर तरीके से संकलित कर यह जानना था कि आखिरकार समाज में वैसी कौन-सी प्रवृत्तियाँ हैं, कौन से ऐसे कारक हैं जो मासूम बालाओं को आजीवन दुर्गतियों के दरिया में धकेल देते हैं। हमने इस बारे में प्रशासन से भी सहयोग की उम्मीद की। चाहे चाय की दुकान हो, पनवाड़ी हो या साप्ताहिक हाट या मेले हों, हमारे शोधार्थियों ने हर जगह अपनी घुसपैठ की। युवा क्लबों, स्वयंसेवी संगठनों के अलावा स्वयं सहायता समूहों से भी हमें जानकारी मिलनी शुरू हुई, इन अनब्याही माताओं के बारे में।

टीम गठित होने के बाद प्रश्नावली तैयार की गई। इस बात का ध्यान रखा गया कि किसी भी हाल में उन उत्पीड़िताओं की भावनाएँ हमारे सवालों से आहत न हों। झारखंड राज्य में *फोर्ड फाउंडेशन* के सहयोग से हमने विकास के संदर्भ में लोकतत्त्वों का अध्ययन तीन जिलों गुमला, लोहरदगा और पलामू में किया था। तब हमने आम लोगों से बातचीत के जरिए अपने जरूरत की सामग्री एकत्रित की थी। यह अनुभव हमारे काम आया। हमने इन माताओं से बातचीत के क्रम में उनकी आपबीती दर्ज की। हमारे शोधार्थियों ने इस बात का ध्यान जरूर रखा कि बातचीत में अपने सारे सवालों के समाधान ढूँढ लें। अनब्याही माताओं से बातचीत होने के बाद हम उक्त गाँव के लोगों से मिलते थे। ऐसे लोग यह भली-भाँति जानते थे उन महिलाओं के बारे में।

शोधार्थियों ने इसके अलावा छोटे और बड़े स्तर पर मंडली बनाकर लोगों से इस मुद्दे पर बातचीत की। बात-विमर्श में हमने नौकरशाहों, वन अधिकारियों, ठेकेदारों, भूपतियों, प्रखंड स्तर के सरकारी कर्मचारियों, शिक्षकों, पंचायत के लोगों, अधिवक्ताओं, समाजविज्ञानियों, पत्रकारों और स्वयंसेवी संगठनों को शामिल किया। यह सिलसिला बहुत दिनों तक चला।

हमने कालाहांडी, बोलंगीर, कोरापुट, फूलबनी, रायगड़ा, मल्कानगिरी, नुआपाड़ा, केंद्रपाड़ा, सुंदरगढ़, बरगढ़ और सोनपुर इलाकों को कई भागों में बाँटा। सबसे पहले प्रथम जोन में कोरापुट, मल्कानगिरी, रायगड़ा को शामिल किया। दूसरे जोन में कालाहांडी, बोलंगीर और फूलबनी जिले शामिल किए गए। तीसरे जोन में नुआपाड़ा, बरगढ़ और सोनपुर को रखा गया। विचार-विमर्श के बाद यह जरूरत महसूस हुई कि केंद्रपाड़ा और सुंदरगढ़ जिले भी अध्ययन में शामिल किए जाएँ। इसकी वजह यह थी कि सुंदरगढ़ में कुछ ऐसे मामले अनब्याही माताओं के थे जो अन्य मामलों से हटकर थे। इस जिले की सीमा झारखंड राज्य के करीब है। उधर केंद्रपाड़ा के बारे में राय यही थी कि यह इलाका उड़ीसा का एक चर्चित हिस्सा है। यहाँ की युवतियाँ शहरीकरण की चपेट में आकर माँ बन रही हैं। इसलिए यह उम्मीद जताई गई कि केंद्रपाड़ा से जुटाए गए मामले इस शोध को कुछ नया दे सकते हैं।

हमने अनब्याही माताओं के अलावा अन्य महिलाओं से भी मिलकर उनकी राय जुटाई। इस प्रक्रिया में हमें असंगठित क्षेत्रों में युवतियों के शोषण के कई आयामों की जानकारी हुई। कुछ अनब्याही माताओं के असली नाम छुपाए गए हैं। हमने अनब्याही माताओं के परिवारों से भी बातचीत की।

इस पूरे शोध में हमने आदिवासी समाज की परंपरा, उनकी संस्कृति और बदलते जमाने के साथ उनके समाज के बदलते स्वरूप को भी करीब से देखने की कोशिश की। उल्लेखनीय है कि देश के हर आदिवासी समाज की अपनी अवधारणा है, उनके अपने चिंतन हैं, अपने दर्शन हैं, अपने रीति-रिवाज हैं। धार्मिकआचार-विचार, खान-पान, नाचने-गाने और संभोग से जुड़ी संस्थाओं का इतिहास है। हर आदिवासी समाज में युवा गृह का रिवाज है। मतलब शाम के वक्त युवक-युवतियाँ गाँव से दूर बने झोपड़ियों में जुटते थे। वहाँ वे अपने मनमाफिक जोड़े बनाते थे और रात भर चलता था भोग-संभोग का प्रशिक्षण। लड़कों से बड़ी उम्र की लड़कियाँ छोटे उम्र के लड़कों को सेक्स की जानकारी देती थीं, प्रयोग-दर्शन के जरिए। उड़ीसा में भी डिंडाघर, मजांग, धांगरबासा और इंगरसेन, मजांग हुआ करते थे। वहाँ भी वही होता था जो झारखंड के धूमकूड़ियाँ में होता था। नागा समुदाय के मोरूंग में होता था और मुड़िया आदिवासियों के घोटुल गृहों में होता था। परंपराएँ तो बिसर गईं। विकास की धार में ये युवागृह बह गए। आदिवासी बदल गए। अपने आचार से और विचार से भी। नहीं बदली तो सिर्फ सेक्स के प्रति उनकी अवधारणा। आदिवासी समाज में सेक्स न तो तब टैबू था और न आज टैबू है।

इसलिए हमने उन स्थितियों की पड़ताल की, उस मानसिकता को जानना चाहा,

जो औरत और मर्द के संबंधों के बीच अपनी अहम भूमिका अदा करते हैं। विकास ने उनसे क्या-क्या छीना और आज उनके सामने जनवादी विकास के मायने क्या हैं, यह हमारे अध्ययन का एक महत्त्वपूर्ण मामला था। विकास की प्रक्रिया में आदिवासियों की भूमिका क्या है, विकास के मॉडल में कहाँ हैं आदिवासी स्त्री, आदिवासियों के विकास की दिशा कौन तय करते हैं, यह हमने उड़ीसा के संदर्भ में जानना चाहा। विकास के संदर्भ में बैंक, पंचायती संस्थाएँ और विकास से जुड़ी सरकारी और गैर-सरकारी एंजेसियों की भूमिका का भी हमने जायजा लिया। उड़ीसा के परंपरावादी और पिछड़े समाज में राजनीति का घुसपैठ किस हद तक है और अपने रहनुमाओं से किस हद तक ये सर्वहारा लोग जुड़े हैं तथा राजनीतिज्ञ इन बेचारों को कितना जानते हैं, यह भी हमने जानना चाहा। आम जनता के सामाजिक, आर्थिक, सांस्कृतिक और राजनीतिक सरोकारों को भी हमने इस अध्ययन में शामिल किया। महिलाओं पर होनेवाले अत्याचारों के प्रति सरकार, प्रशासन और अन्य एजेंसियाँ कितनी सक्षम हैं, सक्रिय हैं, हमारे शोधार्थियों ने यह सब भी जानना चाहा।

डिंडाघर, मजांग, धांगरबासा और इंगरसेन के अपने सामाजिक, सांस्कृतिक, राजनीतिक और धार्मिक सरोकार थे। ये संस्थाएँ अब नहीं रहीं मगर उनकी छाप लोकमानस पर आज भी है। पंचायती राज आया तो गाँव का नया रूप उभरकर सामने आया। शासन के नए प्रावधान सामने आए। परंपराओं के इनकार का क्रम शुरू हुआ। विकास के प्रवाह में आदिवासी समाज का मन और उसकी इच्छाएँ दमित हुईं। इन सारी बातों को आदिवासियों ने चुपचाप बर्दाश्त किया। उल्लेखनीय है कि उड़ीसा के कोरापुट, रायगड़ा, नौरंगपुर, मल्कानगिरि, कालाहांडी, नुआपाडा, फूलबनी, बउध, क्योंझर, सुंदरगढ़ और मयूरभंज जिले के हर गाँव में युवा गृहों के अलावा मांदरघर हुआ करते थे। मांदरघर और युवागृह अगल-बगल में होते थे। मांदरघर पर बुजुर्गों का प्रभाव होता था क्योंकि ये नाचने-गाने के अलावा आदिवासियों के सांस्कृतिक केंद्र हुआ करते थे। गाँव के लोग यहाँ अपने कला का प्रदर्शन करते थे। ये घर लकड़ी के बने होते थे जहाँ जरूरी निर्णय लिए जाते थे। गाँव के विकास के बारे में, समाज के बारे में और धार्मिक आयोजनों के बारे में सभी मिलकर निर्णय लेते थे। आज भी हर गाँव में ऐसे केंद्र हैं, जहाँ गाँव के लोग जुटते हैं और गंभीरता से विचार-विमर्श करते हैं। इसलिए हमने गाँव के ऐसे केंद्रों को भी अपने शोध का निशाना बनाया।

मांदरघर के नए आधुनिक स्वरूप तो आज भी हैं पर डिंडाघर, मजांग, धांगरबासा और इंगरसेन अब इतिहास की बातें हो चुकी हैं। ये युवागृह नहीं रहे। मगर आदिवासियों ने सेक्स को कभी भी बंधन और बंदिश में नहीं रखा। इनमें दैहिक संबंधों को लेकर आज भी सहजता है। यह सहजता इस समाज का मूल स्वभाव है। विवाह नामक सार्वभौम संस्था से जुड़कर औरत और मर्द दैहिक संबंध बनाते हैं जिसे सामाजिक और कानूनी मान्यता दी जाती है। दूसरे शब्दों में, दैहिक संबंधों को मान्यता देने के लिए ही विवाह जैसी संस्था का अस्तित्व है। यह व्यवस्था बर्बर युग से आगे बढ़कर कृषि

युग में कदम रखनेवाले इंसानी समाज की है। मगर आदिवासी समाज इस परंपरा और मान्यता से इतर जीनेवाला समाज है, कुनबा है। इस समाज में विवाह के लिए कई तरह के रिवाज हैं। जैसे युवती को भगाकर ले जाना, गाँव समाज से युद्ध कर युवती को जीत लेना, युवती की कीमत उसके पिता को देकर उसे अपने साथ ले जाना। यही परंपरा है। आधुनिकता का फैलाव जैसे-जैसे हुआ, इंगलैंड की औद्योगिक क्रांति और उपनिवेशवाद का प्रभाव भारत के आदिवासी समाज पर भी देखने को मिला। 19वीं शताब्दी में जब रेल की पटरियाँ बिछाने का काम शुरू हुआ तो आदिवासी इलाके हमसे अछूते नहीं रहे। जोड़ी बनाने के तमाम कायदे समय के साथ समाप्त होते चले गए। लेकिन जो सबसे बुरी बात हुई वह यह थी कि आदिवासियों की निजता पर बाहरी लोगों ने जमकर प्रहार किया।

इस शोध में हमने उड़ीसा के आदिवासी समाज के इतिहास का अवलोकन किया। आजादी के पहले और आजादी के बाद आदिवासियों की बदतर होती स्थिति को हमने नजदीक से महसूस किया। क्योंकि उड़ीसा में विकास की रफ्तार भले ही धीमी रही हो मगर वहाँ के लोग बाहरी लोगों द्वारा बड़ी तेजी से दमित और शोषित हुए। एक बात और भी। कोरापुट, रायगड़ा, नौरंगपुर, मल्कानगिरि, कालाहांडी, नुआपाडा, फूलबनी, बउध, क्योंझर, सुंदरगढ़ और मयूरभंज जिले मुख्य रूप से आदिवासी बहुल हैं। पर इनमें से ज्यादातर इलाकों में सदियों से राज परिवार की सत्ता रही है। इन राजाओं को आदिवासियों ने अपने इलाकों में आदर के साथ बुलाया था। यह कहकर कि हमारे इलाके में खाने की कमी नहीं है। हम आपको अच्छी सब्जियाँ खिलाएँगे और महुआ से निकाली गई शराब पिलाएँगे, बस आप हमारी रक्षा करो उन लोगों से जो बाहर से आते हैं और धमाल मचाकर रक्तपात करते हैं। इन राजाओं का बोलबाला आज भी उड़ीसा के समाज और राजनीति पर है। खेद की बात यह है कि ऐसे राज परिवार राज्य में पड़ रहे सूखे से बेखबर होकर सियोल ओलंपिक का आनंद ले रहे होते हैं। अनब्याही माताओं के मुद्दे पर हमने इन राज परिवारों से भी संपर्क किया जो कुछ भी बोलने की जरूरत महसूस नहीं करते।

औरत और मर्द के बीच के संबंधों से जुड़ी बातें हमारे इस शोध में प्रमुखता से आईं। समाज की परंपरा, रिवाज, दर्शन और मान्यताओं को हमने इस मुद्दे पर विचार के लिए रखा। समाज में औरतों के प्रति मर्दों की सोच क्या है, जनवादी व्यवस्था में एक औरत अपने परिवार और अपने समाज में क्या स्थान रखती है, यह प्रसंग इस शोध में शामिल किया गया। खासतौर से हमने कानूनी प्रावधान के तहत औरतों को मिले विशेषाधिकार के दायरे में औरतों की स्थिति को रखकर देखा। सामाजिक न्याय, औरत के विशेषाधिकार और शासन-प्रशासन की इस बारे में जागरूकता को लेकर हमने कई लोगों से राय माँगी। औरतों को 1990 में दिए गए विशेष अधिकार के संदर्भ में हमने अनब्याही माताओं के अलावा समाज की औरतों की स्थिति का भी जायजा लिया। हमारे शोधार्थियों ने यह जानने की कोशिश की कि जनजातीय इलाकों की महिलाएँ

आखिरकार अपने अधिकारों को लेकर किस हद तक जागरूक हैं। उन्हें कानून के बारे में कितनी जानकारी है और वे अपने आपको किस स्थिति में पाती हैं, यह इस शोध का एक प्रमुख भाग था।

सामाजिक समारोहों में औरत की स्थिति और खासतौर से सामूहिक रूप से मनाए जानेवाले कार्यक्रमों में औरत की आवाज कितनी बुलंद है, पंचायती राज में औरत की भूमिका क्या है, उनके प्रतिनिधित्व को लेकर समाज और विधायिका की मानसिकता क्या है, यह भी हमने जानना चाहा। जंगलों से जुड़े कानून और उन कानूनों के पेंच में कैसे जा फँसती हैं वनोपज जुटानेवाली युवतियाँ, ये सब के सब हमारे लिए सच में यक्ष प्रश्न थे। क्योंकि आज भी उन आदिवासियों को जंगल बचाने के नाम पर थोपे गए कानूनों की जानकारी नहीं है। इसलिए जिसे मन होता है वह आदिवासी खासतौर से युवतियों को जंगलों में धर दबोचता है। उसके साथ मनमाना व्यवहार करता है। कई आदिवासी युवतियाँ जंगलों में ही वनपालों के हत्थे चढ़ीं और अनब्याही माँ बन गईं।

शोधार्थियों ने ज्यादातर गाँव तक पहुँचने के लिए पगडंडियों का ही सहारा लिया। अनब्याही माताओं के गाँव तक पहुँचने के लिए 10 से लेकर 12 कि.मी. तक की पैदल यात्रा करनी पड़ी। कुल 216 माताओं से भेंट कर पाना सच में एक बहुत बड़ी उपलब्धि हमारे लिए है। लेकिन दुःख की बात तो यह है कि सरकार उन तक पहुँचेगी ये हम आज तक निश्चित नहीं कर पाए। क्योंकि सरकार ने उन गाँवों तक जाने का रास्ता आज तक तय नहीं किया है। उनके पुनर्वास की बात तो बहुत दूर की है। यह सवाल जरूर है कि आखिर में सरकार उन तक पहुँचेगी कैसे ? हमने अनब्याही माताओं से मिलने के गरज से साईकिल का भी सहारा लिया। जहाँ जरूरत हुई वहाँ हम मोटरसाईकल से भी गए मगर गाँव तक जाने के रास्ते बड़े कठिन थे। सबसे बड़ी समस्या अनब्याही माताओं की निजता को लेकर थी। वे यह बताने को जल्दी राजी नहीं होती थी कि उनके साथ क्या हुआ है ? क्योंकि सवाल विश्वसनीयता का था। इसके लिए उनसे मिलने के पहले हमने गाँव के प्रमुख लोगों से बातचीत की। उन्हें विश्वास में लेने के बाद ही हम अनब्याही माताओं से मिल पाते थे। करलामुंडा प्रखंड के साँपलोहरा गाँव में हमने एक अनब्याही माँ से सीधे मिलने की कोशिश की जिसका खामियाजा हमारे सहयोगियों और हमें भी भुगतना पड़ा। जिन लोगों के किसी खास व्यक्ति ने उस युवती को बिनब्याहे माँ बनाया था, उन लोगों ने हमारे शोधार्थियों की जमकर पिटाई कर दी। क्योंकि वे इसे महज आरोप मानते हैं। आरोप साबित कर पाना आसान नहीं होता। इन माताओं के प्रेमी भी आरोपी हैं, कानून की नज़रों में। इसलिए हमने उनके नाम बदलकर वे घटनाएँ पेश कर रहे हैं।

एकत्रित की गई सामग्री को एक जगह लाना तो बड़ा सहज रहा। हमने समाचारपत्रों, स्थानीय पत्रिकाओं और अन्य सामग्रियों का अवलोकन किया। हमने छपी खबरों को ज्यादा विश्वसनीयता नहीं माना बल्कि शोधार्थी हर जगह खुद गए। तथ्य संकलन के लिए हमने टेपरिकार्डर और हैंडीकेम का भी प्रयोग किया। इस वजह से यह शोध कहीं

ज्यादा विश्वसनीय हो सका है। एकत्रित सामग्रियाँ, संबंधित तस्वीरें और आँकड़े बाद में विश्लेषण के लिए दिल्ली लाए गए। विश्लेषण में थोड़ी दिक्कत भाषा को लेकर हुई। लेकिन इसे हमने बड़ी सहजता से दूर कर लिया।

# ये माताएँ अनब्याही

उड़ीसा—32 जिले। देश की कुल आबादी का 3.58 प्रतिशत की आबादी के साथ जी रहा एक प्रदेश। इस राज्य की कुल आबादी 3 करोड़ 60 लाख से कहीं ज्यादा है। सरकारी रिपोर्ट के अनुसार यहाँ की 85 प्रतिशत आबादी गाँव में रहती है। गाँव की आजीविका का मुख्य आधार खेती-किसानी है। राज्य की 23 प्रतिशत आबादी आदिवासियों की है। इसके अलावा यहाँ की 38.79 प्रतिशत आबादी कामगार मजदूरों की है। 35.8 प्रतिशत लोग कृषक हैं, खेतों में काम करनेवाले मजदूरों की आबादी 21.9 प्रतिशत है। कुल 65.59 लाख हेक्टेयर जमीन पर खेती की जाती है जिनमें 26.89 लाख हेक्टेयर जमीन को सही तरीके से सिंचित करने की सुविधा है। बाकी जमीन पर मानसून की कृपा होती है। इस राज्य को कुल पाँच भागों में बाँटा जाता है—तटवर्ती इलाका, मध्य भूभाग, जो पहाड़ियों और पठारों से घिरा है, तीसरा मध्य पठार, चौथा पश्चिम का उबड़-खाबड़ प्रदेश और पाँचवाँ वह भू-भाग जहाँ बाढ़ का प्रकोप है। हमने इस अध्ययन में इन सारे भू-भागों को समेटा है।

चूँकि आबादी का एक बहुत बड़ा हिस्सा कामगार मजदूरों का है, इसलिए जो मजदूर बाहर जाते हैं उनके साथ कई तरह की मुसीबतें सामने आती हैं। राज्य में जबरदस्त पिछड़ापन है, बावजूद इसके कि वहाँ 71.52 लाख मिट्रिक टन अनाज की पैदावार होती है, प्रति व्यक्ति आय 6487 रुपए है और इसके अलावा वहाँ की धरती रत्नगर्भा है। मगर देहातों की 80 प्रतिशत से ज्यादा आबादी गरीबी रेखा के नीचे जीवन-यापन कर रही है। यही सच है जिसमें आम जिंदगी को त्रासदियों से जूझने के लिए विवश किया है। राज्य का समाज कई तरह की समस्याओं को अपनी नियति मानने को मजबूर है और उनमें अविवाहित माँ बन जाना भी शामिल है।

कभी एक जमाना था जब आदिवासी इलाकों में बाहरी लोगों का जाना और वहाँ की महिलाओं का यौन शोषण करना आम बात हो चुकी थी। तब वहाँ की वादियों और उन वादियों में सेक्स संबंध बनाने के लिए अधनंगी लड़कियों के सहजता से मिलने की बातें शहरी समाज के लिए मसालेदार चर्चाओं में शुमार होती थीं। लेकिन जैसे-जैसे दूर-दराज के इलाकों में जाना सहज हुआ, वैसे-वैसे उन कन्याओं के बारे में लोग ज्यादा से ज्यादा जानने लगे। वहाँ फैशन पहुँचा। आधुनिकता आई। लोगों का मन-मिजाज बदला। नतीजतन, अब अविवाहित लड़कियों के मातृत्व के मामलों में खासी बढ़ोतरी देखी जा रही हैं।

अविवाहित किशोरियों के माँ बनने का कोई सरकारी आँकड़ा तो उपलब्ध नहीं है लेकिन राज्य महिला आयोग में आज से तीन साल पहले 1300 से कहीं ज्यादा ऐसे माामले दर्ज किए गए थे। राज्य महिला आयोग और कई महिला संगठनों का अनुमान है कि कुँआरी माताओं की संख्या 10,000 से ज्यादा होगी और यह आँकड़ा दिनोदिन बढ़ता जा रहा है। सरकार ने पूरे राज्य भर में 20 अस्थायी आश्रय घर स्थापित किए हैं, वे वास्तव में अविवाहित माताओं के आश्रय स्थल बन गए हैं।

दिन-ब-दिन नाबालिगों और किशोरियों के यौन शोषण की प्रवृत्ति बड़ी तेजी से बढ़ती चली जा रही है, जिसे रोक पाना आसान नहीं लगता। क्योंकि सरकार की ओर से ऐसे कानून नहीं बने हैं जो प्रशासन को शक्ति संपन्न कर सके ताकि दोषियों को दंड दिया जा सके। राज्य में कानून का भय नहीं है, यह बात बार-बार खुलकर सामने आती है। हमने राज्य के सर्वथा पिछड़े जिलों कालाहांडी, बोलंगीर, कोरापुट, फूलबनी, रायगड़ा, मल्कानगिरी, नुआपाड़ा, केंद्रपाड़ा, सुंदरगढ़ के अलावा सोनपुर और बरगढ़ की करीब 216 अनब्याही माताओं से मुलाकात की। इनमें 152 माताएँ आदिवासी थीं, 41 माताएँ अनुसूचित जाति की और 23 माताएँ पिछड़े वर्ग से संबंध रखती हैं। हमारे शोध में एक बात जो खुलकर सामने आई है कि करीब 47 फीसदी माताएँ 14 से 18 साल के बीच की हैं। कुल 216 में 103 माताएँ इस उम्र समूह की हैं। जबकि 18 से 22 साल बीच की माताएँ 23 प्रतिशत (50) से कुछ ज्यादा हैं और 22 से 25 साल के बीच कुल 7.40 प्रतिशत माताएँ है। इनकी संख्या 16 थी। इनके अलावा 9 से 14 साल के बीच कुल 11 अनब्याही माताएँ थीं, जो मात्र 5.09 प्रतिशत हैं।

इस प्रकार यह बात सामने आई कि ज्यादातर मामलों में जब लड़कियों की उम्र भावनाओं में बहकने की होती है, तभी वे अनब्याही माँ बनती हैं। इस शोध के दरम्यान जो तस्वीर उभरकर सामने आई है, उसके मुताबिक उडी़सा के तटवर्ती इलाकों में ऐसी माताओं को समाज के ज़लालत का शिकार होना पड़ता है, जबकि पर्वतीय इलाकों में इन अविवाहित अम्माओं को लेकर सामाजिक बहिष्कार के स्वर नहीं फूटते। हाँ, इनके साथ संवदेनशील होकर उनके मान-सम्मान के प्रति वहाँ का समाज न चौकस है और न ही सजग। दूसरे शब्दों में, एक सहज उपेक्षा का भाव है। तटवर्ती उड़ीसा में कुछेक माताएँ अपने समाज में स्वीकार्य हैं अन्यथा ज्यादातर माएँ गाँव-घर से त्यज्य हैं। जिन्हें समाज देखना नहीं चाहता, उनके परिवार ने उन्हें ठुकरा दिया है। इस हाल में वे या तो मेहनत-मजदूरी कर कमा-खा रही हैं या आश्रयघरों में हैं या राजमार्गों से लेकर होटल-ढाबों में अपना देह बेच रही हैं।

अनब्याही माँ उड़ीसा के आदिवासी समाज का नितांत निजी मसला है। समाज में कुँआरी कन्याओं का माँ बनना कभी एक सामान्य प्रक्रिया थी, जो एक सर्वमान्य बात थी। तब शादी से पहले गर्भ धारण करना वन्य समाज में गौरव और गरिमा की बात थी। उल्लेखनीय है कि श्रम आधारित एवं कृषि मूलक सामाजिक व्यवस्था में परिवार में व्यक्ति की संख्या बड़ी महत्त्वपूर्ण होती थी। मगर कानून के पेंच में उक्त समाज से

वन्य संसाधनों का साथ जैसे ही छूटा, संसाधनों पर उनके अधिकार तेजी से खत्म होते चले गए। उत्पादन के साधनों पर अधिकार नहीं रहे और सबसे बुरी बात जो हुई, वह थी कि वाजिब हकदारी से इनकार, जिसने वन्य समाज में अराजकता का माहौल पैदा कर दिया। इसी वजह से वनपुत्रों के सामने रोटी की समस्या प्रबल हो गई। जो परंपराएँ सोच एवं संकल्पनाएँ वन्य संसाधनों के बूते संचालित थीं, वे आदिवासियों के गले की फाँस बन गईं। आजादी ने आदिवासियों का बड़ा नुकसान पहुँचाया है। जंगलों से दूर किए गए आदिवासी बाहरी दुनिया के संपर्क में आए तो उनकी तमाम व्यवस्था पर ग्रहण लगता चला गया। अनुसूचित जातियों तथा अनुसूचित जनजातियों के आयुक्त की 29 वीं रिपोर्ट में इस बात की चर्चा है, .''...जिंदगी के संविधानिक और मानवीय अधिकार तथा ताकतवर लोगों के संपत्ति के कानूनी अधिकार के बीच टकराव है।'' इस टकराव से मानवाधिकार का सीधा उल्लंघन हो रहा है। अनब्याही माताओं का प्रसंग उसी मौलिक अधिकार का उल्लंघन है। विशुद्ध अवमानना है।

अब वहाँ के वन्य समाज की आंतरिक व्यवस्था पर हम अपनी नज़र डालते हैं। देश के अन्य वन समूहों की तरह इस राज्य की भी विभिन्न वन्य-जातियाँ परंपरावादी हैं। आधुनिक जीवन से बेहद प्रभावित होने के बावजूद उनके अंतर्मन में अपने अतीत को लेकर बेहद लगाव है। वर्तमान और अतीत के बीच सामंजस्य बैठाकर चलना उन्हें बहुत अच्छा लगता है। यह बात दूसरी है कि सरकार की झोली से निकली विकास नीतियाँ और कार्यक्रम आदिवासी समाज की सोच, मान्यताओं और उनके जीवन दर्शन के अनुकूल प्रायः नहीं रहे हैं। अब तो सरकारी महकमों में भी आजादी के बाद आदिवासी समाज की शुचिता में तथाकथित सभ्यजनों के हस्तेक्षप और दखल की प्रक्रिया को प्रत्यक्षतः या परोक्षतः स्वीकार किए जाने लगा है।

फूलबनी, कोरापुट, रायगड़ा और मल्कागिरि जैसे जिले में जंगल आज भी रहस्य के आवरण से ढँके हैं, वहाँ के लोग शादी से पहले बननेवाले दैहिक रिश्तों को वर्जनाओं के बंधन से नहीं बाँधते। इन जिलों में कई इलाके ऐसे हैं जहाँ आज भी मृतात्माओं की शांति की खातिर मानव बलि देने का रिवाज है। फूलबनी के बुगुडा प्रखंड के ज्यादातर गाँव में लोग आदिम जिंदगी जी रहे हैं। नंग-धड़ंग वनपुत्र सभ्यता से कोसों दूर, वर्जनाओं से बेखबर, जंगलों से बेइंतहा मोहब्बत करनेवाले, तीर-धनुष से शिकार करनेवाले, जंगल जलाकर किसानी करनेवाले, बीमार पड़ने पर मुर्गों-बकरियों की हत्या करनेवाले आदिवासी शेष विश्व से बेखबर हैं।

ट्राइबल बिल, 2007 में तो सरकार भी यह स्वीकार कर चुकी है कि आदिवासी कुदरती संसाधनों के बूते कितने संतुलित जीवन जीने को अभ्यस्त रहे हैं। उनके धर्म, लोक विश्वास, रीति-रिवाज, सामाजिक कायदे-कानून, आर्थिक व्यवस्था और उससे जुड़ी प्रक्रियाएँ और इनके अलावा उनके राजनीतिक संगठनों पर प्राकृतिक संसाधनों एवं पारिस्थितिकी का गहरा प्रभाव रहा है। जंगलों की भूमिका वनजातियों की आम जिंदगी में व्यापक रूप से रही है। यहाँ तक कि वन और वन जंतुओं के अलावा पंछी-परिंदों

ने भी वन्य समाज की साँसों और धड़कनों पर आजादी के बाद भी अपना असर बरकरार रखा है। यही कारण है कि आदिवासी अपनी जिंदगी को प्रकृति के मनहर आँचल में सामान्य और सहज तरीके से जीना जानते हैं। इसी सहजता को चाट गई हमारी जनवादी व्यवस्था। आदिवासियों के हिस्से बचा शोषण जो औरतों पर ज्यादा प्रभावकारी साबित हुआ। कुदरती संसाधनों की लूट से जो माहौल बना उसमें वर्जनाएँ लुट गईं। व्यापक रूप से उनका नस्ल परिवर्तन हुआ। बाहरी दुनिया की संततियाँ साँस लेने लगीं।

समाजशास्त्र की जो भी परिभाषा वन्य जातियों के लिए गढ़ी जाए, उनकी जीवनशैली पर जो भी तर्क-वितर्क हों, आदिम जिंदगी की सोच और संरचना पर कितने भी अनुकूल और प्रतिकूल विचार क्यों न व्यक्त किए जाएँ; यह सच है कि आदिवासी जीवन की शुद्धता खाँटी है। खालिस है। समाज से इतर न कोई विचार है और न ही कोई पद्धति है। बल्कि पूरे कुनबे की बनावट और सजावट सामूहिकता और सामुदायिकता में रची-बसी है। वन जीवन की यह पहली और आखिरी शर्त है जिसे जंगल के लोग जीव झुंड और वृंद बनाकर पूरी करते हैं। वैसे तो सेक्स व्यक्ति का बेहद निजी मसला है जिसके लिए धर्मशास्त्रों से लेकर नीतिज्ञों की ओर से निजता और एकाकीपन बनाए रखने की रवायत है। मगर आदिम समाज की धारणा कुछ दूसरी ही है। उनके मुताबिक सेक्स में चरम आनंद सामूहिकता और सामुदायिकता के जरिए ही संभव है। क्योंकि इससे जो सहमति बनती है उसमें कहीं हीनता नहीं होती। रहस्य नहीं होता। एक दूसरे को देह से लेकर आत्मा को तृप्ति पहुँचाने के लिए समूह का सहयोग अपेक्षित रहा है। स्त्री संपत्ति है—इसे आदिवासी स्वीकार करते हैं। मगर समाज की अनुमति से ही यह स्त्री किसी की निजी संपत्ति होती है।

इतिहास खंगालने के क्रम में हमें आदिम जातियों में जोड़े बनाने की जिन विधियों की जानकारी मिलती है, उनमें विवाह के पहले संभोग की मोमानियत कहीं नहीं है। बल्कि किशोरियाँ बड़े सहज, स्वंतंत्र और स्वछंद तरीके से जंगलों में अपना जीवन जीती हैं। हाल के वर्षों तक, जब विकास का भभूका उड़ीसा के जंगलों तक नहीं पहुँचा था, समाज में सहजीवी जिंदगी जीने की छूट थी। मतलब शादी किए बगैर युवक-युवती का साथ-साथ रहना, खाना, सोना और आपस में संबद्ध बनाना न तो पाप था और न ही अपराध। शादी से पहले सेक्सजनित आनंद प्राप्ति वन्य समाज में बहुत पहले से प्रचलित रही है। इसके लिए देश के प्रायः सारे वन्य इलाकों में शयन-गृह की परंपरा रही है। इन शयनगृहों में किशोर-किशोरी दिन ढलते ही जमा होते थे। जोड़ी बनाते थे। नाच-गाना होता था। शराब का दौर चलता और तब आपसी सहमति से दैहिक संबंध बनाए जाते थे। अक्सर जो जोड़े बनते थे उनमें मादा अपेक्षाकृत बड़ी उम्र की होती थी। वे कामशास्त्र में निपुण होती थीं, जो अपने से कम उम्र के सेक्स पार्टनर को काम-कला की जानकारी देती थीं। ऐसी स्थिति में ऐसे शयनगृह किसी भी हाल में अय्याशी के केंद्र न होकर सेक्स प्रशिक्षण हुआ करते थे।

आजादी मिली। विकास के रूपक गढ़े गए। आदिवासी समाज में जो था उसे असभ्यता के दायरे में रखा गया, उनकी जो संस्कृति थी उसे विश्वयुद्धों का उत्पात मचानेवाली, रोटी के लिए जिंदा जनों की बोटियाँ नोंचनेवाले और अपने ही जननायकों के हत्यारे समाज द्वारा वहशी और दरिंदों की संस्कृति कही गई। विकास के नियंताओं ने उन आदिम, असभ्य और बर्बर कहे जानेवाले लोगों को सुधारने के मकसद से जो कदम उठाए उनमें ऐसे युवागृहों को तहस-नहस करना शामिल था। बड़ी तेजी से और सुनियोजित तरीके से डिंडाघर, मजांग, धांगरबासा और इंगरसेन तोड़े गए। उनमें रहनेवाले किशोरों को मजदूर बनाया गया। क्योंकि जनवादी विकास के लिए मजदूरों की जरूरत थी। उद्योग के जो प्रारूप तय हुए, उनमें मजदूरिनों की खास जरूरत हुई जो दिन में काम कर सकें और रात में नग्न उत्सवों के धमाल में शामिल हो सकें। क्योंकि विकास के हरकारों ने आदिवासी समाज के सेक्स से जुड़ी मानसिकता के सहजपन के बारे में बहुत कुछ सुना था और देखा भी था। जो समाज पर्दादारी और शर्म-हया के बंधनों और बंदिशों से बिफरा पड़ा था, उसे देसी सौंदर्य की खाँटीपन ने खूब लुभाया। वे कन्याएँ जघन्य काम-पिपासा की भेंट चढ़ाई जाने लगीं। सुदूरवर्ती इलाकों में भेजे गए सरकारी अधिकारी और कर्मचारी भी आगे चलकर सेक्स के इस खेल को जारी रखते हुए वनपुत्रियों के हमल को उर्वर बनाने में कोई कोर-कसर नहीं छोड़ा। वन्य प्रदेशों में जो बदलाव थे वे स्थानीय संस्कृति के मनोनुकूल नहीं थे। यहाँ तक कि जो बच्चे पैदा हो रहे थे उनमें से बहुत सारे बाहरी जनों के पैदाइश थे। विकास की ऐसे वीभत्स कीमत आदिवासी चुकाएँगे, क्या इसका अंदेशा पंडित नेहरू को था? शायद नहीं।

राज्य की गरीबी और वहाँ पड़नेवाले अकाल और विस्थापन की व्यथा-कथा बड़ी लंबी है। यह समाज को एक कुरूप साँचे में ढालने के लिए बाध्य करती है। इससे चारों ओर जो माहौल बनता है वह न जाने कितनों को भूख और बदहाली के हाल में छोड़ देता है। उड़ीसा के ग्राम्य और पहाड़ी समाज के दर्द को बेअसर करने की सुचेष्टा सही तरीके से अभी तक नहीं हो पाई है। श्रमहीनता से उपजे विस्थापन की पीड़ा औरतों को पंगु और अपाहिज बना देती है जिसे वहाँ की औरतें देखती हैं, सहती हैं और आगे जीवन जीने के जुगाड़ ढूँढ़ती हैं। पत्रकार मधुमिता दास के अनुसार, "आदिवासी भारत के इस विशाल अंचल में सुख के बयार शायद ही नसीब होते हैं। बल्कि दुखों के बादल-बवंडर और लू धक्कड़ से समूची आबादी आहत होती रहती है।" बेशक असंगत विकास नौकरशाही के मनमानेपन और समाज में बजबजाती अव्यवस्था का खामियाजा सबसे ज्यादा औरतें ही उठाती हैं। समाज की बदहाली को समझने के लिए यदि औरतों की स्थिति का जायजा लेना जरूरी है, खासतौर अनब्याही माताओं के प्रसंग में।

विश्व का प्रायः हर भूभाग पलायन से पीड़ित है। हस्टन क्रेमर और बैरेट ने अपने **फीमेल प्रीगेमीनेंस और इमीग्रोन टू द यूनाइटेट स्टेट सिंस 1930** शीर्षक संयुक्त शोध में पलायन के सच को उजागर किया है कि, 'समाज में मर्द पलायन का निर्णय लेता

है जिसे पूरा परिवार स्वीकार करता है। स्त्री भी इस निर्णय को मानती है, चाहे वह जिस हाल में हो।' उड़ीसा में पलायन की संस्कृति बेहद पुरानी है, कम से कम सौ साल पुरानी। खासतौर से राज्य के पश्चिमोत्तर इलाकों में फरवरी आते ही लोग इधर-उधर जाने को विवश हो जाते हैं। बड़ा अजीब-सा माहौल बन जाता है जब कच्ची उम्र की, खिलते यौवन की, सद्यःविवाहिताएँ, पेट की गदराई हुई या नवजात शिशु को अपने सीने से चिपकाए हुई औरतें-बालाएँ, अनजाने ठिकाने पर जाने को मजबूर होती हैं। भारत के उन मूल वाशिंदों के साहस को दाद देना मुनासिब होगा, जो केवल अपने भीतर की शक्ति के बूते चल पड़ते हैं—आंध्रप्रदेश, छतीसगढ़, महाराष्ट्र और मध्यप्रदेश। यह सच है कि नए स्थान, नए परिवेश और नए माहौल में लाख चाक-चौबंद के बावजूद स्त्री सुरक्षित नहीं होतीं। हमारे सामने ऐसे कई मामले आए हैं, जिनसे यह सच चस्पाँ है कि अपने टोला टप्पर से दूर काम के लिए भटकती बालाओं को रोजगार मिले या नहीं मगर वे अपनी आबरू जरूर सौंपने को मजबूर की गईं। सबसे आश्चर्य की बात तो यह है कि पलायन करते वक्त उन्हें पता होता है कि वे हर तरह से असुरक्षित हैं।

उड़ीसा के मजदूर आंध्रप्रदेश के ईंट भट्टों में खपाए जाते हैं। उन्हें निर्माण मजदूर के रूप में पहचाना जाता है। वे वैसे हर खतरनाक काम में लगाए जाते हैं जो जानलेवा होते हैं। विस्मित करनेवाली बात तो यह है कि रोजगार देनेवाले और रोजगार पानेवाले के बीच पूर्व निश्चिंतता इस बात की होती है कि श्रम करने के अलावा और क्या-क्या करना होगा। मतलब, दिनभर काम करने के अलावा मजदूरिनों को रात में अपने मालिक के लिए 'तैयार' रहना है। क्योंकि हर मालिक अय्याश होता है और इन अय्याश पुरुषों के लिए आदिवासी लड़कियाँ बेहद कामुक समझी जाती हैं। बेशक, समाज में खुमसी यौनाचार की खास संस्कृति से इतर भी मादा देह भोग के कई आयाम खुलकर हमारे सामने आए चूँकि देह एक मादा का है तो उसे भोगनेवाले केवल पराए ही नहीं अपने लोग भी होते हैं, जो बेहद नजदीकी रिश्तेदार तक होते हैं।

इस शोध में हमने यह पाया कि करीब 17 फीसदी अनब्याही माताओं अपने निकट संबंधियों और यहाँ तक की रक्त संबंधों की कामांधता की भेंट चढ़ने को मजबूर हुईं। कालाहांडी जिले के बासमतीपुर गाँव की अंबिका प्रधान के साथ तो ऐसा ही हुआ। रिश्ते के भाई ने ही उसे माँ बनाया और समाज और रिश्तेदारों की एक न चली। जलालत हुई वह अलग से। नतीजतन, वह आत्महत्या करने को मजबूर हुई। इस प्रकार ऐसी घटनाओं के प्रभाव अब बहुत दूसरे तरीके से सामने आ रहे हैं। शादी से पहले माँ बनने की घटना को राज्य का समाज अनमने ढंग से नहीं ले रहा है। यह बात दूसरी है कि अविवाहित माताओं की संख्या में खासी बढ़ोतरी के बावजूद सरकार ने आँखें मूँद रखी हैं। उड़ीसा के वरिष्ठ मंत्री दामोदर राउत कहते हैं कि, "यह कोई गंभीर समस्या नहीं है बल्कि इसे बढ़ा-चढ़ाकर पेश किया जा रहा है।" उनकी बात माने तो उड़ीसा का समाज संक्रमण काल से गुजर रहा है, इसलिए सबकुछ अटपटा लग रहा है। लेकिन सवाल यह है कि मंत्रीजी की बातों पर यकीन कर लें या अंबिका प्रधान की आत्महत्या

के कारणों की मीमांसा कर लें, हम उन माताओं की बदहाली से अपना मुँह भले ही मोड़ लें, लेकिन उन बिनब्याही माताओं की समस्या जस की तस बनी हुई है।

किशोरियों के साथ कोई नजदीकी रिश्तेदार छल कर रहा है, या उनका प्रेमी उन्हें भावनात्मक रूप से लाचार कर रहा है कि वे अपना यौवन उन्हें सौंप दे। सुंदरगढ़ जिले के नौपाढ़ा प्रखंड की सुपर्णा के साथ जो हुआ, उसके लिए वह आज खुद को दोषी ठहरा रही है। उसे रिश्ते में एक जीजा रोज अँधेरी रात में अपने साथ सुलाता था। जीजा के साथ लिपट-चिपटकर सोनेवाली सुपर्णा कुछ ही दिनों में संभोग की अभ्यस्त हो गई। सुपर्णा के साथ जो भी हुआ, गलत हुआ, ऐसा सभी मानते हैं। राज्य के वरिष्ठ पत्रकार रबिदास का कहना है, "सामाजिक सहमति कह लें या समाज की कायरता, बच्चियों के साथ पहले भावनात्मक और बाद में भावुक सान्निध्य के गलियारे से निकलकर यौनाचार में डूबकियाँ लगानेवाले ग्रामीण या शहरी बाबू पूरे राज्य भर में सामाजिक टूटन के रास्ते बना रहे हैं।" समस्या के समाधान की पहल आज लोकमानस में बिल्कुल नहीं है। अन्यथा, राज्य में अभिशप्त 40 हजार अनब्याही माताओं की सुधि लेने की इच्छा शक्ति कहीं नहीं है। "चाहे महिला आयोग ही क्यों न हो या मानवाधिकार आयोग—ये सारी एजेंसियाँ या ऐसी संस्थाएँ हाथ पर हाथ रखने की विवशता में जी रही होती हैं," वह अपनी बात पूरी करते हैं।

वैसे तो परंपरा चाहे जो भी रही हों, प्राचीन आदर्श कितने भी लचीले क्यों न हों, यौन संबंधों को लेकर हर युग में, हर काल में विवाद रहे हैं। चूँकि अपनी सभ्यता के विकास का इतिहास यौन संबंधों की उन्मुक्ति और वर्जनाओं का भी इतिहास है। क्योंकि हर काल में यौन संबंधी नैतिक मूल्य और मर्यादाएँ परिस्थितिगत सामाजिक, वैचारिक परिवर्तनों की खराद पर भी चढ़ाए जाते रहे हैं। इसलिए वन्य समाज के अपने मूल विचार और उनका चिंतन यौन संबंधों के मामले में चाहे कितना भी सहज और सर्वग्राही क्यों न रहा हो, आज हम लोकतांतित्रक परिवेश और इस परिवेश में रचे-गढ़े गए कानूनों के जरिए ही मानवीय सोच एवं गतिविधियों को अच्छा-भला या बुरा ठहराते हैं। आदिवासी समाज के लिए सेक्स टैबू नहीं है। पर इसका आशय यह नहीं कि इस समाज और इलाके की हर स्त्री हर कन्या सहज उपलब्ध है। रोटी के लिए तरसनेवाली बालाएँ यदि भूखे पेट अपना यौवन किसी को सौंपती हैं तो इसके जो परिणाम सामने आते हैं उन्हें वह अनब्याही माँ बनकर भले ही स्वीकार करती है पर उससे पैदा संतति किसी भी सूरत में समाज में सहजता से स्वीकार्य नहीं होता।

अविवाहित कन्याएँ माँ कैसे बनती हैं, यह हमने जानने के क्रम में राज्य के 11 जिलों में जो तथ्य जुटाए, उनमें कई बातें सामने आई। पहले की 20 घटनाओं में यह बात साफतौर से जाहिर हुई कि ये इलाके गरीब हैं। यहाँ पैसा सपना है। उद्धार, विकास और कल्याण की आड़ में इन जिलों में करोड़ों डॉलर के अनुदान उलीचे  गए। अरबों रुपए के पैकेज परोसे गए। "बीस-पच्चीस साल में इन क्षेत्रों में जितनी राशि विकास के नाम पर बहाई गई उतनी राशि में इन 11 जिलों के इंच-इंच ज़मीन को सौ

रुपए के नोट से ढँकी जा सकती थी,'' लुईसिंगा (बोलांगिर) के पूर्व विधायक बालगोपाल मिश्र कहते हैं। तो गरीबी वहीं रह गई, गरीब भी वहीं रह गए जहाँ थे। हाँ, उनके इर्द-गिर्द की अट्टालिकाओं में पूँजी का जमाव होता रहा। उपभोक्तावाद टीवी के जरिए आया केबल के हाथ थामे। कालीमाला (मल्कागिरि) में पानी के संक्रमण से लोग शहीद होते हैं। डोंगरीगुड़ा-थॉमल रामपुर में दिमागी मलेरिया से हुई मौतों से अमेरिका की दाता संस्थाओं की चिंताएँ फूटती हैं। कमाल की बात है राज्य की जिन बस्तियों में पानी नहीं मिलता वहाँ कोक मिलते हैं। जहाँ पारासिटामोल के टेबलेट नहीं मिलते, वहाँ गुटखा मिलते हैं। जिंस-टीशर्ट और रंग-बिरंगी कंचुकी से लेकर चोली का बाजार गर्म है। फैशनपरस्ती का बोलबाला सेक्स टॉनिक और पीली पन्नियों में लिपटी 'मैथुनों धर्म' के प्रवचन पोंगती किताबें धड़ल्ले से बेची जाती हैं। ऐसे में पूरे समाज को एक विशेष यौन दृष्टि मिलती है। यही यौन दृष्टि पूरे समाज को लील रही है।

उड़ीसा में कर्णों की पैदावार खूब होती है। यह बात दूसरी है कि इनकी वजह से स्थानीय समाज में खून-खराबा नहीं होता। क्योंकि राज्य का मनमिजाज अपने में संयमित, संतुष्ट और आत्मकेंद्रित नज़र आता है। उसके सामाजिक सरोकार बड़े सीमित हैं। चूँकि शादी किए बगैर माँ बन जाना कभी आदिम संस्कृति का हिस्सा था, जिसे आज के परंपरावादी गंभीरता से नहीं लेते। हाँ, पहले से आज स्थिति भिन्न जरूर हो चुकी है। अब कुँआरी माँ बनने के बाद चर्चाएँ जमकर जरूर होती हैं। गाँवों में भी माहौल तेजी से बदलते जा रहे हैं। अब यह सामान्य बात कई मामलों में नहीं रही। लोकमानस यह चाहता है कि उन क्षणों का और उन कारकों की चर्चा जरूर हो कि कोई लड़की माँ कैसे बनी। मर्द की यह स्वाभाविक प्रवृत्ति होती है कि वह दैहिक संबंध बनाए जाने और उसके बाद की विशद् व्याख्या करना और सुनना चाहता है। औरत को नंगा करके, उसके अंगों को मसलकर-चूमकर-चाटकर और आखिरकार भोगकर विजयोन्माद मनाने की समूची प्रक्रिया को सुनना और सुनाना चाहता है। सीमोन बोउवार के शब्दों में, ''मर्द स्त्री के साथ संभोग क्षणिक आनंद एवं आत्मिक तुष्टि के लिए नहीं करता, बल्कि इस संभोग द्वारा वह नारी पर विजय प्राप्त कर लेता है। चाहे यह संभोग मानसिक हो या शारीरिक।

इन तमाम जिलों में अनब्याही माताओं से संपर्क साधना थोड़ा मुश्किल साबित जरूर हुआ। किंतु उन माँओं और उनके अड़ोसी-पड़ोसी से हुई लंबी और कभी संक्षिप्त बातचीत से यह बात जरूर स्पष्ट हो चुकी है कि वैसे कई कारण हैं, जो किसी कुँआरी को माँ बनने को मजबूर करते हैं। वहाँ का जन-जीवन गहन संवेदना और आत्मीयता के साथ प्रकट हुआ—बिल्कुल रेखांकन की तरह, यथार्थ की आड़ी-तिरछी रेखाओं की तरह, उन रेखाओं से झाँकती सैकड़ों छवियाँ और न जाने कितनी आकृतियाँ, जिनमें गरीबी, मूर्खता, लालच, सब्ज बाग से जुड़े आकर्षण और देह-भोग के असीम महिमागान थे। हम्माम में सभी नंगे—कोई पाक-साफ नहीं और कोई दूध का धुला नहीं। किसी को रँगरेज के हाथों रँगी हुई पीली साड़ी में लिपटी सोलह साल की बाला पसंद है तो

किसी को स्वस्थ-भरी काली देह पर दमकती नीली साड़ी पर ही प्रेम की आस्था है। कोई कलाइयों में भरी चूड़ियाँ और उनकी खनक पर फिदा है तो कोई सुघड़-सलोने मुँह की, काजल से भरी बड़ी-बड़ी आम की फाँक-सी आँखों से घायल है। 'खालिस सौंदर्य', 'जंगली जवानी' और 'पहाड़ी पानी से भरा-भोला चेहरा'—मर्द समाज में ऐसे शब्द, ऐसी उपमाएँ किसी को भी सूँघने और उन्हें जी-भरकर भोगने को उकसाती हैं।

पहाड़ों में प्रेम और सौंदर्य केवल हाट में ही नहीं मिलते। ये सहजता से केवल वहीं नहीं दिखते। बल्कि पनघट पर पानी भरने आईं बालाएँ, लकड़ियाँ बिनने आई युवतियाँ या कार्यस्थलों पर खून-पसीना एक करती महिलाएँ—ये सहज उपलब्ध होती हैं, सबके लिए। महानगरों में कामकाजी होना भले ही औरतों को उतना जरूरी नहीं, पर पहाड़ों और जंगलों में तो काम करना उनकी लाचारी हो जाती है। इस हाल में कौन-कहाँ-क्या कर रहा है—यह कोई नहीं पूछता। जिसे जो सोचना है सोचे। सोचने से किसी का पेट नहीं भरता। यह बात दूसरी है कि कोई पूर्वाग्रही हो जाए और काम-काजी औरत के चरित्र की बखिया उधेड़ दे। क्योंकि औरतों के प्रति पूर्वाग्रही या दुराग्रही होने के पीछे मर्द के अपने अहं हैं। खेतीहर समाज औरत को हल पकड़ने तक की इजाजत नहीं देता। चूँकि उसे पता है कि शारीरिक सौष्ठव का मुलम्मा चढ़ाकार ही औरत को अपने वश में किया जाना संभव है। तभी वह ऐसा करता है। अर्थात् कृषि प्रधान समाज ने उसे अपेक्षाकृत ज्यादा गुलामी दी है। मगर यायावर समाज, वैसा कुनबा जो खानाबदोश है, जो रोज मौसमों से जूझता है—उस समाज में लिंग भेद नहीं होता। ऐसी समानता और बराबरी के बीच औरतें समान अधिकारों के साथ जीवन-यापन करती हैं। अतः ऐसे समाज में सेक्स पाप नहीं रह जाता और न ही हाय-तौबा करने का बहाना। ऐसे में बिल्कुल सुदूरवर्ती इलाके में पैदा हुए अनब्याही माँ के बच्चे सहज रूप में स्वीकार्य नहीं होते तो उनका तीक्ष्ण विरोध भी देखने को नहीं मिलता।

अबोध और मासूम कन्याओं के साथ संबंध बनाना उड़ीसा के समाज में गुनाह नहीं है, ऐसा लगता है। यह एक व्यवस्था है। ऐसी व्यवस्था जो सामाजिक और सांस्कृतिक पहलुओं को अपने गर्भ में समेट लेती है। यही वजह है कि राज्य में कहीं भी किसी ने इन अनब्याही माताओं के बारे में ऐसी कोई तल्ख टिप्पणी नहीं की जिससे इस कुरीति के मूल कारणों की व्याख्या हो सके। सत्ता प्रतिष्ठान से जुड़े लोग, प्रशासन और शासन के कर्त्ता-धर्त्ता के अलावा विकास एजेंसियों से संबंधित महामानव इस मामले को ज्यादा तवज्जो नहीं देते। इसकी गहन चिंता सामाजिक आंदोलनों की अगुआई करते वैसे श्रीमंत सामने नज़र आते हैं, जो स्थानीय सामाजिक व्यवस्था की जटिलताओं से वाकिफ हैं तथा आधुनिकता के पेंच-पैंतरे की गहरी जानकारी रखते हैं।

एक कहावत है, 'जो गुड़ वही कान छिदवाए।' मतलब जो बोले वही इस समस्या का निदान ढूँढ़े। अनब्याही माताओं की समस्या कुछ ऐसी ही है जो जाने-अनजाने हर सामाजिक प्राणी को अपनी ओर आकर्षित करती है। प्रसिद्ध गांधीवादी समाजसेवी श्री विश्वनाथ पटनायक सालों-साल से अनब्याही माताओं की व्यथा से रू-ब-रू होते रहे हैं।

बालीगुडा (फूलबनी) स्थित अपनी स्वनाम धन्य संस्था *वनवासी सेवा संस्थान* के अंतर्गत सामाजिक न्याय एवं आधिकारिता मंत्रालय के सहयोग से चल रहे शॉट स्टे होम में बिनब्याही माताओं को शरण देतें हैं। वन्य समाज में अपनी धाक जमा चुके पटनायक जी इस पूरी व्यवस्था पर अपनी गहरी नाराजगी प्रकट करते हैं। उनके अनुसार, ''आदिवासी समाज में सरकार के बढ़ते हस्तक्षेप से अनब्याही होकर माँ बन जाना विकराल समस्या का रूप ले चुका है। आदिवासियों को उनके पुश्तैनी संसाधनों से अलग करनेवाली इस जनवादी व्यवस्था की वह जमकर आलोचना करते हैं।'' उनके अनुसार, ''पहाड़ी इलाकों में बाहरी हस्तक्षेप और फैशनपरस्ती के कारण युवतियाँ बड़ी संख्या में माँ बन रही हैं।'' लेकिन कैसे? इस बारे में उनका कहना है कि, ''यदि वन कानूनों ने उनसे सब कुछ छीना तो आधुनिकता ने उन्हें चौंकाया भी। वे विस्मित हो गए। और, तब उन्हें बहलाने-फुसलाने का काम शुरू हुआ। फिल्मों और टेलीविजन की दुनिया का चकाचौंध भरी जिंदगी और प्यार के रोमांच में भोले, नाबालिग लड़के-लड़कियाँ भावनाओं में बह जाते हैं, जिनके अंजाम का उन्हें अहसास नहीं होता।''

देश की एक प्रमुख बहुभाषीय साप्ताहिक पत्रिका **इंडिया टुडे** के मुताबिक, ''आदिवासी अपनी परंपराओं, रीति-रिवाजों के चलते ऐसे मामले की अनदेखी करते रहे हैं। ज्यादातर आदिवासी समूह अपने रीति-रिवाजों और शर्तों के मुताबिक इनसे निपटते हैं।'' प्रसिद्ध नृविज्ञानी डॉ. श्याम सिंह शशि के विचार कुछ इस प्रकार हैं, ''कल तक की परंपरा आज वनपुत्रों को बेहद भारी पड़ रही है। रूंगोनेथे बोंड और जंग आदिवासी युवक शादी करने के लिए लड़की को कब्जे में करने की परंपरा का पालन करते हैं। इसे 'गबईगोदो' और 'दिगर कनिया' कहा जाता है। दूसरी ओर मुमजी और भुइंया आदिवासी अपने लड़के-लड़कियों के बीच प्रेम, विवाह को प्रोत्साहित करते हैं। इस व्यवस्था को 'दाव दोपा' और 'घाड़ीपाड़ा' कहा जाता है।'' डॉ. शशि के मुताबिक, ''यह एक सहज प्रक्रिया थी, जब शादी किए बगैर कोई आदिवासी कन्या माँ बन जाती थी। मगर पड़ोस या परदेस के किसी गैर आदिवासी मर्द से प्यार हो जाना और प्यार के आवेग में देह सौंप देने का खामियाजा आखिरकार इन्हीं कन्याओं को उठाना होता है। पहले समाज में ऐसे संबंधों की सर्वानुमति होती थी तो ऐसी माताएँ भी स्वीकार्य थीं। उनके बच्चे भी।''

जमाना बदल चुका है। वह समय था ''जब शादी से पहले माँ बन जाना पाप नहीं था। सामाजिक कलंक नहीं था। मगर गाँवों की सामाजिक संरचना में जैसा बदलाव आया है उसमें सेक्स निर्बाध हुआ। इस हाल में विवाह जैसी संस्था से जुड़े बिना माँ बन जाना पाप समझा जाने लगा। यही वजह है कि उड़ीसा, छत्तीसगढ़, झारखंड राज्यों में कच्ची उम्र तक की कन्याएँ सहज सुलभ हुई वहीं अनब्याही माताओं की संख्या में बेतहाशा वृद्धि हुई है,'' राँची की पत्रकार वासवी कहती हैं। सवाल यह है कि मासूम कन्याएँ यदि शोषित होती हैं तो उनके यौन शोषण को बलात्कार कहने में सभ्य समाज को परहेज क्यों है? यह बहस का प्रसंग है। क्योंकि मर्द समाज ऐसी बहस के पचड़े

में पड़ना नहीं चाहता। ऐसे में उन्हें कई तरह के खौफ घेर लेते हैं। क्योंकि इस बहस से मर्दों के सुख की संभावनाओं एवं अवसरों में कमी आ जाती है। जिंदगी के दायरे सिमट जाते हैं। वासवी के मुताबिक, "औरत एक पहेली भले ही समझी जाए मगर उसे और उसके स्वाभिमान को कुचलना शायद इतना ही आसान है जितना बासी भात को जूठन मानकर नाली में फेंक देना।" यही वजह है कि पहले यौन शोषण को झेल चुकी कन्या जब गर्भवती हो जाती है तो वह जिंदगी की कई त्रासदियों से एक साथ रू-ब-रू होती है। यह जुल्म खासतौर से समाज के शोहदे करते हैं। तब वह जिस प्रताड़ना से गुजरती है उसमें उसके आत्मसम्मान, अस्मिता और स्वाभिमान के आकाशदीप बुझ जाते हैं। इन अनब्याही माताओं में से ज्यादातर मामलों में उत्पीड़ता को उसके घर-परिवार और समाज ने साथ नहीं दिया। भाई, उत्पीड़क बना। माँ ने चुप्पी साध ली और पिता ने उन्हें भगाने की परिस्थितियाँ बनाई।

मल्कानगिरि के पूर्व जिलाधीश मुनीश मुद्‌गल (अब कर्नाटक कैडर में कार्यरत) से हमारी तब से बातचीत अनब्याही माताओं के मुद्‌दे पर होती रही है, जब वह बोलंगिर जिले के टिटिलागढ़ अनुमंडल में सब-कलेक्टर थे। अपनी प्रशासकीय प्रतिबद्धता और खास निश्चित सीमाओं की वजहों से वह इस मामले की गहराई में जाना जरूर चाहते हैं किंतु वह विस्तृत बयान देने से लगातार बचते रहे हैं। उन्हें जब इस बात की जानकारी दी जाती थी कि अमुक स्थान पर कोई अनब्याही माँ है, तो उन्हें आश्चर्य नहीं होता था। नवरंगपुर के सांसद परशुराम माँझी चूँकि खुद आदिवासी हैं इसलिए इस मुद्‌दे पर राष्ट्रीय बहस की सहमति प्रकट करते हैं। उनके अंतर्मन की छटपटाहट यदा-कदा प्रकट होती है जिसके प्रति सम्मान और श्रद्धा के भाव मन में उपजते हैं। वैसे तो जो भी आँकड़े उपलब्ध हैं, वे सच्चाई के इर्द-गिर्द हैं न कि इस समस्या को पूर्ण सत्य बयान करते हैं। क्योंकि इन्हें सरकार के लोगों ने इकट्‌ठे किए हैं। दूसरी बात यह है कि जो मामले पुलिसिया रजिस्टर में दर्ज हुए, वे ही आँकड़े के रूप में हमारे सामने आए हैं। पुलिस के पास जाना भारत के हर नागरिक के लिए सहज नहीं होता और न ही थानों में ऐसे मामले सहजता से दर्ज किए जाते हैं।

हमारे लिए अनब्याही माताओं के मामले जुटा लेना मुश्किल इसलिए हुआ, क्योंकि ऐसी घटनाओं के थीम एक-दूसरे से बहुत ज्यादा मेल खाते थे। जबकि इस शोध के शुरू किए जाने के पहले ही हमने यही निश्चित किया था कि कोशिश यह हो कि उत्पीड़िता की व्यथा-कथा को शब्दबद्ध किया जाए मगर पात्र की अपेक्षा प्रवृत्ति को ज्यादा तरजीह देने की जरूरत है। क्योंकि इस शोध को पुस्तकालयों और ग्रंथालयों की शोभा बढ़ाने के लालच में पूरा नहीं करना था और न ही हर घटना को मीडिया की मंडी में मोलभाव करने का हमारा मकसद रहा। इन मामलों को, अनब्याही माताओं को सनसनीखेज होने देने से जनमानस में हड़बोंग मचाना आसान जरूर हो सकता है किंतु उन प्रवृत्तियों के खिलाफ जनचेतना पैदा किया जाना संभव नहीं है। नुआपाड़ा की उमा को हमारी टीम से यह अपेक्षा है कि इन माताओं की आवाज हम दिल्ली तक पहुँचाएँगे

जिससे नियम-कानूनों को इतना सख्त बनाया जाए कि दोषियों को दंडित किया जा सके।

सेक्स को पूरी दुनिया की तरह उड़ीसा का समाज भी प्रेम का आधारभूत तथ्य मानता है न कि सुंदरता बढ़ाने का अमोघ मंत्र। पहाड़ों की लड़कियाँ दैहिक संबंध बनाने के मामले में अपनी इच्छाओं से, तमन्नाओं से शायद ही वास्ता रखती हैं। यदि संभोग की इच्छा होती है तो उसका दमन भी नहीं करतीं। जुगाड़ कर लेती हैं। जहाँ तक बात शादी किए बगैर माँ बनने की है तो हमारे सामने करीब दस दर्जन अनब्याही माताओं के जो मामले आए, उनमें शत-प्रतिशत मामलों में कामेच्छा का उद्वेग पुरुषों के प्रकट हुए, जो उनके प्रेमी थे। चाहे वे कन्याएँ कितनी भी समर्पिता क्यों न रही हों, उन्होंने अपने नैतिक भावों की वजह से काम भावना को खुलकर व्यक्त नहीं किया तो जमकर प्रतिरोध भी नहीं किया। सर्वग्राही सोच की बालाएँ शालीनता से सेक्स आमंत्रण तो स्वीकार करती ही हैं साथ में उससे उपजी पीड़ा भी पी लेती हैं। बासमतिपुर की अंबिका प्रधान ने तो नशे की हालात में मौसेरे भाई के वहशीपन की भेंट चढ़ने के बाद बार-बार उसके बिस्तर पर बिछती रही और बाद में उसे सरेआम बेइज्जत भी करने से उसके प्रेमी ने कोई कोर-कसर नहीं छोड़ी। इसमें शक की कोई गुंजाइश नहीं कि स्त्री का शारीरिक संबंधों के प्रसंग में इस प्रकार संवेदनशील आत्म केंद्रित और अंतर्मुखी होना ही कामांध पुरुषों को बदतमीज बना देता है।

औरतों को जागरूक करने में यह बात बार-बार हम महसूस करते रहे, राज्य या समाज के अन्य जिम्मेदार तत्त्व समाजसेवी रोशनआरा वयःसंधि से गुजर रही वनपुत्रियों को बार-बार समझाती हैं कि भावनाओं में बहना ठीक नहीं। उन्हीं के शब्दों में, ''यदि यह बहाव अप्रत्याशित हुआ तो दैहिक संबंध बनाने से परहेज करना चाहिए।'' मगर सिसिल सौवार्ज की बातों पर ध्यान दें, ''स्त्री प्रेम में अपना व्यक्तित्व भी भूल जाती है। यह प्राकृतिक नियम है। पुरुष के बिना स्त्री का अस्तित्व नहीं होता। बिना किसी अधिपति या स्वामी के मानो वह गुच्छे से बिखरा हुआ फूल होती है।'' अब कैसा आत्म संयम ? कैसा विवेक ?

उड़ीसा से जुड़ी सचाइयाँ शेष दुनिया के अंतर्मन में सूखे-बेरोजगारी-बेकारी और पलायन की भवावह आर्तनाद पैदा करती है। समाज से खुमसी विरूपताएँ शोध एवं मीडिया के निवाले के लिए प्रायः बेस्वाद होती हैं। वहाँ न तो बेरियर एल्विन का ट्राइबल पंचशील है और न ही समाज के समरस विकास की परिस्थितियाँ। तभी तो वनों पर निर्भर रहनेवाला समाज, वनोपज जुटाकर जीवन चलाता समुदाय, बगुल-पंख खोंसे वनपुत्रियाँ अपनी पीड़ा चुपचाप गटकने और सहने को विवश हैं। बहुरंगी बादलों, हरित भूमि पर सुरसुराती हवाओं, कल-कल-झर-झर बहती नदियाँ—इनसे भावविभूत आदिवासी मुर्गा-भेड़-बकरी-चावल की मोटरी, मिट्टी के मकान और महुए से चुआई गई शराब को अपनी जिंदगी समझता है। पर वनपुत्रियों की जवानी को बेजार करता शहरी मन और भौतिकवादी मानसिकता ने उनके विनाश और विप्लव की परिस्थितियाँ गढ़ी

हैं। अपनी चालाकी-धूर्तता और काइँयापन से उन आदिवासी बालाओं के जीवन रस निचोड़नेवाले मर्दों के बारे में पटवारी से लेकर जिला कलेक्टर और मुखिया से लेकर मंत्री महोदय तक जानते हैं। मगर उनकी मानवीयता महज ज्ञान एवं जानकारी तक सीमित है। वे न तो इसके लिए अपने मन को संवेदनशील रख पाते हैं और न ही उनकी कोई दृढ़ इच्छा शक्ति उन बुझे आदिवासी मन के लिए सांत्वना की पुचकार पैदा करती हैं।

कुँआरी माताओं की बातें किसी दूसरे लोक की घटना नहीं है। यह विशुद्ध रूप से उस देशज समाज का सत्य है, जहाँ संसाधनों पर अधिकार की पूर्ण अस्वीकृति, परंपरागत स्वशासी व्यवस्था को शिथिल करने की साजिश और आदमी को जानवर से भी बदतर देखने और समझने के माहौल को दमघोंटू बनाता है। पूरे लोकजीवन को कठोर संघर्षों, प्रतिष्ठा को खोने और आत्मगौरव को मसले जाने की जो परिस्थितियाँ हैं, वे व्यक्तिगत आजादी के विनिमय एवं वंचना और शोषण की स्थिति को जायज ठहराने की मनःस्थिति को बढ़ावा देती हैं। ऐसे में स्त्री नामक किसी जाति-प्रजाति अस्तित्व के प्रति भला क्योंकर सभ्य-सुसंस्कृत एवं सुविचारयुक्त समाज संवेदनशील हो? केंद्रपाड़ा के पूर्व जिला कलेक्टर हेमंत शर्मा इस प्रसंग में खासतौर से संजीदा विचार रखते हैं, "आजादी का असली चेहरा अभी ये आदिवासी नहीं देख सके हैं। जहाँ वे युगों से वनों से अपनी जिंदगी बसर करते रहे हैं, वहाँ जीवन बसर करना गुनाह हो गया। इसलिए उन्हें हमारी ओर बहुत कुछ देना बाकी है। हमारा फर्ज है कि समरस विकास की धार बहाकर उन्हें राष्ट्र की मुख्यधारा में ला खड़ा करें।"

आदिवासी इलाकों में सौंदर्य नैसर्गिक है, संभोग की परिस्थितियाँ निर्बाध हैं। मानव संसाधन से लेकर कुदरती संसाधन—ये सब सस्ते-सुलभ हैं। खासतौर से एक मर्द के लिए औरत की देह, एक अदद योनि हर गाँव-हर बस्ती में उपलब्ध है। क्योंकि वहाँ गरीबी है। अकाल है। सूखा है। वंचना है। और इनके नाम पर लूटमार है। यह लूटमार उत्सव है। पर्व है। मौसमी नहीं बरसाती नहीं। न ही किसी मौसम विशेष के आने के नाम पर और न ही स्वच्छंद प्रकटीकरण। बल्कि उन इलाकों में रची-बसी विशाल उदासीनता-अमिट पीड़ा और असाध्य बेकारी के बीच नग्न उत्सवों के लिजलिजे वृंदगान तथाकथित सुधरे—साफ-सुथरे समाज के ढोल-मंजीरों के बीच गाए और गुनगुनाए जाते हैं। इस गान में, इस पर्व में, इस उत्सव में नई कमसिन बालाओं की जरूरत होती है जो कभी-कभार रजस्वला तक नहीं होतीं मगर सहवास-संभोग में सहज रूप से अभ्यस्त होती चली जाती हैं और उन्हें इसका आभास भी नहीं होता।

आधुनिक जमाना, जिसके पास लाखों की संख्या में रिपोर्ट हैं, थेसिस हैं, उनके मुताबिक आदिवासी समाज में सेक्स टैबू नहीं है। मतलब शारीरिक संसर्ग सामाजिक वर्जनाओं के दायरे में नहीं आता। इस समाज में रिश्ते बनाने की छूट है। यह सच है। मगर सच यह भी है कि आज अपने समाज के सामने लुचना है, बुई है, संयुक्ता है, सुनंदा है, जो इस जमाने की उपज हैं। मन से और सधे मत से यदि हम विमर्श करें

तो ये तमाम बालाएँ किसी के लिए शर्म, किसी के लिए सवाल और किसी व्यवस्था के लिए संकोच हैं। जिस जनवादी समाज के लिए स्त्री के साहचर्य के परिप्रेक्ष्य में आनंद कृतज्ञता है, आनंद स्नेह है, वहाँ उन अनब्याही माताओं के लिए सान्निध्य दुःस्वप्न है। संसर्ग पीड़ा है। संभोग यातना है और मातृत्व आजीवन ओढ़ी गई त्रासदी है। उसकी परवाह मर्द को नहीं होती और न ही समाज को होती है। भले ही यह त्रासदी कितनी ही बड़ी क्यों न हो कोई इसे गुनाह नहीं मानता।

तो क्या यह सच में गुनाह नहीं है? बेशक समाज की नज़रों में या कानून के व्याख्याकारों की नज़रों में भारतीय दंड विधान की धारा 376 और 493 की व्याख्या करते हुए एक मामले में उड़ीसा के उच्च न्यायालय (केस सं. 166/24, वर्ष 1991) ने शादी के झूठे वायदे कर प्रेमिका के साथ उसके गर्भवती होने तक शारीरिक संबंध बनाए जाने को किसी भी तरीके से गलत ठहराने से इंकार कर दिया। लंबी बहस और वादी-प्रतिवादी के बयान सुनने के बाद न्यायालय का मानना था कि अभियुक्त ने कथित रूप से अपने बहनोई के बहन के साथ लंबे समय तक जो दैहिक संबंध बनाए उसमें लड़की की भी पूरी सहमति थी। इसलिए यह संबंध बलात्कार की श्रेणी में आने के बजाय संभोग की श्रेणी में आता है, जो कानूनी कार्यवाही के दायरे में नहीं आता। इसी तरह जयंती रानी बनाम पश्चिम बंगाल राज्य के मामले में भी 1984 में न्यायालय का फैसला उपरोक्त फैसले से बिल्कुल मिलता-जुलता था। मतलब भारत के कानून में औरत और मर्द के बीच जायज और नाजायज संबंधों की जो व्याख्या है उसमें मरीयाम्मल ने अपने कुटिल प्रेमी रविचंद्रन के खिलाफ जो आरोप लगाए (1992) उनके मायने अदालत की नज़रों में कुछ भी नहीं है। जहाँ परस्पर सहमति हो, वहाँ किसी एक पक्ष के माथे दोष मढ़ने में अदालत की कोई अभिरुचि नहीं थी। मगर सवाल यह है कि क्या इसी आधार पर प्रेमी बने देहभोगियों को दोषमुक्त किया जाए?

यह मुद्दा अदालत का नहीं है। क्योंकि कोई न्यायालय इस अनुभाव्य संबंध की व्याख्या कर पाने में असमर्थ होता है, चूँकि उसे कानून की परिधि में ही घूमने-विचरने की आजादी होती है। अदालत आपसी विश्वास पैदा नहीं करता और न ही संवेदनाओं के तरंगे सिरजता है। यह तो इंसानी नहीं बल्कि रूहानी जज़बात की निरूक्ति निराने का काम करता है। औरत और मर्द के मिलने के मूल में विश्वास एक बहुत बड़ी वजह है, जो किसी भी मादा को मन से इस बात के लिए राजी करता है कि वह मर्द को अपने हर अंग को चूमने-चाटने-चूसने और तब खेलने की इजाजत दे। औरत और मर्द के बने इस संबंध से ही परिवार बना और समाज अस्तित्व में आया। तब जाकर किसी पंचायत या अदालत की जरूरत महसूस की गई। जहाँ तक बात किसी लड़की के अनब्याही माँ बनने का है और उसके प्रेमी को निरपवाद होने का है, इस बारे में विश्वास तोड़ने से बड़ा जुर्म और भला क्या हो सकता है? मगर उड़ीसा में यही हो रहा है।

श्री राममनोहर लोहिया से कई मामलों में वैचारिक मतभेद रखे जाते हैं लेकिन नर

और मादा के संबंधों को लेकर उनके जैसा श्रेष्ठ भाष्यकर बीते शताब्दी में कोई पैदा हुआ ही नहीं। लोहियाजी के कथन पर हम गौर करें कि, "वादा खिलाफी और बलात्कार के अलावा औरत और मर्द के बीच के सारे संबंध जायज हैं।" मतलब आपसी सहमति से युवक-युवती के शारीरिक संबंध बनाने को लोहिया पाप नहीं मानते। चूँकि दोनों पक्षों की मंजूरी के बाद ही ऐसे संबंध बनते हैं जिसे संभोग कहते हैं। मगर बलात्कार, जो पुलिस-अदालत और समाज की नज़रों में जघन्य अपराध हैं, उसके समकक्ष ही वादा खिलाफी महापाप है। मगर उड़ीसा की उन अनब्याही माताओं की दुर्दशा और अदालत के फैसलों में अच्छे-बुरे का भेद कर पाना मुश्किल हो जाता है कि आखिर में दोष किसका है। चाहे बिस्मिता हो या बुई या चपला—इन्हें विश्वास दिलाकर इनके कौमार्य नष्ट करने की सजा वे अनब्याही माताएँ ही उठा रही हैं।

अनब्याही माताओं के संदर्भ में इस बात की पुष्टि होती है कि वहाँ कि समाज में विभिन्न तिकड़मों के जरिए कन्याओं से दैहिक संबंध बनाने और फिर उन्हें सहजता से छोड़ने की छूट होती है। इसके लिए वहाँ कोई बावेला नहीं मचाया जाता। इस बारे में आम राय यही है कि मर्द अपनी विशेषाधिकार के विस्तृत दायरे में औरत को जानवर समान पालतू समझता है जिसे उपयोग में लाना उसकी आदतों में शुमार हो जाता है। समाजविज्ञानी नरसिंह दास कहते हैं कि, "ये स्त्रियाँ महज एक गर्भ हैं, जो अपने समाज का आधा हिस्सा होने के बावजूद भोग और वासना की दुनिया में भटकने के लिए मजबूर की जाती हैं।"

कमाल की बात है कि अपने समाज की धुरी होने के बावजूद पहाड़ और जंगलों में जीनेवाले समाज की ये बेटियाँ अपनी पहचान बनाने में तब पूरी तरह से असफल हो जाती हैं जब उनके नारीत्व की तमाम खूबियाँ गर्भाशय नामक एक यंत्र, योनि के नाम से जगजाहिर एक साधन और कई उभारों, कसावों और थुलथुलेपन में उलझ-सँवरकर रह जाती हैं। प्रश्न यह है कि कितना सुलभ है एक या उससे ज्यादा मादा देह। साथ में उसे मादा देह की नियति के उन सामाजिक, आर्थिक और मनोवैज्ञानिक भूमिका और कारणों एवं कारकों के प्रति जिज्ञासा उमटती है, उन्हें जानने-सोचने और समझने की। चाहे वह पनिहारिन हो, लकड़ी बिनने या वनोपज चुननेवाली या धान ओसानेवाली युवती हो—उनकी जैविक स्थिति से लेकर उनके सामाजिक हैसियत से जुड़े तमाम सवाल मन को कोंचते हैं कि अनब्याही माँ बनती बालाओं के तथ्य क्या हैं, मिथ क्या हैं?

किशोरियों के माँ बनने के प्रसंग में अरस्तू के विचार याद आते हैं। उनके मुताबिक 'स्त्री एक निष्क्रिय पदार्थ है जबकि उनके चिंतन में पुरुष के पास शक्ति है, गति है और जीवन है।' मतलब, समाज में स्त्री नामक एक निष्क्रिय पदार्थ का अस्तित्व चुटकी भर धूल से ज्यादा नहीं है। अतएव, "आज उड़ीसा में जिन कारणों से मासूम-अबोध या कच्ची उम्र की कन्याएँ माँ बन रही हैं, उनके प्रति मर्द समाज की चिंता या उनकी बदहाली को लेकर चिंतन का कोई मतलब ही नहीं है," पत्रकार केदार सत्पथी कहते

हैं। अर्थात् वह सिर्फ देह है। उभार है। संत पाल के विचार से, "पुरुष औरत के लिए नहीं बना है, औरत बनी है पुरुष के लिए।" क्योंकि संतपाल महोदय का धर्म स्थूल मांसलता को घिनौना मानता है, इसलिए "...औरत शैतान की खाला है।" औरत को शैतान का दरवाजा माननेवाले टर्टूयूलियनजी और संत एम्ब्रोस को (जिनके अनुसार आदमी को पाप के रास्ते हौवा ले जाती है, न कि हौवा को आदम) कालजयी माननेवाले राज्य के उन शोहदों से मुलाकात के छोटे-बड़े कई मौके मिले, जिनके खिलाफ आरोप हैं कि वे कुँवारे बाप हैं, अनब्याही माँओं के प्रेमी। मगर वे अपने बच्चे या अपनी प्रेमिका को स्वीकार करना नहीं चाहते।

उड़ीसा का लोकमानस शांत है। शिथिल है। विरोध करना उनका स्वभाव नहीं है। खासतौर से सामाजिक मुद्दों को लेकर उनमें अजीब सी उदासी है, जो उन्हें आत्मकेंद्रित बनाती है। भुवनेश्वर के वरिष्ठ पत्रकार सौम्यजीत पटनायक के अनुसार, "प्रदेश में हालात बिल्कुल साफ हैं। गरीबी की मार झेल रहे समाज के एक बहुत बड़े हिस्से को यदि जिंदगी जीने के जुगाड़ के रूप में यदि अपनी देह सौंपने की मज़बूरी है तो साथ में समाज भी इस मामले में स्थिर है कि शोषण किए जाने के हाल में क्या उचित है क्या अनुचित।" पटनायक कहते हैं, "प्रकृति को पूजनेवाला और उसके बूते जीनेवाले समाज में नियम-कानून सख्त नहीं होते। रिश्तों की बात हो या भाईचारे की। आदिवासी समाज या वन्य प्रदेशों में औरत और मर्द के बीच के संबंधों का बेहद लचीलापन ही शारीरिक और मानसिकता पीड़न के रास्ते सुगम करता है। सच तो यही है कि बलात्कार या बहला-फुसलाकर कन्याओं से दैहिक संबंध बनानेवाले ऐसे ही सुगम रास्ते की तलाश में रहते हैं।" चाहे जैसे भी हों, जहाँ भी हों, 'कोरी-कच्ची' उम्र की बालाएँ ही उनकी कामसाधना के काम आती हैं।

हालाँकि किसी कन्या के साथ दुष्कर्म के मामले में तथाकथित सभ्य समाज का रवैया बड़ा ही कठोर है। इस बारे में हम दिल्ली के एक न्यायालय में किसी माननीय न्यायाधीश की टिप्पणी पर गौर करें जिसमें एक मेडिकल छात्रा से दुष्कर्म के मामले में माननीय न्यायाधीश का विचार था कि, "हत्या से शारीरिक ढाँचा नष्ट होता है, लेकिन बलात्कार में बलात्कारी असहाय महिला का मानसिक पतन कर देता है।" संयुक्ता भी इस मानसिक पतन की पीड़ा जानती है। क्योंकि आज वह चरित्रहीन की श्रेणी में अपने समाज द्वारा दी जा रही अप्रतिहत पीड़ा भोगने को विवश है। अपने ऊपर दोहरी मार को सहना और असली दोषी का निर्भीक घूमना। ऐसी तकलीफ जिसे किसी ने न सुनना चाहा और न ही समझना चाहा। जैसे बलात्कारी के प्रति पूरे समाज, शासन और प्रशासन की सहानुभूति उमट पड़ी। जबकि राष्ट्रीय राजधानी दिल्ली की एक अदालत में माननीय जज ने पूर्वी दिल्ली के एक अस्पताल की एक आदिवासी नौकरानी के साथ हुए बलात्कार को लेकर टिप्पणी की, "...पृथ्वी पर बलात्कारी सबसे गिरा हुआ व्यक्ति है, वह सहानुभूति के योग्य नहीं है।" यदि उड़ीसा के लोगों की उदासी देखें तो ऐसी बात समझ में आती है कि वे समाज को न्यायालय को दूर रखकर देखते हैं। क्योंकि

राज्य में ऐसे जो भी मामले न्यायालय में गए पक्ष में कुछ भी सुनने को नहीं मिला।

वैसे तो अदालत की टिप्पणी शासनादेश नहीं होती। न ही कोई कानून। इसलिए बलात्कार को लेकर लोगों की संवेदनाएँ कम उत्पीड़िताओं के चरित्र को लेकर चटपटी अटकलें ज्यादा सामने आती हैं। तमाम तरह की मानवतावादी बातें आदिवासी समाज से कोसों दूर हैं। यदि उड़ीसा के मामले में इन टिप्पणियों पर गौर करें तो यह बात साफ है कि राष्ट्र की मुख्यधारा के लोग आदिम समाज को न्यायालय की टिप्पणी से दूर रखकर देखते हैं।

हमारी यह कोशिश लगातार रही कि अनब्याही माताओं से जो सवाल पूछे जाएँ वे उनकी व्यथा के ज़ख्म को ताजा न कर पाएँ और न ही वे जले पर नमक जैसी पीड़ा पहुँचाएँ। उनके परिवारवाले अड़ोसी-पड़ोसी और उन इलाकों के मानिंद और जानकार लोगों से पूछे गए सवालों, लंबे विमर्शों और व्याख्याओं से जो तथ्य उभरकर सामने आए, उन सबको अनब्याही माँओं की आपबीती के साथ मिलान करने के बाद ही ऐसी माताओं की अलग-अलग कहानी तैयार होकर सामने आई। इसके अलावा दो-एक घटनाओं को छोड़कर हमारी टीम को कहीं जनविरोध का सामना करने की नौबत नहीं आई और न ही कोई तल्ख तकरीर सुनने की विवशता हुई। हमारे सामने अनब्याही माताओं के जो भी मामले सामने आए हैं, उनमें से ज्यादातर प्रसंगों में यही बात सामने आती है कि जैसे ही प्रेमिका के गर्भवती होने की जानकारी प्रेमी को होती है, वह बदल जाता है। "इसे आप उड़िया कन्याओं का भोलापन कह लें और राज्य के लड़कों की शैतानी, जो इतने बड़ी सामाजिक समस्या रूपी नाग को लावा-दूध का भोग लगा रहे हैं," जेपुर के समाजसेवी सौजेंद्र स्वेन कहते हैं। तभी तो राज्य महिला आयोग की अध्यक्षा नमिता पांडा के अनुसार, "उड़ीसा में सामाजिक विस्फोट की स्थिति पैदा हो गई है। अनब्याही माताओं की तेजी से बढ़ती जनसंख्या ने समाज में असंतोष पैदा कर दिया है।"

जबकि राज्य के वरिष्ठ टेलीविजन पत्रकार शमशेर सिंह मानते हैं, "अब मीडिया बेहद सक्रिय हो चुकी है। पहले ऐसी घटनाएँ प्रकाश में आती ही नहीं थीं।" भुवनेश्वर की करीब मंचेश्वर थाने के एक गाँव चंद्रकेसरीपुर का शमशेर हवाला देते हैं जो अनब्याही माताओं की बस्ती है। एक सौ से कहीं ज्यादा बिनब्याही माताएँ हैं वहाँ। चंद्रकेसरीपुर में उस प्रथा का जिक्र करते हुए शमशेर भाई सूचित करते हैं कि इस गाँव में कन्याओं के बिना शादी किए किसी लड़के के घर महीनों रहना होता है। यदि उस लड़की का स्वभाव ठीक रहा तो वह बहू बनाई जाती है। अन्यथा वे लौट आती हैं अपने पिता के घर। मगर तब तक वह माँ बन चुकी होती हैं। यह परंपरा बड़ी पुरानी है। इसे पहली बार उजागर किया 'सबसे तेज' एक राष्ट्रीय खबरिया चैनल के जरिए शमशेर सिंह ने ही। शमशेर यदा-कदा इस समस्या को उजागर करते रहते हैं।

राज्य में अखबारें बड़ी चुस्ती के साथ ऐसी खबरों को प्रमुखता से छाप रही हैं। *संवाद* नामक प्रमुख उड़िया दैनिक के संपादक सी.बी. पटनायक तो इस मामले में भाव

विह्वल हो जाते हैं। उन्होंने न जाने ऐसे कितने रिपोर्ट छापे हैं जिनमें उन अभागी कन्याओं के दुःख उजागर हुए जो बिनब्याही माँ बन गई। पटनायक जी को अपने समाज की बदहाली की गहरी समझ है। वह जानते हैं कि वहाँ कन्याओं के साथ क्या हो रहा हैं। पटनायक जी ने तो इस मामले में बड़ा बावेला मचाया, जब भी उन्हें इस बात की जानकारी होती कि किसी कन्या की पहचान अनब्याही माँ के रूप में है। यहाँ तक कि जब 2004 में राष्ट्रीय महिला आयोग की अध्यक्षा श्रीमती पूर्णिमा आडवाणी को श्री पटनायक ने इस मुद्दे पर अपना गहरा असंतोष जाहिर किया था। लेकिन परिणाम क्या निकला?

सत्ता, समाज और उनसे गलबँहिया डाले शोषणवादी शक्तियाँ सेक्स, पैसे, और आडम्बर के साथ जिंदगी जीने में यकीन रखती हैं। राष्ट्रपिता महात्मा गांधी ने लिखा है, "ठोकर लगे और दर्द हो तभी मैं सीख पाता हूँ।" परंतु समाज का वह तबका जो संसाधनहीन है और कमजोर है, उसके लिए ठोकर और दर्द-जीवन का नासूर बन जाता है। अनब्याही माताओं के संबंध में तो यही पता चलता है कि उन्हें अपनी भूल की सख्त से सख्त सजा मिलती है, जिससे वे आजीवन मुक्त नहीं हो पाती। अपने समाज के अमीर तबके और गरीब लोगों के बारे में हम सोचें तो यह बात साफ तौर से सामने आती है कि देह सौंपने की भारी कीमत तो गरीबों को ही चुकानी पड़ती है। चूँकि सेक्स शरीर की माँग है, सेक्स हर इंसान और औरत की जरूरत है। यह बात दूसरी है कि अमीरों के पास ऐसे उपाय होते हैं कि वे किन्हीं भूलों की लीपा-पोती गर्भ निरोधकों से कर लेते हैं या वे सहजता से गर्भपात कराने से नहीं चूकते। मगर गरीबों के पास न तो ऐसे जुगाड़ होते हैं और न ही ऐसे विकल्प।

यह सच है कि जिनके पास अधिकार है, संसाधन है और सत्ता है वैसे लोग ठोकर और दर्द को सहजता से सह लेते हैं। उन्हें भूल जाते हैं या सीख मिल जाने का आत्मसंतोष रखते हैं। यही अंतर है अमीर और गरीब के जीवन दर्शन के बीच। मगर सत्ता और अधिकार की चर्चा जब हो रही है तो यह जान लेना जरूरी है कि अपने देश के आदिवासी इन दोनों से अलग होते हैं। यदि लॉर्ड एक्टन ने यह कहा है कि "सत्ता मनुष्य को भ्रष्ट करती है," तो शैली के वक्तव्य पर भी विचार करें कि, "अधिकार विनाशकारी प्लेग के सदृश है, वह जिसे छूता है उसे ही भ्रष्ट कर देता है।" अब चाहे देश का नागर समाज हो या उड़ीसा का परंपरावादी समाज–अनब्याही माताओं की कोई नहीं सुनता। उन्हें समाज त्याग देता है, परिवार ठुकरा देता है। वरिष्ठ पत्रकार फरजंद अहमद के शब्दों में, "अनब्याही माताएँ या तो आश्रय घरों में पहुँचती हैं या देह दलालों के हाथ में पड़ जाती हैं।"

राज्य की वरिष्ठ आरक्षी पदाधिकारी सुनीता काकरान, जो कभी कालाहांडी में पुलिस अधीक्षक थीं, अनब्याही माँ बनने जैसी घटना पर घोर आश्चर्य जताती हैं। उनका चौंकना लाजिमी है, क्योंकि ऐसे मामले पुलिस विभाग की जानकारी से इतर होते हैं। कालाहांडी के पूर्व जिला कलेक्टर श्री शाश्वत मिश्र अपनी प्रशासनिक प्रतिबद्धता के

अलावा समाज के कठोर रवैये की अपेक्षा रखते हैं। श्री शाश्वत का कहना बिल्कुल ठीक है कि इन घटनाओं पर काबू पाना तभी संभव है जब समाज के जिम्मेवार जन प्रेम के नाम पर चल रहे भावनात्मक प्रपंच पर काबू रखें। ''स्वयंसेवी संस्थाएँ इस मामले में संतोषजनक भूमिका अदा कर पाने में असमर्थ रही हैं। वे केवल सरकारी काम-काज पर हल्ला मचाती हैं,'' कालाहांडी के सांसद विक्रम केसरी देव कहते हैं। उधर अनब्याही माताओं से जुड़ी समस्याओं पर गहरी चिंता प्रकट करते हुए पूर्व रेलमंत्री भक्तचरण दास जहाँ कानून की कृपणता का मजाक उड़ाते हैं, वहीं समाज को जगाने का आह्वान भी करते हैं। लेकिन यह समय साध्य प्रक्रिया होगी—वह यह भी मानते हैं।

बोलंगिर की सांसद संगीता सिंह देव इसे समस्या मानने से इंकार करती हैं। इसलिए इस बारे में वह बोलना नहीं चाहती। बुई जानी के प्रति कोई संवेदना आज तक नहीं उभरी। वह तपेदिक की रोगी है। चपला उपेक्षिता है। जयामति आत्महत्या करने की इच्छा रखती थी। आज वह परिस्थितियों से समझौता कर चुकी है। मालती, बिलोचनी, माधुरी, किशारी से लेकर रंजना—ये सभी कुँआरी हैं। खुद कमाकर खा रही हैं। देह बेचकर या श्रम बेचकर। लोग गरीब हों तो राज्य-समाज में एक से बढ़कर एक समस्याएँ सामने आती हैं। फिर समझौतों की अटूट शृंखला, समर्पण की अनकही दास्ताँ और इनसे उपजी नसीहतों, भावनाओं के ज्वार किसी कुँवारे के दिल में तरावट देनेवाली मादाएँ सिर्फ दुर्दशा को अपना प्राप्य के रूप में स्वीकार करती हैं।

''वह जो भी गलती करती हैं उसकी सजा उन्हें आजीवन मिलती है।'' जेपुर के प्रो. पी. दास कहते हैं। मगर उन्हें सुरक्षा-सुविधा और संरक्षण देनेवाले सरकार के एजेंट इस मामलें में निर्दोष होते हैं। ''प्रशासन और पुलिस अपने ताकत और प्रभाव जमा पाने में इतना असमर्थ होती है कि वे सब कुछ न्यायपालिका के ऊपर छोड़ देती है, युवा राजनीतिज्ञ तरूण माँझी स्पष्ट करते हैं। दुलारी बेचारी क्या जाने एफ.आई.आर, आई. पी.सी., बचपन बचाओ आंदोलन और बच्चों के अधिकारों से जुड़े पेंच-पैंतरे। ''उसके साथ जो भी हुआ और आज जो हो रहा है, उसे अपने ऊपर ढोने की लाचारी ही इस लोकतंत्र की त्रासदी है,'' माँझी कहते हैं।

इस विशेष अभियान के जरिए औरत और मर्द के बीच दैहिक संबंधों की पड़ताल में यह बात साफ होती है कि शत-प्रतिशत मामलों में संभोग की पहल मर्द ही करता है। खासतौर से उन इलाकों में, जहाँ गरीबी की लिजलिजी सच्चाइयाँ औरत को हर प्रकार के समझौते के लिए मजबूर कर दे। प्रलोभन-झाँसों में आकर भोली-मासूम बालाएँ अपना सब कुछ जरूर सौंपती हैं और अंततोगत्वा पछतावे के अतिरिक्त उनके पास कुछ नहीं होता। जो मामले हमारे सामने आए उनमें अफसोस-पश्चात्ताप और विलाप से भरे निःश्वास की बेचारगी पल-प्रतिपल थी। उनके प्रति समाज का रवैया कोई संतोषप्रद नहीं रहा और न ही पुलिस प्रशासन उन्हें न्याय दिला पाने में समर्थ दिखी। जो घटनाएँ प्रकट हुईं, सार्वजनिक हुईं उनके प्रति सभी संवेदनशील जरूर हुए मगर थोड़े समय के लिए। किसी ने कुछ ठोस नहीं सोचा, करने की बात तो बहुत दूर की है। इस मामले

में स्वयंसेवी संगठनों की भूमिका मिला-जुलाकर संतोषप्रद जरूर रही हैं। चाहे बालीगुडा के विश्वनाथ पटनायक जी की स्वनामधन्य संस्था *वनवासी सेवा संस्थान* हो या सत्यनारायण पटनायक जी की संस्था *सेवाजगत*—इन गैर सरकारी संगठनों के बूते ही अनब्याही माताओं की जीने की थोड़ी-बहुत हकदारी मिल जाती है।

मगर सच्चाई यही है कि इन तमाम बहसों और विवादों के बावजूद उत्पीड़िताओं को न्याय नहीं मिल पाता। उन्हें समाज अकेला और बेसहारा छोड़ देता है। नतीजतन वे दुःख और पश्चाताप के साथ अपनी जिंदगी काटती हैं। दुनिया उन्हें पापी, कुलटा और व्याभिचारिणी के अलावा न जाने और क्या मान लेती है। खेद की बात यह है कि उनके चरित्र की बखिया उधेड़नेवाले उनके मन की व्यथा नहीं जानना चाहते। उन माताओं की नियति के बारे में मशहूर साहित्यकार कमलेश्वर की टिप्पणी कुछ इस तरह है, "औरत का शरीर जमीन है जो उर्वर है। उसके रूप का आकाश विशाल है जिसमें मर्द सपनों की ऊँची उड़ान भर सकता है। वह जब प्रेम करती है तो वह भाव-समाधि में श्रद्धा के साथ, आस्था के साथ, संवेदना के उत्ताल उछालों के साथ और इस मंशा के साथ कि मर्द को सब कुछ मिल जाए।"

इसलिए उमा के अस्तित्व की छिछालेदारी एक अमूर्त नियति की थूकम फजीहत नहीं है बल्कि मर्द के नज़र और नीयत में औरत के महज मांसल आकार के प्रति लोलुपता का चस्पाँ होना है। अब चाहे उसे कोई भोगने के बाद उसे अपमानित करे, उस पर थूके या उसे प्रताड़ित करे। "अपनी देह मर्द को सौंपकर औरत जीवन के हर मोड़ पर, हर मुकाम पर हारती है, जैसे वह हार जाने में ही भलाई समझती है। औरत का नंगापन उसके समर्पण की इंतहा है जबकि मर्द की नज़रों में लिबास से लदी-फदी औरत नग्न जिस्म और उस जिस्म में कुछ गहराई और कुछ उभारों के अलावा कुछ नहीं होती। जिस औरत को मर्द एक बार नग्न देख लेता है तो वह उसे बार-बार नंगा करना चाहता है, उसे नंगा देखना चाहता है," कमलेश्वर कहते हैं।

कहा जाता है कि लड़की का चरित्र, स्वभाव और उसका आचरण उसकी परिस्थिति की उपज है। उड़ीसा के समाज की अनब्याही माताएँ हमारे और आपके घर की बेटियों समान ही कभी थीं, जिनके अपने सपने थे। मगर उनकी निर्धनता और उनका भोलापन पूर्ण प्रतिष्ठित दुश्चक्र में जा फँसता है, जहाँ से जिंदगी में उलझाव ही उलझाव होते हैं। वे नहीं जानतीं कि उन्हें जो बहलाता है उनकी बातें अनजाने में मानकर वे कितनी बड़ी गलती करती हैं। सेक्स उनके जीवन में नया अनुभव जरूर होता है, जो अनदेखी और अप्रत्याशित परिस्थितियों में घटता है जिसके परिणाम बड़े घातक होते हैं। "वैसे तो कन्या शहर की हो या महानगर की या पहाड़ों की, संभोग के प्रति लालसा सबके अंदर होती है। मगर परिस्थितियाँ ज्यादा ही जिम्मेदार होती हैं जो उनकी काम भावना को उकसाती हैं और पोसती हैं," रायगड़ा के समाजसेवी भूवन साहू कहते हैं।

उड़ीसा में गाँवों और कस्बों में कन्याओं के साथ जो कुछ भी होता रहा हो, वही देश के अन्य इलाकों में हो रहा है—उन गाँवों में हो रहा है जहाँ हरित क्रांति के बिगुल

फूँके गए। जहाँ निलहे आंदोलन की मशाल जलाई गई और जहाँ सागर-पर्यटन की वैश्विक प्रसिद्धि हैं। रायगड़ा की कल्याणी की टिप्पणी पर गौर करें, "हालात प्रायः पूरे देश में एक ही है। उड़ीसा के गाँवों में कंडोम का प्रचलन नहीं है, आपके दिल्ली में है। आपके यहाँ गर्भ रोकने की दवा नहीं बाँटी जाए या आप मर्द कंडोम न पहनें तो हर घर में कोई न कोई कुँआरी माँ जरूर बनेगी। अपनी बहनों से पूछें कि वे कितनी पाक साफ हैं।"

"यह कुंठा है, लाँछना है, अपने समाज के विद्रूप चेहरे को छुपाने की एक कोशिश है। महानगरों में जो हो रहा है, वहाँ ऐसा 'नहीं होने देने' के लिए जो एहतियात बरती जा रही है उनमें परस्पर सहमति होती है," समाजसेवी अमूल्य घोष अपनी प्रतिक्रिया जाहिर करते हैं। परस्पर सहमति से बने संबंध पाप नहीं होते। मगर सहमति के बाद सुरक्षित सेक्स के सवाल पर वह चुप हो जाते हैं। उड़ीसा के सुदूरवर्ती प्रदेशों में लड़कियों को बहला-फुसलाकर अपने वश में कर मर्द उसकी जवानी के साथ खेलता है। शादी के वायदे, पैसे के झाँसे और न जाने किस अछोर विस्तारवाले सब्ज बाग के सपनों में लड़की को घूमाकर उससे उसका सब कुछ ले लेते हैं। चूँकि वह गुप्त झरनों की ताजगी होती है। रंगरेलियाँ, आवेग और उच्छवास औरत से ही संभव है, संभोग और संतुष्टि भी। इस हाल में वह षड्यंत्र और साजिश में जा फँसती है। अर्थात् छल उसके जीवन का यथार्थ और निरंतर सहवास और अंततोगत्वा प्रेमी के द्वारा छोड़ा जाना नियति बन जाता है। गर्भ निरोधक का इस्तेमाल इस समस्या से मुक्ति के रास्ते नहीं हैं। कभी हो भी नहीं सकते।

लेखिका पुण्या दास कहती हैं, "आज भू-मंडलीकरण में यौन-सुख और चरम आनंद को 'निजी मामला', 'व्यैक्तिक अधिकार,' और 'उन्मुक्त संप्रेषण' जैसे शब्दों के साथ जोड़ा जा रहा है।" जो साधन संपन्न हैं उनके लिए प्रथम संभोग शान और अभिमान की बात हो जाती है। क्योंकि उनके अनुसार इसके बाद जिंदगी का एक नया सिलसिला शुरू हो जाता है। सभ्य समाज की दलील है कि यह सिलसिला नए सिरे से मर्द के नाड़ी मंडल को व्यवस्थित करना चाहता है। जबकि गरीब इस संबंध के प्रति दूसरा दृष्टिकोण रखते हैं। वे संभोग में चरम आनंद नहीं पाते बल्कि चरम आनंद की दुहाई देनेवाले और इसके लिए उन गरीबों की देह खरीदनेवालों की सुविधाओं को ही चरम आनंद मानते हैं। यही वजह है कि उनकी जिंदगी का उद्देश्य होता है कमाऊ लड़के से शादी कर लेना। चाहे इसके लिए उसे विवाह से पूर्व अपने पतिनुमा प्रेमी को अपना देह ही क्यों न सौंपनी पड़े। क्योंकि वह यह मानकर चलती है कि देह ही ऐसा माध्यम है जिसके बूते वह अपने सपने को साकार कर सकती है। उसके पास ठोस साधनों का अभाव होता है, संभावनाएँ मरी-सी होती हैं।

उन वनबालाओं का न ठोस अतीत होता है और न ही विस्तृत इतिहास। न अपने मन से माना धर्म होता है, न अपनी इच्छा और न ही जिंदगी के घरौंदे सजाने के जुगाड़। उसके पास सर्वहारा समान ठोस क्रिया-कलापों का एक संगठित संसार भी नहीं होता।

उनमें शिक्षा नहीं होती तो वे जागरूक भी नहीं होती। वे या तो अपने परिवार की आर्थिक सुविधाएँ भोगती हैं या फिर अपने पति पर आश्रित होने को विवश होती हैं—हम ऐसा नहीं कह सकते। वह खुद कमाती हैं और पूरे परिवार का पेट पोसती हैं। चिंता में, तनाव में और अवसाद में उन्हें कोई सहलाता नहीं, पुचकारता नहीं। कोई साहस नहीं देता। इस स्थिति में उन्हें प्यार की जबर्दस्त भूख होती है।

उसकी यह भूख उसे नग्नता देती है। उसे भोग्या बनाती है। उसे भोग का साधन, कामुकता का सूत्रधार और जवानी की हवस का साध्य बना देती है। उड़ीसा की उन अभागिन बालाओं के लिए सामाजिक न्याय क्या और संविधान के विभिन्न प्रावधान क्या ? मूलभूत अधिकारों से लेकर भारतीय दंड-विधान की विभिन्न धाराएँ इन सब का न तो कोई अंत है और न ही संदर्भ, यदि हम उन बिनब्याही माताओं की पीड़ा की तफ्तीश करें। अकसर ऐसा ही होता है। यही वजह है कि प्रेम को किसी ने अंधा कहा और किसी ने इसे युद्ध का दर्जा दिया। क्योंकि प्रेम और युद्ध में जुनून की दरकार होती है। इन दोनों में मूलभूत अंतर यही है कि प्रेम में समर्पण साहचर्य और सान्निध्य के मंसूबे होते हैं। एक-दूसरे को पाने की हसरत, अपना सब लुटाने की जिद्द और जीवन के लंबे समय तक साथ जीने की लालसा ही तो प्रेम है। युद्ध में समर्पण कहाँ और साहचर्य की गुंजाइश कहाँ ? वहाँ तो दूसरे को दबाने-मसलने और कुचलने की पशुता प्रकट होती है।

जो शुभ है, सात्त्विक है, सुभाषित है, स्वजनित है, समर्पण की सदिच्छा है वही प्रेम है। जो प्रपंच है, पाप है, पाषाण है, पापी है वह युद्ध का सूत्रधार है। बस विडंबना यह है कि प्रभुत्व का प्रतीक प्रेम उत्तरोत्तर युद्ध के तमाम सूत्रधार का सहचर बन जाता है। जब प्रेम में स्वार्थ आ जाए, उस सोच में बदलाव आ जाए, शक का आविर्भाव होने लगे तो प्रेम पाप पंकिल हो जाता है। इस हाल में प्रेम पीड़ादायक हो जाता है, स्वप्नभंग का कारण बन जाता है। विवाह पूर्व संबंध पर लंबी बहसों का निष्कर्ष यही है कि लंबे समय तक चलनेवाला प्रेम भी एक मुकाम पर आकर ठंडा पड़ जाता है। उसकी ताप का दायरा सिमटने लगता है। इस स्थिति में साथी के प्रति उपजी उदासी कह लें या निश्चिंतता का भाव, इसका ग्राफ नीचे ही जाता है। अनेक लेखकों ने कुँआरी कन्याओं के दर्द भरे विस्मय के बारे में लिखा है, प्यार के चढ़ते-उतरते भाव पर लंबी-चौड़ी व्याख्या प्रस्तुत की है। अंग- अंग की टूटन और टूटन भरे अंगड़ाइयों से लेकर नष्ट होती उत्तेजना पर कीट्स जैसे कवि, पाप और प्रेम की व्याख्या करते शेक्सपियर और उन्माद से तन्हाइयों पर चौपाइयाँ रचते भक्त शिरोमणि तुलसीदासजी, ये सब आज भी उस प्रेम के गवाह हैं जिसमें अधिकतम ऊर्जा है, ऊष्णता है। किंतु क्या होता है स्वार्थजनित प्यार में ? इस बारे में राज्य की अनब्याही माताएँ ही कुछ बता सकती हैं।

एक सवाल बार-बार उभरकर हमारे सामने आता रहा कि जब परिस्थितियाँ अनब्याही माताओं के पक्ष में नहीं होतीं तो कन्याएँ गर्भपात का सहारा क्यों नहीं लेतीं। राज्य के दूर-दराज के समाज की नज़र में गर्भपात बहुत बड़ा अपराध है। इसे मानवता

का जघन्य अपराध माना जाता है। ज्यादातर लोगों की राय में एक माँ के नजरिए से गर्भपात उसके जीवन में सबसे त्रासद संकट होता है। गौरतलब है कि अनब्याही माँ का प्रसंग हर युग और हर समाज में अपने देश के लोकमानस के आतंक का कारण है। "अपना समाज एक डरा हुआ समाज है, जो एक कुँआरी कुंती के गर्भवती होने के गंभीर परिणाम भुगत चुका है। इसलिए हम सभ्य लोग सपने में भी यह कल्पना नहीं कर सकते कि आपके-हमारे घर में ऐसा कुछ हो रहा है जिससे किसी कर्ण के पैदा होने की आशंका हो," पत्रकार मीनाती सिंह कहती है। अपने समाज की विडंबना देखिए। यदि विवाहपूर्द संभोग संज्ञेय अपराध है तो विवाह बगैर गर्भधारण शर्मनाक माना जाता है, घृणित असहनीय और बेहद लिजलिजा भी। यदि ऐसा होता है तो इसके साथ ही स्त्री के चरित्र जानने की जरूरत नहीं होती। कमाल की बात है कि अपने देश का समाज, कानून और संविधान ऐसे भ्रूण के अस्तित्व के रक्षा करने का मन रखता है। परंतु उत्पन्न संतान में उसकी कोई रुचि नहीं होती। चूँकि हिंदू धर्म भी कैथोलिक तर्क से मेल खाता है कि अजन्मे शिशु में भी आत्मा होती है। यदि जन्म के पहले इसे नष्ट कर दिया जाए तो उसकी आत्मा स्वर्ग नहीं पहुँचती। यह महत्त्वपूर्ण है कि यूरोप में चर्च और अपने देश की परंपरा युद्ध और कानूनी फाँसी को मान्यता देकर वयस्क व्यक्तियों की हत्या करने की अनुमति देता है, लेकिन भ्रूण के मामले में पूरी इंसानी आबादी समझौतावादी मानववाद दिखाता है।

हमारे ऐसे कई सवाल, जो अनब्याही माताओं को जीने की हकदारी की बातों से जुड़े हैं जिनके जवाब के लिए हमने समाज के हर तबके के लोगों से उनके विचारों को तरजीह दिया। "गुलाम के पास खोने के लिए कुछ नहीं होता जो मिल जाए उसे वह अपनी जिंदगी की महत्तम उपलब्धि मानता है। जिन बंधनों में वह साँसें लेता है, यदि उससे वह वंचित हो तो वह इसे अपना सौभाग्य समझ लेता है," भुवनेश्वर के शिक्षाविद् डॉ. राजबल्लभ मोहंती कहते हैं। इसलिए नुआपाड़ा की उमा ने प्रेमी से अलग किए जाने के बाद शादी नहीं करने का फैसला लिया क्योंकि यह प्रथम और आखिरी विकल्प था। उसके लिए और उसकी बिटिया के लिए लोकतंत्र का अस्तित्व ऐसी जिंदगी की परिधि में सिमट चुका था। मगर प्रसंग यह है कि क्या अपने देश की जनवादी व्यवस्था इतनी बेपरवाह है कि उसे पता नहीं कि संविधान के संकल्पना और प्रस्तावना के अलावा भारतीय दंड विधान की मौजूदगी के बाद राज्य में हजारों उमाएँ दीन-हीन हैं। क्या कानून इतना लचर है, लाचार है कि प्रेमी का चोंगा पहनकर कोई भी किसी भी कन्या की शुचिता के चिथड़े उड़ा सकता है? अपने भत्ते और पेंशन बढ़ाने के मुद्दे पर एकमत होकर कानून बनानेवाले सांसदजन क्या ऐसे मुद्दों पर कुछ भी कहना या करना संसद का अपमान समझते हैं?

हम जिन आदिवासी बहुल इलाकों में गुजर-बसर करनेवाली अनब्याही माताओं से उनकी व्यथा से रू-ब-रू होते रहे, उन व्यथाओं का कोई उपाय नहीं समझ में आता। समाज के पढ़े-लिखे जमात की सोच भी कानून की ओर मुखातिब होती है। सभी किसी

सख्त कानून, दृढ़ सामाजिक जागरूकता और संवेदनशील मन के प्रति आग्रही हैं। फूलबनी जिले की अगस्ती का मामला इस देशज लोकतंत्र के लिए चुनौती है, सर्वोपरिता का शर्मनाक पहलू है। इस प्रश्न के आगे एक और जिज्ञासा है कि यदि कानून उसे कुछ मुहैया करवा देने का फरमान दे भी तो क्या अगस्ती की जिंदगी सामान्य हो सकेगी ?

उड़ीसा में अगस्ती जैसे नामों की फेहरिस्त लंबी है। हमारा निष्कर्ष तो यही है कि समय के साथ पहला नाम नेपथ्य में जा विराजता है और सहसा कई नाम वर्तमान के ललाट पर चस्पाँ हो जाते हैं। राज्य के सचिवालय, समाहरणालयों, प्रखंड स्तर के पटवारी की देहरी से लेकर देगी मिर्च का तड़का लगाकर खबर परोसनेवाली सूचना एजेंसियां एवं मानवाधिकार के लिए झंडाबरदारी करते विद्वतजन इस बात से परिचित हैं कि उड़ीसा में क्या हो रहा है। कौन है इस जुल्म की दुनिया का सरगना और कैसे छूट जाते हैं वे लोग जो मासूम कन्याओं की जिंदगी में सल्फास की गोलियाँ घोल देते हैं। चाहे विवशता परंपरा की हो, कानून के लचीलेपन की हो या दबाव समूहों की कोख से जनमी गुंडई का हो—राज्य में अनब्याही माताओं की संख्या में तेजी से इजाफा हो रहा है। कभी वनिता तो कभी बुई और कभी विस्मिता—क्या सामाजिक न्याय एवं आधिकारिता की दुहाई देनेवाले इस देश के सामने इन बालाओं के प्रति समाज और सरकार के कोई दायित्व है?

नई दिल्ली की एक संस्था *होप फाउंडेशन*, जो मानसिक एवं भावनात्मक स्तर पर त्रसित हुए लोगों को राहत और सलाह देती है; उस संस्था के कर्ता-धर्ता डॉ. दीपक रहेजा के अनुसार, जुनून में आकर दैहिक संबंध बना चुके कथित प्रेमी को जब इस बात की जानकारी होती है कि लड़की गर्भधारण कर चुकी है तो वह आगे के पचड़ों से बचना चाहता है। चूँकि ऐसे ज्यादातर संबंध सोच-समझकर नहीं बनाए जाते। वह जो गैर जिम्मेदाराना काम करता है, तो वह जानता है कि समाज से उसे प्रताड़ना मिल सकती है। घटना के बाद का आभास उसे अपनी रासस्थली छोड़ने के लिए बाध्य कर देता है।'' *आश्रय अधिकार अभियान*, नई दिल्ली की परमजीत कौर के शब्दों में, ''संबंध बनाते समय प्रेमी बेखबर रहता है और वह यह भूल जाता है कि शारीरिक मिलन से कोई मादा गर्भवती हो सकती है। इसके अलावा प्रेमिका उत्तरोत्तर प्रेमी से कहीं ज्यादा अपने गर्भ से प्यार करने लगती है। यह प्रथम द्रष्टया उसके (प्रेमी के) प्रति प्रेमिका की ओर से बरती गई उपेक्षा होती है। इस परिस्थिति में, सहज-स्वाभाविक परस्पर तनाव का माहौल बन जाता है।'' अपने प्रेमी से माँ बनी प्रेमिका उससे सुरक्षा और अधिकार की अपेक्षा पाल देती है। ''चूँकि गर्भ के पोषण का मसला आर्थिक स्रोत और साहचर्य एवं सहयोग के सम्मिश्रण से जुड़ा होता है। प्रेम करते वक्त प्रेमी इन बातों से जुदा होता है। यही वजह है कि वह अपनी प्रेमिका को छोड़ देने में भलाई समझता है,'' परमजीत कौर अपनी बात पूरी करती हैं।

सुंदरी के मसले पर डॉ. दीपक रहेजा की टिप्पणी बेहद महत्त्वपूर्ण है। उनके

मुताबिक, ''कुछ मर्द मौके का फायदा उठाने में यकीन रखते हैं। उन्हें इस बात की निश्चिंतता होती है कि उनके कारनामों की पड़ताल कोई नहीं कर सकता,'' प्रेम की जब शुरुआत होती है तो भोली-मासूम कन्याएँ भावनाओं में बहकर प्रेमी से उसका बायोडाटा नहीं ले पातीं। शायद गलती की शुरुआत यहीं से होती है जिससे उसके प्रेमी के फिंरट होने की अनुकूल परिस्थितियाँ बनती हैं। ''यह संवेदनहीनता की हद है। चाहे पूर्वनियोजित या संवेदना भावनाओं के बहाव में या उन्मुक्त यौवन के उछाल में आकर बनाया गया संबंध हो, देह भोग की परिणति तो ऐसी ही होती है। परमजीत कहती हैं।

दैहिक संबंध यदि अगस्ती की जवानी का तकाजा था तो उसकी माँ के साथ जो हुआ, वह क्या था। अगस्ती को उसकी विधवा माँ की प्रेमी ने माँ बनाया। ऐसा मनोविज्ञानी साधना सूद इसे अगस्ती की माँ के मन में उपजी असुरक्षा मानती हैं। यह असुरक्षा उसकी पति के साथ हुए हादसे से पैदा हुई। ''पैंतीस के आस-पास औरत फिर से जवान होती है। यह उसकी दूसरी जवानी होती है। पहली जवानी जिंदगी से जुड़े अहम फैसलों से चस्पाँ होती है। जीवन साथी के चुनाव, उसे शारीरिक सुख से उसका मन जीतने से लेकर बच्चा पैदा करने और उसके लालन-पालन जैसे महत्त्वपूर्ण दायित्वों के निर्वाह में पहली जवानी कट जाती है,'' विश्वविख्यात फ्रेंच लेखिका सीमोन द बोउवार लिखती हैं। यही सचाई है। *ज्वाइंट वुमेन प्रोग्राम* की निदेशिका ज्योत्स्ना चटर्जी के मुताबिक, ''दूसरी जवानी में औरत अपने जीवन-साथी से भावनात्मक सान्निध्य चाहती है। यह शारीरिक सुख से कहीं ज्यादा उसके लिए अहम मुद्दा है। मगर दैहिक संबंध भी उसकी जरूरत होती है, जिसकी तरंगें पहली जवानी के ज्वार से भी कहीं भयंकर होती है। ''जिन स्त्रियों में यह तरंग बार-बार उठती है, उसकी शारीरिक जरूरत बड़ी विस्तृत होती है। इस माँग को पूरा कर पाने में यदि पति नाकाबिल या नाकामयाब होता है तो पत्नी का भटकाव यहीं से शुरू होता है। अगस्ती की माँ के साथ भी यही हुआ,'' कटक के यौन परामर्शदाता डॉ. तापस बोस इस महत्त्वपूर्ण तथ्य का खुलासा करते हैं।

मगर माँ और बेटी, दोनों के साथ दैहिक संबंध बनाने की मानसिकता की व्याख्या मनोविज्ञानी डॉ. दीपक रहेजा इस प्रकार करते हैं, ''इंसान में विजेता होने की आकांक्षा प्रबल होती है। कुछेक में इस आकांक्षा की उछाल बेहद ऊँची होती है। औरत को भोग लेना इसी विजयी भावना का एक उद्गम पक्ष है। समय के साथ अनुभवजनित कामवासनाएँ उसे साहसी बना देती है। उसका साहसीपन शर्म-लिहाज और संकोच के आवरण की चिंदिया उड़ा देता है। इस हाल में वह अपने बिस्तर पर माँ और बेटी को एक साथ सुलाने या उनके साथ बारी-बारी से हम बिस्तर होने की बेहयायी भी करने से नहीं चूकता।'' प्रख्यात लेखिका इंदिरा गोस्वामी इसे इंसानी मन का भटकाव या शैतान दिमाग की कारगुजारी मानती हैं। उ. पू. भारत के जनजातीय समाज में गहरी अभिरुचि रखनेवाली इंदिराजी ने यह स्पष्ट किया, ''जिस समाज में सेक्स टैबू नहीं होता, वहाँ माँ और बेटी एक ही मर्द से दैहिक संबंध बना लेती हैं। मगर यह उनकी इच्छा

पर निर्भर करता है।'' किंतु उड़ीसा में ऐसी सोच किसी सुदूरवर्ती इलाके में बसे किसी गाँव या टोला-टप्पर के मानव समाज में नहीं हैं।

अगस्ती और उसकी माँ से हमबिस्तर होकर अय्याशी की जिंदगी जी रहे उस महानुभाव ने जो भी किया खुलेआम किया क्योंकि उसे न तो किसी कानून की चिंता थी और न ही सामाजिक मर्यादाओं का और न ही कानूनी कायदे का भय उसे था। उसे इस बात की निश्चिंतता थी की उसके कार्यकलापों का विरोध मुखिया-दरोगा से लेकर जिले की पुलिसिया एवं प्रशासनिक तंत्र के श्रीमंत भी नहीं कर सकते। क्योंकि कानून इस मामले में बेहद लचर है। वह पैसे की भाषा जानता था। चाहे पैसा नेता खाए या ऑफिसर—उसे अपनी ताकत पर पूरा भरोसा था। वह ताकत पैसे, शराब और शबाब की थी,'' रेखाड़ी गाँव के देवभूषण साहू कहते हैं। मगर किसी ने उस पापी का नाम नहीं बताया जिसके वहशीपन की सजा अगस्ती भुगत रही है। जानी-मानी लेखिका व समाज सेविका सुधा अरोड़ा इसे समाज के उस भयातुर पक्ष की प्रबलता मानती हैं जो अन्याय को चुपचाप सहने की विवशता पैदा करती है।

आजादी सबके लिए है। क्या गरीब क्या अमीर। मगर सच्चाई यह भी है कि इस आजादी का स्वाद देश की पहाड़ी आबादी ने चखा ही नहीं है। बल्कि इस आजादी की भारी कीमत जनजातीय आबादी को चुकानी पड़ी है। तरह-तरह की योजनाएँ, जो महिला और बाल विकास की मंशा से मंत्रालयों द्वारा राज्यों में भेजी जाती हैं, उन योजनाओं का हश्र क्या होता है, यह सभी जानते हैं। इस सच्चाई को कि समाज की जरूरतों के मुताबिक योजनाएँ लागू नहीं होतीं तो इसके परिणाम भी फिसड्डी ही साबित होते हैं। सरकारी योजनाएँ लोकतंत्र के लिए आदर्श हैं, आदर्श से लबालब दर्शन हैं। मगर अब तो नौकरशाह भी यह बात स्वीकार करने लगे हैं कि आजादी सही तौर से आदिवासियों तक पहुँचाई नहीं गई। इसी वजह से असंतोष और कुंठा से जकड़े आदिवासी समाज का तेजी से अपराधीकरण होता जा रहा है जो इस देश की उदार परंपरा पर सबसे बड़ा धब्बा है।

क्यों शोषित हैं आदिवासी ? इस सवाल के जवाब में हमने दर्जनों लोगों से इस बावत जानना चाहा कि वन्य समाज की बदहाली के कोई स्थानीय कारण और कारक हैं या इंद्रप्रस्थ या हस्तिनापुर की मूर्खताओं ने वन्य समाज को अराजकता के कँटीले संजाल में ला पटका है। जो जवाब और विचार हमारे सामने आए उसका सार यही है कि भारत के विकास की अवधारणा और उसकी सहचरी जीवन शैली ही अपने देश की स्थिति से असंगत है। इसलिए शादी किए बगैर माँ बन जाना उसी जैविक शोषण का क्षेपक है। यह सच है कि राज्य में पूरी ग्रामीण अर्थव्यवस्था करीब-करीब दरक चुकी है। *झारखंड जनजातीय शोध संस्थान* के निदेशक डॉ. प्रकाश चंद्र उराँव, आदिवासी समाज से संबंध रखते हैं, इस मामले में वह मुद्रा और विकास दोनों को दोषी ठहराते हैं। उनके मुताबिक, ''वन्य प्रदेशों में सही तरीके से विकास की न तो व्याख्या की गई और न ही आदिवासियों की मान्यताओं के अनुकूल विकास से जुड़ी नीतियाँ गढ़ी गईं।

जंगलों से उनके अधिकार छीने जाने को डॉ. उराँव ने बेहद दुर्भाग्यपूर्ण बताया जिससे वनपुत्र मजदूरी के चरित्र से जुदा नहीं हो सके। उनके मुताबिक हमारे पुरुष हर तरह से पूरी व्यवस्था को अपनी मुट्ठी में कैद रखना चाहते हैं। गाँव तथा खेती की बेहतरी के लिए भारतीय गाँव के अर्थशास्त्र के साथ उसके जातिगत, लिंगगत पूर्वाग्रहों से बोझिल समाजशास्त्र का बुनियादी अध्ययन इस वजह से जरूरी होता चला जा रहा है क्योंकि व्यवस्था और निर्णय में औरत की भागीदारी बेहद जरूरी हो चुकी है। यह जब तक नहीं होता, यह तस्वीर सामने उभरकर नहीं आएगी कि उड़ीसा की अनब्याही माताओं के हालात कितने भयावह हैं।

क्योंकि जनजातीय भारत कृषि उत्पाद प्रक्रिया और वनोपज संग्रह की पुरातन संस्कृति से जुड़ा समाज है और इस समाज की धुरी औरत है। मगर परिवारों और समाज में इस सांस्कृतिक और सामाजिक पहलु में औरत के भारी योगदान का खुला स्वीकार अभी भी न तो सत्ता के गलियारे में है और न ही सामाजिक पंचायतों में। खासतौर से इन अनब्याही माताओं के मानवाधिकार के प्रति समाज-सरकार और शासन की असहिष्णुता उन्नत, संवेदनशील और सभ्य कहे जानेवाले भद्रलोक की अपरिपक्वता का प्रमाण तो है ही साथ में उसकी तह में कहीं सच्ची लोकतांत्रिक समता का गहरा अस्वीकार भी है। क्योंकि आदिवासी समाज का जमीनी स्वरूप ऐसा है कि गाँवों में आर्थिक विषमता और सामाजिक विषमता को अलग-अलग मानकर कोई बदलाव लाना नामुमकिन लगता है। ऐसे में बाहर के लोग जब आदिवासी समाज की किस्मत सुधारने का बीड़ा उठा लेते हैं तो अनब्याही माताओं की संख्या में तेजी से इजाफा होता है।

हमें इस समस्या के कारणों की पड़ताल के साथ-साथ उन उपायों को भी ढूँढ निकालना था जिससे उन अभागी माताओं को समाज की मुख्यधारा में लौटने की परिस्थितियाँ तैयार हो सके। हमने इस बात को बड़ी संजीदगी से महसूस किया कि मीडिया के हल्ला बोल प्रचार और एक्टीविस्टजनों के हड़बोंग मचाऊ शैली से बात नहीं बन सकती। क्योंकि सफल प्रतिरोध और सकारात्मक बदलाव के हालात तो तब बनते हैं, जब समाज का निर्धन वर्ग और मध्यम वर्ग, इन दोनों के एक समान लक्ष्य हो सकें। साथ में दोनों की मुक्ति राह भी एक ही होगी। खेद की बात तो यह है कि समाज में असमानता के कई स्तर हैं। इसके कई भेद हैं। इस असमानता और भेद को मिटाने की पहल या प्रतिज्ञा और प्रतिबद्धता सरकार की ओर से दिखती है, समाज की ओर से यदा-कदा ही। उड़ीसा के प्रसंग में सामाजिक धरातल पर जो जातीय भेद-मतभेद और दुराग्रह-पूर्वाग्रह हैं, वे न्याय-समानता और समरसता का माहौल बनने नहीं देते। उन गरीब गुरबों के साथ जो भी घटता है, उससे सवर्ण या समर्थ वर्ग फिरंट रहता है। इसी वजह से उन बालाओं के साथ जो भी होता है, उसके प्रति समाज की उदासीनता के अलावा कुछ नहीं दिखता।

करीब 60 साल पुरानी इस लोकशाही से यह सवाल है जो आज तक अनब्याही माताओं के हितों से जुड़े कानून बना पाने में अक्षम रही है। यह समस्या बड़ी पुरानी

है। हजारों साल पुरानी, जब एक राजकन्या ने सूर्य का आह्वाहन किया था, तब वह गर्भवती हुई और बाद में माँ बनी। सामाजिक वर्जनाओं की वजह से उस नवजात को त्यागने को वह मजबूर हुई। बेचारा राजपुत्र सूतपुत्र बना, दुर्योधन के दरबार में सजने को मजबूर हुआ। आजीवन छला गया। शापित हुआ और आखिरकार युद्ध-भूमि में रथ के पहिए के साथ जा फँसा। यहाँ भी वह छला गया। अराजकता के कीचड़ में लोकतंत्र के धँसे पहिए में हजारों कर्ण आज फँसे हैं, शायद यही उनकी नियति है।

खेद की बात यह है कि इन कर्णों के संबंध में राज काज समाज पूरी तरह खामोश है। बाजार में बदल चुका जनतंत्र उन्हें सस्ते श्रम की परिधि में लाकर उनकी कीमत तय कर रहा है। सामाजिक न्याय उन्हें नसीब हो, यह समझना हमारी भूल होगी। फिर भी उम्मीद करना हर इंसान का अपना हक है। अधिकार है। बेशक, भद्रजनों के तर्क-वितर्क के उलझाव में उपाय नहीं निकाला जा सका है और यह स्वीकार्य है कि स्थिति बेहाथ हो चुकी है। मगर भविष्य के परिप्रेक्ष्य में जो अनब्याही माताओं की समस्याओं से जुड़े आँकड़े और उन आँकड़ों की भयावहता की वजह से अटकलें लगाई जा रही हैं, वह विवरण केवल अनुमान है। इसे 'अंधों द्वारा हाथी के विवरण' की उपाधि पत्रकार मधुमिता दास देती हैं।

# ये माताएँ कहाँ करें गुहार

# अभिशप्त मातृत्व की बेबसी

कालाहांडी जिले का फलसापाड़ा गाँव जिला मुख्यालय भवानीपटना से कोई 70 कि.मी. दूर है। इस गाँव में बिजली की जगमगाहट है, कुछ दुकानें हैं और लकदक कपड़ों में कुछ संपन्न लोगों के साथ रहनेवाले अधनंगे आदिवासियों की अच्छी-खासी आबादी है। यहीं रहती है बिस्मिता माँझी—बुधवारो माँझी की बिटिया। उसकी उम्र है करीब 20 साल। स्वभाव से संवेदनशील, बिल्कुल भोली बिस्मिता आज खबरों में है। इस उम्र में खबर बन जाना कोई साधारण बात नहीं है क्योंकि असाधारण स्थिति में ही कोई खबर बनता है।

इस कच्ची उम्र में बिस्मिता के खबर बनने के पीछे एक कहानी है। यह कहानी सुनने के पहले आप यह जान लें कि वह एक अनब्याही माँ है। मतलब शादी किए बगैर वह एक बच्चे की माँ है। तो सुनिए कहानी बिस्मिता की। आज से कोई साल भर पहले अपने पड़ोसी राजू पुरोहित के संपर्क में आई। राजू एक ब्राह्मण युवक है। गाँव के कुछेक अमीरों में उसके पिता की गिनती होती है। आज भी उसके परिवार को लेकर शेष समाज के अंतर्मन में आतंक है। राजू के पिता ने अपने गाँव में पैसे का आतंक मचाया है। इसलिए रोज मेहनत-मजदूरी करनेवाले लोग उससे डरते हैं। वह एक खास रुतबे के साथ अपनी जिंदगी जीता है। राजू के पिता के पास पैसे हैं तो राजू खुद पैसे के बूते जीना जानता है। उसे पता है कि पैसे का हर शै गुलाम होता है। उसने बिस्मिता को भी पैसे का सब्जबाग दिखाया। नतीजतन वह इस अमीर-लम्पट के करीब आती चली जाती है। राजू ने उससे कई वायदे किए उनमें शादी रचाना भी शामिल था। बिस्मिता को यही वादा सबसे अच्छा लगा। सुनहरे भविष्य की सुंदर संभावनाओं के बीच दोनों एक-दूसरे के करीब होते चले गए। राजू पुरोहित ने उसे दैहिक संबंध बनाने के लिए उकसाया। वह इसके लिए राजी भी हो गई। इस प्रकार दोनों के बीच यह रिश्ता महीनों चला, तब तक चला, जब तक इसकी भनक अड़ोस-पड़ोस में नहीं लगी।

चर्चाएँ शुरू हुईं। लोग आपस में बात करने लगे। उधर शारीरिक संबंध बनाने के

उन अंतरंग क्षणों के दौरान शादी के वायदे करनेवाला राजू गाँव से कहीं और जाने की बातें करता है। आखिरकार दोनों अपने गाँव फलसापाड़ा से भागकर गुजरात के सूरत चले गए। इस बारे में बिस्मिता के पिता बुधवारो माँझी ने राजू पुरोहित के खिलाफ अपनी लड़की के अपहरण करने का केस भी नारला थाना में दर्ज करवाया। पर पुलिस ने आगे कुछ नहीं किया। चूँकि दोनों के बीच आपसी सहमति थी। इस हाल में पुलिस क्या कर लेती। हालाँकि बिस्मिता तब नाबालिग थी। कानून के मुताबिक इस उम्र की कन्या के साथ संबंध बनाना जुर्म होता है। ऐसे संबंध को अवैध माना जाता है। लेकिन पुलिस ने अपनी सीमित पहुँच का रोना बुधवारो के सामने हाथ जोड़ लिए।

दिन बीते। महीने गुजरे। बिस्मिता का पेट गदराने लगा। उसने जब भी राजू से शादी की चर्चा की, वह इस प्रस्ताव को टाल जाता। कुछ दिनों बाद उसकी यह चर्चा कलह में बदलने लगी। रोज-रोज के कलह से बिस्मिता कमजोर होती चली गई। लाचार राजू पुरोहित ने उसे गाँव जाकर शादी रचाने की अपनी इच्छा जताई। वह इसके लिए राजी भी हो गई।

आखिरकार दोनों, बीते 15 जुलाई, 2004 को केसिंगा पहुँचे। उसके बाद वहाँ से 32 कि.मी. दूर जिला मुख्यालय भवानीपटना। भवानीपटना से ही उसे बस पकड़कर अपने गाँव जाना था। मायके से बेहद करीब होकर बिस्मिता के मन में कई सवाल उमड़-घुमड़ रहे थे। मन कभी उद्विग्न होता तो साँसें ऊपर चढ़ने लगतीं। घरवालों से मिलने की आस में आँखें आर्द्र होकर उसे भावुक बना रही थीं। बस अड्डा में बैठाकर राजू उससे 'टिकट लेने' कहकर चला गया। घंटों बाद वह नहीं लौटा। खैर किसी तरह वह अपने पिता के घर लौटी।

बिस्मिता के गर्भ में आकार ले रहे जीवन को लेकर गाँव में बड़ा हल्ला-तूफान मचा। यहाँ तक कि गाँव में तनाव की स्थिति पैदा हो गई। किसी ने गर्भपात करा लेने की सलाह दी तो किसी ने पुलिस के पास जाने के लिए बुधवारो को उकसाया। खैर जिसे जो कहना था उसने कहा मगर बिस्मिता में पेट का आकार लगातार बढ़ता चला गया। धोखा देकर शारीरिक संबंध बनाए जाने के लंबे सिलसिले में बिस्मिता ने अपने प्रेमी पर जितना भरोसा किया, वह भरोसा टूटता चला गया। इस टूटन ने उसे शब्दहीन कर डाला। वह चुप रहने लगी। गाँव के लोगों ने उसे इंसाफ दिलाने की कोशिश जरूर की। परंतु इन कोशिशों से उसके सपने साकार होने की गुंजाइश कहीं नहीं थी। राजू पुरोहित के छोड़कर चले जाने के हादसे से गूँगी बन चुकी बिस्मिता के सामने सब कुछ बर्बाद और बेजार-सा हो गया। अभिशप्त मातृत्व ने उसे समाज से बिल्कुल अलग-थलग कर डाला। वह हतप्रभ थी। किंकर्तव्यविमूढ़। जिंदगी किसी तरह ठीक चल रही थी। उसे प्यार की भूख नहीं थी। उम्र कच्ची थी और राजू ने इसका नाजायज लाभ उठाया। जब उसने शादी के वादे किए तो उसमें कहीं छल या प्रपंच की बात तो थी ही नहीं। उसने अपनी जिंदगी में झूठ नहीं बोले थे। किसी की अवमानना नहीं की तो फिर इतनी बड़ी सजा किस पाप की।

उसे इस बात का पछतावा जरूर है कि उसे राजू की बातों पर यकीन नहीं करना चाहिए था। यदि प्यार हो भी गया तो दैहिक संबंध बनाने की जरूरत क्या थी। दैहिक संबंध बन भी गए तो सारी बातें माँ को उसने क्यों नहीं बताए। उसे इस बात का सख्त अफसोस है वह बिना बताए अपने प्रेमी के साथ घर-गाँव छोड़कर क्यों गई ? इससे माँ-बाप को आघात भी पहुँचा। जिंदगी से एकांत समझौता करना उसकी मजबूरी हो गई। कई दिन बीते, महीने गुजरे, नदियों ने चार साल में कई धाराएँ बदलीं और बिस्मिता ने इस अवधि में अपने प्यार के क्षीण स्मृति चिह्न, वर्तमान के धरातल पर साँप की केंचुली-सा छोड़ दिया। किंतु कहीं न कहीं बिस्मिता राजू का दिल से इंतजार जरूर कर रही है।

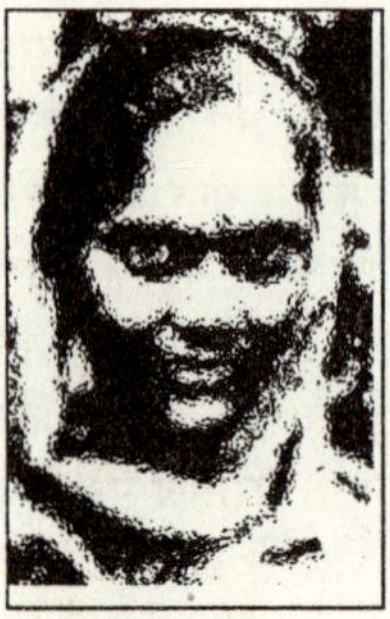

# टूटन भरी जिंदगी का सच

कालाहांडी जिले के कर्लामुंडा प्रखंड की रेंगाली गाँव की बुई जानी अपने माता-पिता और कुँवारे भाई और अपनी बिटिया तिलोत्तमा जानी के साथ रहती है। जर्जर काया के साथ जिंदगी से जूझती तीस साल की बुई जानी चालीस साल से कहीं ज्यादा की दिखती है। उसने भले ही गर्भ धारण किया मगर जवानी कैसे आई और कहाँ यह उसे पता नहीं। जिंदगी के सुखद क्षण उसने कुछ हफ्ते ही देखे जिसकी भारी कीमत वह किस्तों में चुका रही है—पल-प्रतिपल। इसे जवानी की भूल कह लें या बाली उम्र का भटकाव, इनकी सजा वह चुपचाप झेल रही है। समझौता और समस्या बन चुकी जिंदगी में अब सुख नहीं, चैन नहीं। शेष है तो सिर्फ कमी-वंचना और बदहाली।

बुई जानी एक आदिवासी औरत है जिसे आज से आठ साल पहले अपने ही जीजा देवचरण के ऊष्ण सान्निध्य में मातृत्व का अहसास हुआ। घरवालों की जानकारी में उसका गर्भ विकसित होता चला गया। छह महीने तक लगातार सब कुछ ठीक चला। अपनी बड़ी दीदी से अपमानित होकर भी उसने जीजा के 'प्रेम' को सहेजना जरूरी समझा। देवचरण पेशे से राजमिस्त्री था, मगर शराब पीने की लत से वह परेशान था। सावन की उस रात शराब ज्यादा पी लेने के बाद वह अचानक अचेत होकर ज़मीन पर गिरा तो बाद में उसकी अर्थी ही उठी। बुई जानी के सारे सपने बिखर गए। सुहागन बनने की लालसा धरी रह गई। उसने सपने में भी नहीं सोचा था कि ईश्वर उसके साथ ऐसा अन्याय करेगा। उसने ऐसा सोचा था कि बच्चा होने के बाद साल-दो साल में समाज और बाद में देवचरण का परिवार उसके बच्चे को स्वीकार कर लेगा। अब तो वह अपने आप में समस्या बन गई। अपने आप में, अपने परिवार के लिए और उस बच्चे की जिंदगी में आफतों के पहाड़ टूट पड़े। ऐसी अतृप्त लालसा अनब्याही माताओं की नियति है। यही उनका सच है जो उन्हें अपने समाज में अलग पहचान देता है।

कर्रामुंडा प्रखंड कार्यालय में ही शिवदास से मुलाकात होती है। बुई से भेंट करवाने का वादा करते हैं। चूँकि ऐसी माताएँ बाहरी लोगों से मुँह छुपाती हैं। चाहे शर्म के कारण या भय की वज़ह से। शिवदास बुई को सालों साल से जानते हैं। उन्हें उसकी पूरी कहानी की जानकारी है। बुई के घर पहुँचने तक वे हमें बताते रहे कि उसके साथ क्या-क्या हुआ। गाँव से बाहर हमें बुई मिल गई। जानवरों के झुंड के साथ। सामान्य कद-काठी की। शिवदास के अनुसार पाँच-छह महीने से उसे तपेदिक है। पैसा नहीं है, इसलिए दवा-दारू बंद है। इस घोर गरीबी में टी.बी. का महँगा इलाज—श्मशान में अश्लील चुटकुला सुनाने जैसी बात। ठीक हो जाए तो ईश्वर की दया और रोग जानलेवा हो जाए तो ईश्वर की मर्जी। दया और मर्जी के बीच अपने किस्मत की आजमाइश में जिंदगी कहाँ जाकर साँसें लेगी, यह तो महाकाल ही जानता है। समय की धार में अपने को छोड़ देती हैं ये अनब्याही माताएँ।

बुई जानी के मायकेवाले बी.पी.एल. कार्डधारी हैं। गरीबी रेखा के नीचे जी रहे लोग। उनके पास खेत नहीं है। जितनी ज़मीन पर उनकी झोपड़ी है बस वही उनकी संपत्ति है। रोज कुआँ खोदकर पानी पीते हैं। बिटिया तिलोत्तमा बेहद चंचल है। खूब बोलती हैं। साहित्य के प्रति गहरी रुचि है। सस्वर वन्दे मातृरम गाकर भाव-विभोर कर देती है। हमें राष्ट्रगान सुनाती है। निर्दोष स्वर में रेशमी लोच भी था और नदी की धार की रवानगी भी। अपने सच से वह बेखबर है। देश के गौरव-गान में आत्मविमुग्ध तिलोत्तमा अभी अपने माँ के अतीत से बेखबर भले ही है मगर मातृभूमि की वन्दना करना कल उसकी आदतों में शुमार शायद ही रहे। क्योंकि समाज के प्रति सौ-सौ जान फिदा यह बच्ची जिंदगी की सच्चाइयों और समाज के रवैये से ऊपजी टूटन से बच जाए, ऐसा भला कैसे संभव है।

बुई के भाई से बात होती है। वह बेहद सहज दिखा। अपनी नौकरी और रोजगार के जुगाड़ में हमसे निहोरा करता रहा। बाद में बेशर्मी करने लगा। अपनी बहन बुई जानी को परिवार का बोझ बताकर हमसे सहायता की याचना की। बुई अपना कमाती है और तब खाती है। किसी से उसने आज तक कुछ भी नहीं माँगा।बल्कि जवान हो रहे अपने भाई की पढ़ाई-लिखाई की पूरी व्यवस्था उसने की। अब अपनी बिटिया की शादी के पैसे जुटा रही है।

आगे क्या होगा, जिंदगी कैसे कटेगी और तिलोत्तमा का क्या होगा; ये तमाम सवाल बुई जानी के जहन में खून के साथ हर पल दौड़ते हैं, क्योंकि आज न तो उसे समाज पर भरोसा है और न ही अपनी किस्मत पर। जो भी होता है, जैसा भी होता है, वह चुपचाप स्वीकार कर लेती है जैसे उसने अपने प्रेमी जीजा की मौत को स्वीकार किया। आमदनी का कोई ठोस जरिया बुई के पास नहीं है। देह में ताकत भी नहीं रही कि वह खेतों में मजदूरी कर सके, क्योंकि तपेदिक ने उसे अंदर से चाटकर खोखला कर दिया। इंसान से ज्यादा नियति ने उसे नसीहतें दी हैं। आगे ऐसा न हो यह किसने जाना है। बेजार और बर्बाद हो चुकी बुई की किस्मत में जैसे जिंदगी की तमाम बुरी बातें चस्पाँ

हो चुकी हैं। जिंदगी एक उलझाव है जिससे जूझने को वह अभ्यस्त हो चुकी है। वह बिटिया तिलोत्तमा को जल्दी ब्याह देना चाहती है, क्योंकि उसकी जिंदगी का सच उसे अंदर से बेचैन कर देता है। उसे चिंता होती है कि तिलोत्तमा भी कहीं उसकी तरह अनब्याही माँ न बन जाए।

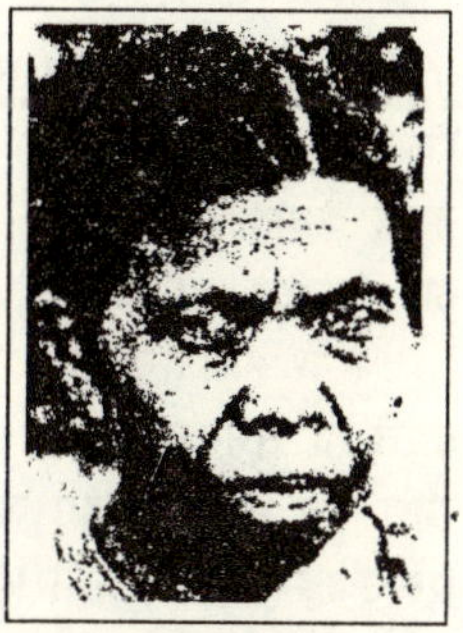

# सुनिए कहानी सुनयना की

बुई जानी, अपने जीजा से गर्भवती हुई तो हल्दी गाँव की सुनयना अपने प्रेमी सुदर्शन से प्यार पाकर माँ बनी। सुदर्शन से उसकी मुलाकात कब हुई यह उसे याद नहीं। यदि याद है भी तो उन क्षणों को वह याद करना नहीं चाहती। सुदर्शन की यादें तकलीफदेह हैं। जहाँ-जहाँ वह उससे मिलती थी, वे तमाम जगह उसके प्रेम की कब्रगाह हैं, जो कभी अंतरंग संबधों के शरणगाह थे।

सुनयना मजदूरी करती है। अपने गाँव के आस-पास ही। हमारी उससे मुलाकात अमठा गाँव में हुई। वह घर से ज्यादा दूर नहीं जा सकती क्योंकि अभी उसका बेटा ललित छोटा है। वह अपनी माँ को अपने से दूर ज्यादा देर नहीं रहने देता। सुनयना की तकलीफें तब ज्यादा बढ़ जाती हैं जब ठेकेदार या शोहदे-लपाड़े उसके पीछे हाथ धोकर कुछ पाने की लालसा कर बैठते हैं। चूँकि वह एक अनब्याही माँ है। शादी से पहले उसने अपना सब कुछ किसी गैर मर्द को सौंपा था। आज यदि उसे माँ बनानेवाला जिंदा नहीं है तो सुनयना किसी के साथ तो हम बिस्तर हो ही सकती है, उन महामानवों का यही मानना है।

जब भी वह सुदर्शन से मिलती, उसे शादी के आश्वासन मिलते। सुदर्शन की आमदनी अच्छी खासी थी। अतः उसकी अमीरी से सुनयना उसके पास आई। उसके मन में रोमानी हसरतें थीं। अच्छी जिंदगी जीने की चाहतें थीं। इसी वजह से दोनों पति-पत्नी की तरह साथ रहे। वह गरीब थी। रोटी की समस्या थी। पहनने को कपड़े नहीं थे। रहने को जैसे-तैसे छप्पर था। ये तमाम लाचारियाँ थीं। इन कमियों से सुदर्शन ने उसे दूर कर दिया तो साथ में सुनयना गर्भवती भी हो गई। इसे उसने बड़े गर्व से स्वीकार किया। उसने पूरे समाज को दिखाने की जिद्द की थी कि उसे भी कोई प्यार करनेवाला है। चूँकि वह गरीब थी, इसलिए उसने हर बात को, हर घटना को अपने अस्तित्व और वजूद के साथ जोड़कर देखा। उसे ऐसा लगता था कि गरीबी पिछले जन्म के कुकर्मों का फल है, जो कलंक है। इस कलंक को मिटा पाना आसान नहीं है। उसने

यही सोचा कि गरीबी से मुक्ति का एक ही रास्ता है किसी मर्द के साथ अंतरंग मित्रता। जिस मित्रता में कोई भी बंधन नहीं हो, बंदिश न हो। न किसी तरह की वर्जना और न ही कायदे-कानूनों के पेंच। साथ में उसे संभोगजनित सुख में जीवन का सर्वस्व नज़र आ रहा था।

मगर भगवान को यह सब मंजूर नहीं था। सावन की उस काली रात को याद करते ही सुनयना काँपने लगती है। ठीक वैसे ही जैसे उस रात बादलों के धमाल के साथ पूरा माहौल सहम जाता था। वह रात न जाने कई घरों को तबाह कर गई। कई घर उजड़ गए। न जाने कितनों के सपने बिखर गए। सुदर्शन भवानीपटना से लौट रहा था। मोटरसाइकिल से। तेज आँधी और बारिश में कुछ भी नहीं दिख रहा था। अचानक संतुलन खो बैठा और उसे जो भी सूचना मिली उससे उसका संसार उजड़ गया।

जैसे वजूद पानी बन गया और उस वजूद को कोई सुड़क गया हो। जीवन खंडहर बन गया। उसे एक विचित्र अनुभूति हुई। उस खंडहर में उलटी लटकी चमगादड़ों की वीभत्स बिरादरी, प्रकाश मिलते ही मनहूस चीं-चीं कर इर्द-गिर्द घूम रहे हों। वह अंधे कुएँ में जा गिरी। जहाँ से निकल पाना उसके बूते की बात नहीं थी। सुदर्शन एक सड़क दुर्घटना में चल बसा था। इस घटना के 23 दिन बाद सुनयना एक बच्चे की माँ बनी। तब तक सब कुछ लुट चुका था। उसकी जिंदगी में अँधेरा छा गया। सुदर्शन की स्मृति में दिन-रात काटने के लिए एक बेटा आज उसकी जीवन का संबल है। उसे वह पाल-पोसकर बड़ा करना चाहती है। मगर सुदर्शन का बिछोह उसे रह-रहकर अंदर से कमजोर कर देता है।

सुनयना के सामने जो सबसे बड़ी समस्या है वह यह कि वह खुद को कैसे बचाए। बच्चे की परवरिश तो माँ-बाप कर रहे हैं। मगर न जाने कितने मर्द उसके हमसफर बनने का नाटक रोज करते हैं। आश्वासन सुनते-सुनते उसके कान पक चुके हैं। कभी-कभी तो हालत ऐसी होती है कि वह हिंसक हो जाती हैं। प्रेमी की मौत, उसके बच्चे का जन्म और अनब्याही माँ बनने के बाद ढेरों दुः.ख-तकलीफों ने उसे अंदर से तोड़ डाला है। वह जिंदा लाश है। तो रोटी कमाना उसकी लाचारी है। न कमाए तो ललित का क्या होगा। उस मासूम का क्या गुनाह?

कई बार उसने आत्महत्या करने का मन बनाया। किंतु ललित की जिंदगी के बारे में सोचकर वह अपने कदम वापस खींच लेती है। ठीक वैसे ही जैसे कभी किसी ने उसे शादी करने को राजी किया और जिंदगी भर साथ देने से कदम वापस खींच लिए। बाद में जिसने शादी के वायदे किए वह ललित को रखने के नाम पर राजी नहीं था। उस बच्चे ने तो बाप का मुँह भी नहीं देखा तो माँ के प्यार से वंचित करने का अधिकार सुनयना को कहाँ था। इसी वजह से उसने अपनी जिंदगी के दायरे तय कर दिए। पर उस दायरे में तकलीफें हैं। जो स्त्री विधवा हो जाए या जो बच्चा न पैदा कर पाए यह उसे समाज अपनी सहानुभूति तो दे देता है लेकिन जो लड़की बिन शादी किए बगैर

माँ बन जाती है, उसकी तकलीफों का कोई अंत नहीं है। हर इंसान उसे अपने साथ सुलाना चाहता है, चूमना चाहता है और भोगना चाहता है। मर्दों का क्या भरोसा? औरत के लिए तो रावण भी साधु बन जाता है। लिहाजा कईयों ने उसे बड़ी सदशयता से भोगना चाहा।

# नागदंश से कहीं बड़ी पीड़ा

कालाहांडी जिले में एक गाँव है उर्लादानी। गाँव में कंद-कुटिया आदिवासियों की बहुल आबादी है। ये आदिवासी परंपरावादी हैं। अपनी पहचान को बचाए रखने के प्रति वे बड़े सतर्क होते हैं। औरतों के शरीर के प्रायः सारे अंग गुदने से सजे होने की विशिष्टता इनकी पहचान है जो उनकी सांस्कृतिक विशिष्टता है। यहाँ तक कि ये अपने चेहरे पर सलीके से गुदना गुदवाती हैं। इसी समाज में रहनेवाली चपला के चेहरे पर गुदने के निशान तो नहीं दिखते परंतु उसके माथे पर पुते कलंक के काजल उसे बार-बार बेटे से ही अपमानित होने के कारण बनते हैं। उसकी पारिवारिक पृष्ठभूमि आम आदिवासी परिवार की तरह बेहद दयनीय थी। जल-जंगल-ज़मीन से दर-बदर वनवासियों की जिंदगी से चस्पाँ तमाम हताशाओं से चपला भी जुदा नहीं थी। इसलिए अपनी माँ के संग उसे भी मजदूरी करने यहाँ-वहाँ जाना पड़ता था।

अपने पास के किसी गाँव में वह मजदूरी करने जाती थी। गाँव का नाम उसे याद नहीं। वही जहाँ उसकी मुलाकात एक ठेकेदार से हुई। ठेकेदार था घोर अय्याश। रंगीन मिजाज। हर रात उसे नई लड़की कि जरूरत होती थी। मादा देह की गंध पाने के बाद ही वह तृप्त हो पाता था। वह अनूठे किस्म का औरतखोर था। जिसे दिल से पंसद कर ले उसके प्रति बेदर्द हो जाया करता था। वह रात में उन लड़कियों के साथ मौज-मस्ती करता था और अगले दिन उसी लड़की के साथ गाली-गलौज करता। उसका यह व्यवहार हर किसी के लिए एक अबूझ पहेली थी। मगर उन बालाओं के लिए ये सारी बातें एक ठोस यथार्थ थीं जो उसके सामने रोज रात में खामोशी ओढ़े रहने को मजबूर होती थीं—वे उस ठेकेदार द्वारा आयोजित नग्न उत्सवों में भाग लेने को मजबूर होतीं थीं, सामूहिक रूप से। इस बारे में सभी जानते थे कि वह ठेकेदार मजदूरी करने आई लड़कियों और औरतों के साथ क्या करता है। उसके पास काम था। इसलिए गाँववाले इसके पास जाते थे। इसलिए उसकी बड़ी इज्जत थी।

जहाँ चपला जाती थी वहाँ खामोशी की वही संस्कृति थी। उसकी अल्हड़ हँसी ने

ठेकेदार के देह में गुदगुदी पैदा कर दी। इलाके में दो ही वर्ग हैं—शोषक और शोषित। इन दोनों वर्गों के बीच सौहार्द्रपूर्ण व्यवहार लाने का काम चपला ने किया। उसने ठेकेदार को खूब नचाया। जमकर छकाया। आकर्षण के इशारे कर उस ठेकेदार को लुभाती और रिझाती थी तो बड़ा अजीब माहौल बन जाता था। झुककर अपने ब्लाऊज के अंदर गोलाइयों को उचकाकर दिखाना और पिंडलियों से ऊपर तक साड़ी उठाकर वह जो इशारे करती थी उससे नए उम्र के लड़के पागल हो जाते थे। वह जैसे-जैसे कहती, कोई लड़का वैसे ही वैसे करने को मजबूर हो जाता था। प्रौढ़ उम्र के लोगों से वह खूब हँसी ठिठोली करती थी। क्योंकि उसमें संभोग की इच्छा थी। उसे पता था कि औरतों को तुच्छ समझनेवाला मर्द इन्हीं इशारों पर कुत्ते की तरह दुम हिलाता है। सच तो यही है कि स्वभाव से सतर्क और अपनी कीमत जाननेवाली कन्याएँ किसी मर्द को एक कुत्ते से ज्यादा अहमियत नहीं देतीं।

उसने ठेकेदार को अपना नंगा बदन दिखाया था, जो बदन काले संगमरमर की तरह चिकना और चमकीला था। इतना चिकना कि जिस पर बरसाती पानी न टिके। उसकी जवानी कुदरती थी। कहते हैं कि चाहे जवानी कुदरत की हो या कुदरत खुद जवान हो, इनके सामने इंसान मजबूर होता है। वह ऐसा भावविमुग्ध होता है कि जैसे उसने अपने सामने ईश्वर को देख लिया हो। स्वाभाविक है कि ठेकेदार ने यदि उसके नंगे बदन को देखा होगा तो उस कुदरती जवानी को दबोचने से बाज नहीं आया होगा। तभी तो बदले में ठेकेदार उसे रोज सात रुपए के बदले दस रुपए देता था। चपला तब इस संबंध के नतीजे से अनजान थी कि इतनी जल्दी मौज का सिलसिला ठहर जाएगा। ठिठक जाएगा। थम जाएगा। उसे तो ठेकेदार के सान्निध्य में खूब मजा आता था।

ठेकेदार उसे अपने आलिंगन में लेने के पहले दवाइयाँ खाता था। उसके बाद वह वहशी और दरिंदा बन जाता था। चपला को उसका यह आवेग मजे देता था। परंतु कोई महीना दिन बाद माहवारी रुकने के बाद माँ ने मत्था पीट लिया। घर में खूब पूछताछ हुई। 'किसने-कब-कैसे-कहाँ से' जुड़े ढेरों सवाल। उसकी इच्छा से या उसकी इच्छा के विरुद्ध। उसे तब बताया गया कि वह एक बच्चे की माँ बनने जा रही है तब उसके होश उड़ गए। घरवाले जब ठेकेदार को ढूँढने निकले तो मोटी जानकारी यही मिली कि जहाँ काम चल रहा था, वह पूरा हो चुका है। सो, ठेकेदार किसी दूसरी जगह जा चुका है। जिला कलेक्टर से लेकर पुलिस अधीक्षक के पास फरियाद करने के बावजूद हाथ कुछ भी नहीं आया। चपला रोती-पीटती रह गई। छातियाँ कूट-कूटकर उसका बुरा हाल हो गया। उसे याद आ रहे थे वे क्षण जब ठेकेदार ऊष्मा में भरकर अपनी बाँहों में समेट लेता था। उसे कभी यह सन्देह नहीं हुआ कि ठेकेदार उसके साथ छल करेगा। उसकी बातों में न झूठ की गंध होती थी और न ही छल का आभास। मगर सारे संकल्प अविश्वास की सुनामी में बह गए। चपला के मन में उस ठेकेदार के प्रति जो विश्वास था, प्यार के जो संकल्प थे और संकल्प की जो दृढ़ता थी वह किसी बिंदु की, छोर की और संकेत की प्रतीक्षा में थी, जिसे थाम कर वह अपनी जिंदगी जीना चाहती थी।

धोखा खाने के बाद उसकी जिंदगी में निराशा थी, बेचैनी थी, बेचारगी थी और लाचारी थी। उसके स्वर कातर हो चुके थे, हालत दयनीय हो चुकी थी और वह बिल्कुल असहाय थी। अकेली चपला के लिए पूरी दुनिया का माहौल एकांत हो चुका था, लोग पराए हो चुके थे और घर-परिवार के सदस्य खूँखार बन चुके थे।

चपला से हमारी मुलाकात *सेवा जगत* नामक एक स्वयंसेवी संगठन के अहाते में हुई। इस संगठन के कर्ताधर्ता भाई सत्यनारायण पटनायक घोर मानवतावादी हैं। सालों-साल से वह उनके यहाँ भोजन बनाती है। वहीं मुझे उस प्रौढ़ा के तिक्त अतीत से सामना हुआ। रुक-रुककर उसने जब बोलना शुरू किया। लेकिन बाद में धारा-प्रवाह हो गई। उसके शब्द पूस महीने में तेजी से दिशा बदलनेवाली चौवाई हवा समान लपेटा मारकर अंतर्मन को झिंझोरते रहे। ठेकेदार ने उसे कहीं का नहीं छोड़ा। कोई चार महीने बाद उसने एक बेटे को जन्म दिया। जो समाज के ढेरों सवालों से सिंचकर बड़ा होता गया। होश सँभाला तो अपने पिता के बारे में पूछता। इसका कोई जवाब चपला के पास भला कहाँ था? ऐसी चुप्पी बेटे के लिए बेचैनी का कारण बनी।

तरुणाई में ही बेटे को अपनी माँ से जुड़े सच की जानकारी किसी तरह हो गई। तब तक वह समझदार हो चुका था। तब से वह उससे घृणा करने लगा। चपला अपने जवान होते बेटे को समझाने में असफल रही कि उसके साथ किसी ने धोखा किया है। विश्वास दिलवाकर उसके फरेब का शिकार बनाया है। उसने अपने बेटे को बताया कि एक ठेकेदार ने उसे धोखा देकर उससे हफ्तों शारीरिक संबंध बनाए। गर्भवती हो गई तो अचानक लापता हो गया। किंतु उसकी बातों पर बेटे ने यकीन नहीं किया। उसे भला-बुरा कहा और उस ठेकेदार के माफिक चपला से दूर चला गया। जाने के बाद महीनों अपना मुँह नहीं दिखाया। अब जब भी आता है वह चपला को जरूर अपमानित करता है।

पिछले हफ्ते चपला को एक साँप ने जब डँसा तो उसे बड़ी राहत महसूस हुई कि अब वह इस नरक से मुक्त होने जा रही है। मगर एक सँपेरे की मदद से उसे बचा लिया गया। सर्पदंश से उबर चुकी बेचारी चपला अब अपने बेटे की उपेक्षा से उभरी पीड़ा को कैसे कम करे, इस उलझाव ने उसे परेशान कर डाला है। यह पीड़ा नागदंश से कहीं ज्यादा खतरनाक है।

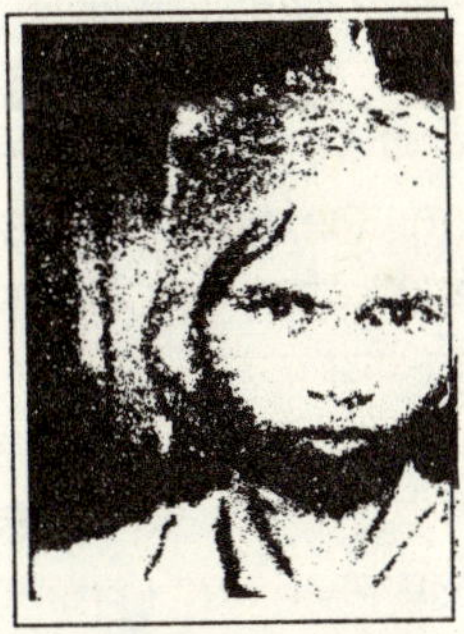

# जयामति का उजड़ा संसार

जयामति की उम्र बीस के आस-पास है। वह शांत और खामोश रहती है। इस वजह से लोग उसके बारे में नहीं जान पाते। मगर उसके साथ जो भी हुआ वह आदिवासी विकास के पैरोकारों से लेकर नीति नियंताओं के लिए बड़े शर्म की बात है। एक बेहद गरीब और लाचार परिवार में पैदा हुई जयामति के लिए कहीं से न तो सहानुभूति मिली और न ही किसी तरह की सहायता की पहल हुई। नतीजतन, जिंदगी के तमाम दुखों को चुपचाप सह लेना उसकी आदतों में शुमार हो गया। भूख के भयावह नतीजों और वंचना की कहानी कितनी करुण हो सकती है, यह जयामति से सुनकर सहज रहने का साहस कोई पत्थर दिल इंसान ही कर सकता है।

भूख से टूटे और कर्ज से कुचले जा चुके समाज की बेटी-बहुएँ पूँजीवादियों के हाथों लूटने को मजबूर की जाएँ तो इसमें आश्चर्य जैसी बात क्या है ? पाओलो फ्रेरे ने **फेडागोजी ऑफ द आप्रेस्ड** में लिखते हैं कि, 'उत्पीड़क जितना अधिक उत्पीड़ितों को नियंत्रित करते हैं उतना ही अधिक वे उन्हें निर्जीव वस्तु में बदलते हैं।' इस बदलाव में मादा देह की मदद ली जाती है। जहाँ संपत्ति एवं पूँजी कुछेक लोगों के हाथों में जा सिमटती है वहाँ शोषण की एक व्यवस्था गठित होती है। ऐसे में किसी तरह के रियायत की गुंजाइश नहीं होती। जयामति के पिता ने एक साहूकार से कर्ज लिया 400 प्रतिशत के रेट पर। उड़ीसा में कर्ज कम से कम इसी दर पर गाँवों में देने का रिवाज है। जिसने एक बार साहूकार के दरवाजे पर कदम रखा, वह फिर कभी उसके चंगुल से मुक्त नहीं हो पाता। सूदखोरी और ज़मीन हथियाने के इसी कौशल ने इस राज्य को तबाह कर डाला है। इसी तबाही से उपजी त्रासदी जितनी भयावह होती है उतनी ही पीड़ादायक भी। अतः कर्ज में डूबे समाज का अपना जो गतिविज्ञान होता है, वह स्वीकृत मुख्यधारा से अलगाव में जी रहे समाज की समूची जीवन प्रक्रिया को प्रभावित करता है। यह प्रभाव अधिकतर मामलों में नकारात्मक ही होता है। जयामति के साथ जो भी हादसे हुए, उससे तो ऐसा ही लगता है।

फूलबनी जिले के बालीगुड़ा की एक गैर सरकारी संस्था *वनवासी सेवा संस्थान* के शौर्ट स्टे होम में जयामति अपना समय काट रही थी तभी उससे मुलाकात का मौका मिला। उसके बारे में ज़ानना इतना आसान नहीं था। सेवा आश्रम से जुड़े संगीजनों के मुताबिक जयामति के पिता ने साहूकार से जो कर्ज लिए उसे चुका पाना आसान नहीं था। इसलिए पंद्रह साल की जयामति उसके यहाँ घरेलू कामकाज करने लगी ताकि कर्ज का बोझ कुछ तो कम हो। इस कच्ची उम्र में साहूकार के छोटे बेटे दसम ने उसे बहलाना शुरू किया और छेड़छाड़ का सिलसिला बढ़ता चला गया। बाद में मामला शारीरिक संबंधों तक जा पहुँचा। एक दिन में एक नहीं कई बार जयामति को वह इस काम के लिए बाध्य करता। असहमति की स्थिति में वह हिंसक हो जाता। संबंध बनाने के पहले वह जयामति के अविकसित स्तन को इतना मसलता था कि उससे खून मिश्रित पंछा निकल आता। यहाँ तक कि माहवारी आने पर वह जयामति को पीटता था कि ऐसा क्यों हुआ। पर वह बेचारी क्या करती? उसने जैसा कहा जयामति ने वैसा ही किया। क्योंकि अपना सब कुछ सौंपने के बाद अब जयामति के पास था क्या? वह साहूकार के बेटे से प्यार जरूर करती थी। पर वह बड़ा बेदर्द था।

हर महीने जयामति की पिटाई इस वजह से होती थी कि माहवारी क्यों आया। लेकिन इस बार माहवारी आई ही नहीं। जयामति इस बात को लेकर निश्चिन्त कि इस बार उसकी पिटाई नहीं होगी और साहूकार का बेटा उससे भरपूर प्यार करेगा। परंतु माहवारी रुकना बावेला का कारण बना। पता चला कि जयामति माँ बननेवाली है। उसके पिता साहूकार के घर गए। हाथ जोड़े पर प्रताड़ना और ज़लालत के बाद उसे घर लौटना पड़ा। चूँकि कानून की नज़र में यह संबंध बलात्कार की श्रेणी में नहीं आता। क्योंकि तब तक वह वयस्क हो चुकी थी। इसलिए जयामति अलग-थलग सी पड़ गई। सबूत जुटाने में भी वह समर्थ नहीं थी। होनेवाले बच्चे का पिता कौन है—यह बताने मात्र से शासन-प्रशासन भला क्यों कर माने? तो हारे को हरिनाम। परिवार और परिजनों में बदनामी के डर से उसे घर से निकाल दिया गया। जयामति ने सेवा आश्रम में शरण ली। अपने घर से दूर और प्रेमी से जुदा जयामति जैसे संसार की सबसे घिनौनी जीव बन चुकी थी। उसने इतना बड़ा अपराध किया था कि शादी किए बगैर माँ बन गई। तभी तो उसके परिवार ने उसे बहुत दूर कर दिया। समाज ने उसे पूछा नही। क्योंकि वह चरित्रहीन थी। चरित्रहीनता की कई परतें हैं और हर परत में औरत का वजूद फँसा नज़र आता है। उसके वजूद का हर आयाम चरित्रहीनता से चोली दामन का संबंध रखता है। यही कारण है कि कहीं भी और कभी भी किसी लड़की या स्त्री को कुलटा या रंडी या पतुरिया घोषित कर दिया जाता है।

सेवा संस्थान की झरना साहू एक समर्पित समाजसेवी हैं। नारी हितों की जबर्दस्त पैरोकार भी। उन्होंने जयामति के बारे में बताया कि अपनी किशोरावस्था में वह जितनी खूबसूरत थी उतनी ही चंचल भी थी। उसकी चंचलता ही उसके लिए काफी महँगी पड़ी। अपना देश, दुनिया, समाज लड़की की चपलता, चंचलता और मुखरता को दूसरी नज़र

और नीयत से देखता है। उसका हँसना उसे इस वजह से रास आता है क्योंकि कोई मर्द इसे सान्निध्य की पहली सीढ़ी मानता है। आगे यदि बात कर ले तो इसे कोई मर्द संबंधों की स्वीकृति मान लेता है और उसका मुस्कराना किसी मर्द का कुछ कर गुजरने को प्रेरित करता है। जयामति भोली थी। मासूम थी। कोरी थी। कच्ची थी। इस वजह से अपने प्रेमी के लिए वह कमनीय थी। काम के लिए बिल्कुल तरोताजा थी। फ्रेश थी।

जयामति को लेकर हम नर-नारी के बीच दैहिक संबंधों की व्याख्या करें तो इससे जुड़े एक नहीं कई लिजलिजे सच उजागर हो सकते हैं। ऋतुस्राव स्त्री का विशेषाधिकार है, जो उससे जननि का दर्जा ही नहीं देता बल्कि इस बूते वह सृजन के तमाम चरणों एवं स्वरूपों को अपने अस्तित्व के अधिकेंद्र में सँजोती है। मगर इस विशिष्टता के प्रति सम्मान न होकर घृणा की उपज मानसिक धरातल पर होने लगे तो इंसान को पशु के श्रेणी में रख पाना मुश्किल या असंभव नहीं बल्कि शोभनीय भी नहीं होता। जयामति का रजस्वला होना उसे महीने के कुछ दिनों के लिए संभोग के काबिल नहीं रहने देता था। यह साहूकार के बेटे के झुंझलाहट का कारण होता था।

अपने अतीत को भूलने में ही भलाई समझनेवाली जयामति के लिए जिंदगी जंजाल है। समस्या है। चुनौती है। आगे जिंदगी कैसे काटे यह एक बहुत बड़ा सवाल है। अपने बारे में कोई साल भर पहले उसने भारत सरकार के महिला एवं बाल विकास विभाग की सचिव रेवा नैयर जी को पत्र लिखकर उसने सब कुछ बताया। सचिव महोदया ने जवाब देना उचित नहीं समझा, हाँ उसी विभाग के उप-सचिव ने फाइल आगे बढ़ाए जाने की सूचना जयामति को जरूर दी। रेवा नैयर सेवानिवृत्त हो चुकी हैं और जयामति की फरियाद मंत्रालय में कहीं धूल चाट रही है।

# कसक और कलक से भरी जिंदगी

आदिवासी औरतें मन की बड़ी भोली होती हैं। दिल की बेहद साफ। किंतु उनका प्रेमी उतना ही काईयाँ और चतुर होता है। ज्यादातर मामले ऐसे ही हमारे सामने आए, जिनमें लड़की जितना सहज थी, उसका प्रेमी उतना ही बड़ा छलिया और दगाबाज़ निकला।

मालती की आपबीती में कसक और कलक का जो मार्मिक संयोग है वह हमारी अंतःचेतना को झिंझोरकर रख देती है। औरत और मर्द के बीच के संबंधों की पवित्र भावना का जो अपमानजनक स्वरूप मालती के प्रेमी ने जिस बेदर्दी से पेश किया उससे प्यार करना सिवाय घृणा के अलावा कुछ नहीं दिखता। मालती की उम्र है यही कोई 20 साल। शायद अब साढ़े बीस। अपनी उम्र के बारे में पूछे जाने पर वह दुविधा के जाल में जा फँसती है। ऐसा प्रायः हर वनबाला के साथ होता है। उन्हें अपनी उम्र की सही जानकारी नहीं होती। इस बारे में सोचने की फुर्सत भी उन्हें नहीं मिलती। स्वतंत्र व स्वच्छंद जीवन के राग गाकर वे जवानी के दहलीज पर जब पाँव रखती हैं तो भी वे अलमस्त होती हैं। कुदरत के स्नेह, वन्य समाज की सहजता और परंपराओं के खालिसपन में वे समय से पहले जवान हो जाती हैं। कुदरती सौंदर्य की छलछलाहट इन कन्याओं के लिए छल और छलावे के कारण बन जाना मालती के भाग्यहीनता की एक खेदपूर्ण बानगी है।

वह अपने गाँव से डेलापादर पढ़ने जाती थी। अपने गाँव का नाम वह नहीं बताती। उसे यह बताने में संकोच नहीं है लेकिन शंका जरूर है कि बाहरी लोग उसके परिवार को ताने मारेंगे। इसलिए वह केवल अपनी कहानी बताने को राजी होती है। डेलापादर फूलबनी जिले का एक कस्बा है जहाँ स्कूल जाते वक्त एक लड़का उसका पीछा करता था। एक दिन उसने उसे 'प्रेम' का प्रस्ताव दिया। मालती दुविधा में आ गई। घर आकर सोचने लगी कि क्या करना है। घर-परिवार, माँ-बाप, भाई-बहन और अपना समाज! इससे इतर भी अपनी दुनिया होगी, सोचा भी नहीं। सोचने की नौबत भी नहीं आई। खैर लड़के के करीब वह आती चली गई। अचानक एक दिन। उसने मालती को एक

किताब पकड़ाई। रंगीन किताब, जिसके हर पृष्ठ पर तस्वीरें सजी थीं। अर्द्धनग्न और पूर्णनग्न स्त्री। उसी हाल में संभोगरत कन्याएँ। सामूहिक संभोग में लीन-तल्लीन बालाएँ। अधलेटी होकर पुरुषों के संसर्ग के उत्पात से निंदियायी गौरांग औरतें। मालती देखती रह गई उन तमाम तस्वीरों को, जो इंसानों की निजी जिंदगी को सार्वजनिक करनेवाला एक दस्तावेज ही तो था। थोड़ी देर बाद उसने उससे भी वैसा ही करने को कहा जैसा उस किताब में था। लेकिन यह कोई जरूरी नहीं कि किताब की हर बात अच्छी हो जो यह सच्चाई नहीं जानते वे बाद में पछताते भी हैं। मालती के साथ ऐसा ही हुआ।

उन गौरांग औरतों की तरह रोमांस करने के लिए उसके प्रेमी ने उसे बाध्य किया। उसने यही बताया कि इस काम में उसे भरपूर आनंद मिलेगा। मगर यह बताया कि चरम आनंद के बाद क्या होगा। प्रेमी ने जैसा कहा मालती ने वैसा ही किया। ''उसे यह सब अच्छा लगा। कभी सोचा भी नहीं था। और न ही सुना था। मगर यह सब ज्यादा दिन नहीं चला'' खीरसिंधु पटनायक बताते हैं। श्री पटनायक इन दिनों *फूड फॉर वर्क्स प्रोग्राम* से जुड़े हैं और आदिवासी मजदूरिनों की दशा सुधारने के जाने-माने पैरोकार भी हैं। वह इन दिनों काम पर जानेवाली कन्याओं की मानसिकता को लेकर चिंतनशील हैं। उन्हें मालती अपना भाई मानती है। इसलिए सब कुछ सच-सच बताती है।

संबंध बनने के कोई दो महीने में ही मालती के पेडू पर चिकनाहट आई जो बाद में उभार में तब्दील होती चली गई। पहले मालती अपने शरीर में हो रहे परिवर्तनों से बेखबर थी। उसने तब तक इस बदलाव को मामूली समझा, जब तक उसकी पड़ोसन की नज़र उस उभार पर जाकर नहीं थमी। अब मालती की तबीयत खराब रहने लगी। कभी उबकाइयाँ तो कभी सिर में भारीपन। स्कूल जाना तो छूट ही गया, साथ में घरवालों की जुल्म की शुरुआत भी हुई। घर में कोई उसके साथ नहीं था। यहाँ तक कि माँ ने भी अपने साथ रखने से साफ मना कर दिया। घर के लोगों के अनुसार, मालती के बाद की दो छोटी बहनों के दिमाग पर इस बात का बहुत बुरा असर पड़ेगा। उन्हें सामाजिक उलाहनों की भी चिंता थी। घर में उठे विरोध के स्वर से मालती बिल्कुल असहाय सी हो गई। अपने प्रेमी को खूब ढूँढ़ा पर उसका कोई अता-पता ही नहीं था। गर्भ के तीसरे महीने में मालती को बालीगुडा की एक स्वयंसेवी संस्था ने पनाह देना स्वीकार किया।

रात-दिन गुमसुम रहनेवाली मालती आज अपने भविष्य को लेकर निराशाओं में डूब चुकी है। अपने ऊपर लगे अनब्याही माँ के ठप्पे से समाज के युवा वर्ग में विश्लेषण की जो तस्वीरें उभरती हैं उसके अनुसार ऐसी युवतियों के साथ दैहिक संबंध बनाने का लाइसेंस पूरे मर्द समुदाय को मिल जाता है। चूँकि वे लाचार हैं, कमजोर हैं इसलिए ऐसी युवतियाँ सहजता से ललचाई जा सकती हैं। ये औरतें मजबूर हैं, मजदूरी करती हैं और तब अपना और अपने बच्चे का पेट पोसती हैं। वे जहाँ जाती हैं, वहाँ उन्हें अपना श्रम और देह दोनों बेचना होता है। पहाड़ी इलाकों में मजदूरिनों की हालत बद से बदतर

होती है, दूसरे शब्दों में उनके काम की परिस्थितियाँ और मजदूरी की कीमत के आंकलन की चिंता कोई नहीं करना चाहता। बस उसके उभरे यौवन पाने की लालसा हर किसी को होती है।

जॉन स्ट्रेची ने अपनी पुस्तक **द थ्योरी ऑफ पेक्यीकल सोशलिज्म** में श्रम और बिकती देह की संस्कृति पर लिखा है, ''मजदूर वर्ग ऐसे लोगों का बना होता है जिन्हें मजबूरन अपनी जिंदगी कायम रखने के लिए अपने काम करने की शक्ति को कारखानेदारों या खेतवालों के हाथ काम करने के लिए बेच देना पड़ता है।'' अब जबकि मालती अपने घर से निकाली जा चुकी है और पूरी जिंदगी वह उस गैर सरकारी संगठन में नहीं बिता सकती तो आगे कहाँ रहे और रोटी कैसे कमाए, ये सवाल रेंगनी के काँटे की तरह हर पल चुभते हैं। कानून से मदद लेना और दोषी को नसीहत दिलवाना इतना आसान नहीं। तो उपाय क्या है ? मालती तय नहीं कर पा रही है कि आगे क्या करना है। पैदा होनेवाले बच्चे की उचित परवरिश माँ की खास जिम्मेदारी होती है, उससे वह भला अपने आपको कैसे जुदा कर सकती है। देह की आग में अंधा हुए उसके प्रेमी ने जो करतूतें कीं, उसका खामियाजा तो मालती को ही भोगना था, अन्य अनब्याही माताओं की तरह ! उसने मन से और अपनी आत्मा से देह की तमाम दुर्गतियों को अपने ऊपर झेलना सीख लिया था और यही वजह रही कि न्याय पाने की तलाश में उसने भटकाव को बड़ी सहजता से लिया।

देह भोग की गाथा जवान लोगों के लिए भले ही बेहद रोचक हो, लेकिन इससे जुड़ी लिजलिजी सच्चाइयाँ अंदर से इंसान को झकझोर कर रख देती हैं। कहने के लिए गाँव की जिंदगी सहज होती है। देखने में लोग बेहद सीधे, सच्चे और सादे लगते हैं, लेकिन सच तो यही है कि उनके द्वारा बनाई गई सामाजिक व्यवस्था बद से बदतर होती है। गाँव का समाज मर्दों के लिए तरह-तरह की सुविधाएँ देता है। उन्हें विशेषाधिकार देता है। लेकिन औरतों के मामले में गाँव के लोग इतने कट्टर होते हैं कि उन्हें स्त्री प्रजाति को दिया जानेवाला कोई भी अधिकार गले के नीचे नहीं उतरता। यदि स्त्री चेतना और महिला अधिकारों की बातें गाँव में हो रही होती हैं तो इनके पीछे मर्दों का स्वार्थ जरूर होता है। ऐसी स्थिति में अनब्याही माताओं की हिफाजत या उनके लिए अच्छा कुछ सोचने की जरूरत किसी पौरुष से भरे मर्द को भला कैसे हो सकती है।

गाँव के छोकरे गरीब लड़कियों को पैसे दिखाकर भरमाते हैं। निरोध के पैकेट दिखाकर अकेले में लुत्फ उठाने का प्रणय निमंत्रण देते हैं। आदिवासी समाज में पैसा हर जगह इतनी अहम भूमिका लेकर आता है कि इलायची खिलाकर भी किसी लड़की को अपने साथ सुलाना आसान होता है। यही वजह है कि मजदूर वर्ग का खालिस यौवन बड़ी आसानी से, बिना मोल भाव के और परंपरागत तरीके से अनहद भोग लिप्सा की भेंट चढ़ जाता है। यह तो गाँव में रहने की सुविधा है। जबकि शहरों में बीमार, असंतुलित और अप्रसंग यौवन ही हाथ आता है। मालती इसी कारण बड़ी आसानी से किसी मर्द के चंगुल में आ गई। अन्यथा, यदि वह शहर की होती तो वह, अपने रूप

की अच्छी बोली लगा सकती थी। अपनी अदा दिखाकर किसी के साथ दोपहर या शाम का भोजन कर सकती थी। गाँव की लड़कियाँ लाचार होती हैं। उनके चहकने और बहकने की अपनी एक सीमा होती है। वह कोर्ट नहीं जा सकतीं। कचहरियों के चक्कर नहीं लगा सकतीं। वे पुलिस से डरती हैं। इसी वजह से अनब्याही माताएँ अपनी फरियाद किसी से नहीं कर पातीं। मालती उनमें अपवाद नहीं है।

# पिता से गए और जिंदगी से भी

कभी भवानीपटना में यह बात आम हो चुकी थी कि अंबिका एक कॉल गर्ल है। 'वह ऊँचे रसूखोंवाले लोगों' के बिस्तर गर्म करती है,' 'पैरवी और डिलिंग में उसे पेश किया जाता है, वैसे ऑफिसरों को, जो देहाती देह की गंध सूँघने को व्याकुल रहते हैं', 'इस काम के एवज में उसे हजार-पाँच सौ मिलते हैं, जो उसकी दो कुँआरी बहनों, एक भाई और माँ-बाप से बने उसके परिवार की भूख मिटाने के काम आता है,' 'इसलिए पूरे दिन भर सज-सँवरकर रहना उसकी मजबूरी है।' लोकमानस में यही चर्चा थी जिसके बारे में उसने कुछ भी कहना उचित नहीं समझा। लेकिन भावावेग में आकर उसने जो सच हमसे उगले रिश्ते पर लगे खग्रास के भयावह नतीजों की सप्रसंग व्याख्या होती चली गई।

बासमतीपुर (जिला कालाहांडी) की अंबिका प्रधान इसी सड़ांध मानसिकता की भेंट चढ़ चुकी है। जब वह पंद्रह साल की थी तो उसकी बड़ी मौसी के शादीशुदा लड़के विभू ने उसके ऊपर डोरे डालने शुरू कर दिए। घरवालों ने इस पवित्र रिश्ते को लेकर कभी भी शक नहीं किया। इससे विभू की हिम्मत बढ़ गई। उस दिन घर में थे सिर्फ अंबिका के छोटे भाई-बहन। बाकी लोग शादी में शामिल हो गए थे। इस मौके का लाभ उठाकर विभू आ धमका। अंबिका के मुताबिक विभू ने उसे खाने को टॉफियाँ दीं। उनमें नशीला पदार्थ डाला गया था। थोड़ी देर बाद सुध-बुध खोने के बाद अंबिका शांत-शिथिल पड़ी रही। कोई हलचल नहीं थी उसके शरीर में। विभू रात भर उसके चेतनाशून्य अंगों के साथ खेलता रहा। अंबिका की जवानी निचुड़ती चली गई। होश में आने के बाद उसे पता चला कि रिश्ते की आड़ में उसके मौसरे भाई ने कितनी चालाकी से उसके वजूद को मसल डाला है। वह स्तब्ध थी। खामोश थी। भाई ने ऐसा क्यों किया। उदासी और विस्मय से जुड़े अहसास ने जैसे उसकी चेतना को चाट लिया था।

उस रात के बाद विभू ने उसे कभी बहलाया तो कभी धमकाया। मगर इन सब का एकमात्र उद्‌देश्य था दैहिक संबंध बार-बार बनाना। हो-हल्ला से होनेवाली बदनामी

का आतंक अंबिका को अंदर से हिला देता था। इसलिए वह बार-बार बिछती चली गई। अंबिका ने यह खुद स्वीकार किया कि बाद के दिनों में उसे अपने भाई विभू के प्रति एक खास लगाव हो गया। चूँकि दोनों में अंतरंगता इतनी बढ़ चुकी थी कि वे शरीर से एकाकार होने की परिस्थितियाँ और जगह की तलाश करते थे। विभू उसे पूरी तरह संतुष्ट कर देता था, जिस संतुष्टि के लिए वह पागल हो जाया करती थी। इसी संतुष्टि में न रिश्तों की पवित्रता रह जाती है और न ही लिहाज का आवरण। क्योंकि यह संबंध इंसान और औरत को अंधा बना देता है। निकट संबंधियों के साथ बनाया जानेवाला संबंध भले ही सुरक्षित समझा जाए मगर यह इंसान को उस मलमलाते पनाले में धकेल देता है जहाँ पतन के अलावा कुछ भी नहीं होता। यह लोक निंदा देता है। परस्पर घृणा देता है और संबंधों की गरिमा के चिथड़े उड़ा देता है। विभू ने यदि अंबिका को अपनी हवस का शिकार बनाया तो साथ में यह प्रचारित भी किया कि उसका चरित्र सही नहीं है। इस हाल में भेड़िए समान जीभें लपलापानेवाले कामांध शोहदे बासमतीपुर के चक्कर काटने लगे। अंबिका ने विभू के सामने हाथ जोड़े कि उसे जो करना हो कर ले पर वह उसकी इज्जत नीलाम न करे।

कोई चार महीने तक चले दैहिक संबंध में ठहराव तब आया जब अंबिका के पेट गदराने के चिह्न दिखने लगे। विभू ने तब उसका खूब ध्यान रखा। नौ महीने बाद वह माँ बनी। एक बेटी को जन्म दिया। बेटी के जनमने के बाद विभू के तेवर में बदलाव आया। उसने स्पष्ट शब्दों में कह डाला कि आज से उसे अंबिका और पैदा हुए बच्चे से कोई लेना-देना नहीं है। जाते-जाते उसने नशे की हालात में उसने अंबिका के साथ शारीरिक संबंध बनाए। और, उस पर थूकते हुए गंदी-गंदी गालियाँ दीं। अंबिका यह सब चुपचाप सहने को मजबूर थी। करती भी क्या। उसके वजूद को मसलने के बाद जाते वक्त विभू ने उसके साथ जो भी किया, वह बड़ा ही पीड़ादायक था। उसके भाई-बहनों के सामने उसे नंगा किया और गुप्तांगों को मसलना और छेड़ना शुरू किया। उसका व्यवहार बिल्कुल पशुवत हो गया। घर के पिछवाड़े उसे घसीटते हुए ले गया और उसे तब तक पीटा जब तक वह बेहोश नहीं हो गई। घर के सारे लोग, अंबिका को टुकुर-टुकुर देखते रहे। गोशाला में विभू ने उसके साथ बेदर्दी से दैहिक संबंध बनाए, यह देखकर परिवार के लोगों की नज़रें झुक गईं।

प्रताड़ना का सिलसिला यहीं नहीं खत्म नहीं हुआ। विभू ने विनोदनी की छोटी बहन को भी पकड़ा। मगर हो-हल्ला मचाने के बाद विभू वहाँ से मकना हाथी समान बाहर निकल गया। अंबिका ने कुछ नहीं कहा। तब से वह खामोश रहने लगी। 'पिता से भी गए और प्रेमी से भी' शब्दों के तीर से वह बिंधती चली गई। 'प्रेमी के पति नहीं बनने' के मलाल से निराशाओं में डूबी अंबिका मन के जंगल में अपने विभू को मनाने-मनुहार करने के लिए दर-बदर ढूँढ़ती रही। किंतु उन जंगलों में न तो संवेदनाओं की कच्ची-कुँआरी गंध थी और न ही प्यार के कच्चे-खट्टे बेर ही मिले। यदि कुछ संभावनाएँ सामने आईं भी तो जिंदगी के सूनेपन ने उसे हताश ही किया।

उसने विभू के ऊपर बलात्कार के आरोप लगाए। पुलिस सक्रिय हो गई। डॉक्टरी जाँच के लिए उसे भवानीपटना सदर अस्पताल लाया गया। कलाई की हड्डियों की जाँच हुई ताकि उसकी सही उम्र की जानकारी हो सके। पेटीकोट पर लगे वीर्य के छीटों का परीक्षण हुआ। अंबिका बालिग थी। उसकी योनि के इर्द-गिर्द न खरोंच के निशान मिले और न ही जबरिया संबंध बनाए जाने के सबूत। मामला अदालत में पहुँचा। विभू की पेशगी हुई। अंबिका छले जाने से जितना विचलित थी उतना ही माँ बनने की वजह से पीड़ित भी। उसने यह स्वीकार किया कि उसके संबंध विभू के साथ हैं। यह संबंध महीनों पुराना है। दोनों एक-दूसरे को पति-पत्नी मानते हैं। इसलिए उनके बीच का यौन संबंध परस्पर सहमति से है। अंबिका को इस बात का एतराज था कि विभू आज उसे अपनी पत्नी की तरह क्यों नहीं रखना चाहता। अदालत में मामला बलात्कार से शुरू हुआ था और अंजाम पति-पत्नी की तरह किए जानेवाले यौन व्यवहार पर जाकर रुका।

तारीख पर तारीख, लंबे-लंबे अंतराल के बाद पेशगी। इन सबने उसे अंदर से कठोर कर डाला। उसने पहले विभू को माफ करने का मन बना लिया था, परंतु उक्त घटना ने उसे अंदर से झिंझोर कर रख दिया। सबसे खास बात तो यह हुई कि उसे कुँआरी माँ बनने का कोई अफसोस नहीं था। वह अपने को मरते दम तक पवित्र मानती रही। मगर समाज और पड़ोस के उलाहनों ने उसे अंदर से तोड़ डाला। अंत में अदालत का निर्णय अंबिका के पक्ष में नहीं रहा। न्यायालय ने पूरे मामले को बड़ी बारीकी से देखा और परखा। यह बलात्कार का मामला नहीं था। चूँकि वह बालिग थी। अपनी इच्छा से उसने बार-बार संबंध बनाए और संभोग का भरपूर आनंद अपने मौसरे भाई के साथ उठाया, इसलिए अदालत ने विभू को दंडित करना जरूरी नहीं समझा।

मन से बुझ चुकी अंबिका आत्महीनता के हाल में जा पहुँची। आखिरकार चुपके से ज़हर खाकर सदा के लिए सो गई। उसकी मौत कन्याओं को कच्ची मिट्टी के पात्र माननेवाले इस देश के मनुवादियों को अँगूठा दिखाती है। सबसे खास बात तो यह है कि जो समाज उसे आज वेश्या कहता था (और वास्तव में था यदि वह वेश्या है, हालाँकि यह उसका व्यक्तिगत मामला था और यह उसके द्वारा लिया गया एक निजी फैसला था) वही समाज यह क्यों नहीं सोचता कि वेश्या बनने से पहले अंबिका को मर्दों में किसी एक ने उसे माँ बनाया। उसे जड़ी-बूटी खिलाकर उसे सुलाया, उसकी काम-वासना को पता नहीं कितना गुणा बढ़ाया और उसके साथ बलात्कार किया। बाद में उस रात के सिलसिलेवार बलात्कार का हवाला देकर बार-बार उसे नोंचा। क्या यह गुनाह रियरेस्ट ऑफ द रेयर क्राइम' की श्रेणी से जुदा है? धनंजय चटर्जी को फांसी के फंदे पर झुलानेवाले इस समाज से यह सवाल है कि क्या यह गुनाह नहीं है?

इस महापाप को हमारी न्यायपालिका भले ही नज़रअंदाज कर दे परंतु अंबिका की व्यथा भी तो सुनिए। ''उसने मेरे साथ न सिर्फ वादाखिलाफी की बल्कि अब तो मुझे रंडी कहता है। अब भला मैं किस मुँह से समाज में जी सकती हूँ।'' वह जानती थी कि न्यायालय में कोई सात-आठ साल बाद ही फैसला हो पाना संभव है, तब तक तो

बहुत कुछ उसकी पहुँच से दूर चला जाएगा। मगर न्याय और अन्याय के द्वन्द्व में वह लंबे समय तक जिस परिस्थिति से जूझती रही उस बारे में कुछ भी कह पाना संभव नहीं है।

जिस देश में बलात्कार के आरोप इस दलील के साथ कोर्ट में खारिज किए जाते हैं कि कथित दुष्कर्म की शिकार हुई कन्या की योनि में वीर्य के अंश नहीं पाए गए वहाँ शादी किए बिना माँ बनने की घटना को समूचा तंत्र दोनों पक्षों को दोषी मानता है तो आश्चर्य की क्या बात है? अपनी न्यायपालिका तो कभी-कभार इतना उदार हो जाती है कि उत्पीड़क के जननांग के इर्द-गिर्द खरोंच नहीं पाने की वजह से आरोपी को छोड़ देती है। इसलिए नशीले पदार्थ खिलाकर इज्जत-आबरू का निवाला करनेवालों के लिए कोर्ट के ऐसे निर्णय बड़े सकून देते हैं। अंबिका के लिए ये सारी बातें बरसाती बिजुरी समान लहकती हुई सी लगती रहीं।

अंबिका इस दुनिया में आज नहीं है। परिवार के लोगों के सामने सिर्फ उसकी स्मृतियाँ ही है। दुनिया ने उसे वेश्या कहा, रंडी कहा, पतुरिया कहा। मगर सच तो यह भी है कि उसने किसी से प्यार किया था। प्यार करना हर जीव का कुदरती अधिकार है। मगर उसे यह नहीं पता था कि किसी मर्द को अपनी देह सौंपने का इतना गंभीर खामियाजा उसे भुगतना होगा। अदालत से हार जाने के बाद वह अंदर से टूट चुकी थी। क्योंकि प्यार उसके लिए सौदा नहीं था। हाँ, प्यार का सौदा उसके साथ जिसने किया वह सौदा उसकी जिंदगी का सबसे महँगा सौदा साबित हुआ।

विभू शादीशुदा था। हमने उसके ऊपर दबाव डाला तो उसने अंबिका की बिटिया के लालन-पालन के नाम पर हर महीने तीन सौ रुपया देने का वादा किया। उसने यह सहमति लिखित रूप से दी मगर वादे तो विभू के लिए मायने नहीं रखते। अंबिका के मरने के बाद जैसे विभू जिंदगी का सबसे बड़ा और सबसे सफल खिलाड़ी है। इतिहास के गर्द में दफन हो चुकी अंबिका प्रधान की व्यथा-कथा को अब सामने कौन लाए, जेसिका लाल हत्याकांड को फिर से अदालत की चौखट तक पहुँचानेवाले या फिर प्रियदर्शनी मट्टू की जघन्य हत्या के बाद बिफरे लोग। यह सवाल भी समय के साथ बिसर जाएगा। सिर्फ यादें शेष हैं। वही अहाता, वही दालान और वही आँगन—जहाँ अंबिका अपनी आपबीती सुनाकर हमसे न्याय की गुहार की थी। उसके जाने के बाद कुछ भी नहीं बदला है, न घर की मातमी चुप्पी और न ही अभिभावकों के चेहरे की बेचारगी। दुःख और गहराया है। तकलीफ ने अपना विस्तार लिया है। उसकी यादें और पुरानी घटनाओं के शेष-अवशेष आजीवन रुलाने के लिए पर्याप्त हैं।

# बिलोचनी की भूल

बिलोचनी। उम्र 20 साल। एक आदिवासी लड़की। आज से चार पहले की बात है। उसे पेशाब में जलन की शिकायत हुई। लेकिन ध्यान नहीं दिया। समस्या गंभीर होती चली गई। इतनी कि पेशाब करते वक्त वह चिल्लाने लगती। तब जाकर घर के लोगों ने डॉक्टर के पास जाना जरूरी समझा। किंतु पैसे की कमी ऐसी थी कि डॉक्टर की फीस दे पाना मुश्किल था। इसलिए बिलोचनी की माँ उसे लेकर कृपासिंधु कर नामक एक नीम-हकीम के पास पहुँच गई।

कृपासिंधु ने माँ-बेटी को बार-बार बुलाया। कई बार बुलाया। बाद में तो बिलोचनी अकेले जाने लगी क्योंकि माँ का साथ जाना संभव नहीं रहा। उस हकीम को शायद ऐसे ही मौके का इंतजार था। कृपासिंधु ने बिलोचनी को बताया कि आखिर में पेशाब में जलन क्यों है। उसे उसने बताया कि जलन से निजात पाने के लिए यदि वह उस नीम हकीम के साथ संभोग करती है तो उसे फायदा मिलेगा। कृपासिंधु की दलील यह थी कि लड़की के शरीर की गर्मी पेशाब के साथ बाहर निकलती है, इसलिए जलन होती है। मगर संभोग के वक्त मानव जिस्म उस गर्मी को सोख लेता है। बिलोचनी को यह बात सही लगी। मगर इसमें बदनामी का डर था।

कृपासिंधु ने उससे वादा किया कि यदि वह उसके साथ संभोग करती है तो इस बारे में वह किसी से कुछ नहीं कहेगा। चूँकि मामला इलाज का था और जलन की पीड़ा सह पाना बिलोचनी के लिए मुश्किल हो चुका था। इसलिए उसने हाँ कह दी। कृपासिंधु के साथ उसने दर्जनों बार संबंध बनाए। वह चालाक था। जब भी संबंध बनाता तो गर्भनिरोधक का इस्तेमाल जरूर करता था। इस बारे में उसकी दलील यही होती थी कि वह जिस थैली को संभोग के वक्त प्रयोग में लाता है उसी से उसकी जलन दूर होगी। बिलोचनी को जानकारी थी कि इससे बच्चा नहीं होगा। किंतु होना तो कुछ और ही था।

बिलोचनी पाँच माह बाद माँ बन गई। पेशाब में जलन से निजात पाने के लिए

उसने जिस उपाय का सहारा लिया उसके एवज में माँ बनने की स्थिति उसके लिए अबूझ पहेली थी। उसकी बड़ी बहन ने उससे कई सवाल किए। बिलोचनी ने सबकुछ साफ-साफ बताया। कंडोम के प्रयोग के बावजूद बिलोचनी का माँ बन जाना रहस्य ही था। यह शक भी पैदा हुआ कि कहीं कृपासिंधु के अलावा कोई और मर्द भी बिलोचनी की जिंदगी में नहीं है। संदेह के अंकुर एक बार उग आए तो फिर सवालों की फेहरिस्त लंबी हो जाती है। कृपासिंधु ने तो साफ इंकार कर दिया कि उसने बिलोचनी के साथ कुछ भी किया है। मगर जब बिलोचनी के घरवालों ने पुलिस में रिपोर्ट करवाने की धमकी दी तो उसने स्वीकार कर लिया कि पिछले कई महीनों से वह बिलोचनी की कच्ची-कोरी-कोमल काया को भोगता रहा है। लेकिन उसने हर बार कंडोम का प्रयोग किया है।

घरवाले अब उसका क्या बिगाड़ लेते। जो बिगड़ना था बिगड़ गया। बिलोचनी के जीवन में आनंद के जो क्षण आए थे वे खत्म हो गए। वह न जाने कहाँ भटक गई। इलाज करवाने और निजात पाने के गरज से उसने कृपासिंधु के बताए उपाय अपनाए, उसके परिणाम बड़े घातक साबित हुए। अब वह जहाँ पहुँच गई, वहाँ से पीछे मुड़कर देखने से जिंदगी बड़ी खोखली नज़र आती है और यथार्थ की कठोरता में सपनों के महल चरमराकर टूट जाते हैं। कृपासिंधु ने सबकुछ स्वीकार किया। लेकिन इसके आगे उसने बिलोचनी को अपनाने से इनकार कर दिया। क्योंकि वह शादीशुदा था। बिलोचनी चुप रह गई। अपने मन को समझाकर अपने की पीड़ा देने या समाज परिवार की प्रताड़ना सहने के बजाय उसने नए सिरे से जिंदगी जीना चाहा।

खुद को इस मुद्दे से अलग करने के लिए कृपासिंधु की यह चाल थी। नतीजा कुछ भी नहीं निकला। वह गर्भवती हुई तो माँ भी बन गई। इसके बाद तो अड़ोस-पड़ोस में हंगामा मच गया। चूँकि न्याय के लिए तरसती इन अनब्याही माताओं को लेकर अकसर चर्चाएँ शुरू होती भी हैं तो इस निष्कर्ष पर आकर कोई चुटकियाँ लेने से बाज नहीं आता कि 'वह (अनब्याही माँ) तो शुरू से ही चालाक थी। चपल थी।' बिलोचनी के साथ भी ऐसा ही कुछ हुआ। कुछेक ने तो बड़ी सहजता से यही निष्कर्ष दिया कि आदिवासी इलाकों में सेक्स टैबू नहीं होता। इसलिए लड़कियाँ खुद अपनी इच्छा से संभोग के लिए मचलती हैं। बिलोचनी भी जान-बूझकर उस नीम हकीम के पास गई। उसके पड़ोसियों के मुताबिक वह संभोग सुख का कोई भी मौका चूकने देना नहीं चाहती थी। इन आरोपों ने उसे असीमित उदासी दे डाली। वह अनंत रातें आँचल मुँह में ठूँसकर रोती रही। आँसू के अपरिमित सागर पलकों की ओट से निकलते रहे। याद आते रहे अनजाने में कृपासिंधु के संभोग प्रस्ताव को स्वीकार करना, जानते हुए भी कि आगे क्या होगा, शादी से पहले संभोग करते रहना, संभोग करने की लालसा और लालच में अपने प्रेमी के चरणों की दासी बन जाना। उसे अपने आप से घिन आने लगी। वह इतना कैसे गिर गई कि किसी मर्द ने उसे बहका दिया।

उस नीम-हकीम ने अपने किसी नजदीकी से यह संदेश भिजवा दिया कि कानून

की धारा 375 के मुताबिक 16 साल से कम उम्र की महिला के साथ उसकी सहमति या इच्छा के विरुद्ध संभोग करना बलात्कार है। चूँकि बिलोचनी की उम्र 18 साल के ज्यादा है और वह संभोग की अभ्यस्त है, अतः न्याय के लिए कोर्ट-कचहरी में जाने से उसे (बिलोचनी को) कुछ भी नहीं मिल सकता। बिलोचनी को गहरा सदमा लगा। यह कैसा मर्द है जिसने उसे चूस लिया। निचोड़ लिया। उसकी गरिमा को उसकी आत्मा से अलग कर दिया। और, ऊपर से धमकियाँ भी दे रहा है। अवसाद का भार कुछ और बढ़ गया। उसे ऐसा आभास हुआ कि जिंदगी तो उसे हमेशा छलती है पर मौत उसे क्यों नहीं ठगती। कृपासिंधु के प्रेम में समय तेजी से बीता और आज समय में गति नहीं थी। साँसों में गर्माहट नहीं थी। अवसाद, अधूरापन और भटकन सिमटकर उसकी जिंदगी को बोझिल बना रही थी। लिहाजा जिंदगी बोझ बन गई।

एक बच्चे की माँ बन गई बिलोचनी के लिए समय जितना बड़ा दगाबाज निकला, नियति उतनी ही बेजान साबित हुई। आज उसकी जिंदगी में धड़कन नहीं है। गरमाहट नहीं है। सिर्फ है, सामाजिक उपेक्षा और जद्दोजहद। राज्य के मुख्यमंत्री, काश! बिलोचनी के दर्द पर यकीन कर पाते।

# मातृत्व बनी बोझ

आदिवासी समाज जहाँ पहले खुला समाज था, वहीं आज वह दमित समाज है। हिंदी के प्रख्यात पत्रकार राजकिशोर लिखते हैं, ''दमित समाज बलात्कार की परिस्थितियाँ तो तैयार करता है किंतु उससे निपटने के रास्ते तैयार करना नहीं जानता।'' यह सच है। वन्य समाज का भोलापन उसे रसातल में जाने के रास्ते बनाता जरूर है पर उनसे उबारने के रास्ते नहीं बनाता। गरीबी की मार इस समाज में बेजारी युवतियाँ पेट भर भोजन के लिए दर-बदर भटकती हैं, और अक्सर भूखे सो जाना उनकी आदतों में शुमार हो जाता है। तो क्या वे प्यार करना भी छोड़ दें ? यदि वे प्यार करती हैं तो उसके पीछे एक उद्‌देश्य जरूर होता है, उस बेजार जिंदगी से ऊपर उठना। माधुरी माँझी (26 साल) ने भी अपने प्रेमी संजय से ऐसी ही अपेक्षा की थी। अपनी जर्जर हालात में उसने भविष्य के जो ताने-बाने इस प्रेमी के साथ बुने, उसका हश्र बहुत ही बुरा हुआ।

अमूमन और प्रेमी जैसा करते हैं, संजय ने भी माधुरी के साथ वैसा ही किया। संपर्क में आने के बाद माधुरी के माधुर्य में संजय ने प्रशंसाओं के कसीदे पढ़े। सलमा-सितारों से उसके आँगन सजाने के सपने बुने और न जाने कितने वायदे किए। माधुरी संजय की मंशा समझ नहीं सकी। उसने जैसा कहा माधुरी ने वैसा ही किया। महीनों खुद को लुटाती रही। सब कुछ दिया—अपना सर्वस्व। नारी मन में रंगी माधुरी अंतर्मन से संजय के प्रति मकरून होती चली गई। माधुरी ने अपने समाज के बंधन और एक लड़की की अदृश्य मर्यादाओं को तोड़ दिया। संजय ने उसके शांत शिथिल जिंदगी में गति पैदा कर दी। हलचल मचा दिया। अब उसे संबंधों की गंध महसूस हुई। संबंधों की गरमाहट ने उसे गुदगुदाना शुरू किया। संभोग के परिणाम की आशंका उसे डराती भी थी और विचलित भी करती थी। उसने अपने दिल की बातें संजय के सामने कई बार रखीं। जवाब जो मिलता उससे बेचैनी थिर जाती, जैसे तालाब में पत्थर फेंकने के थोड़ी देर बाद सब कुछ शांत हो जाता है। उसे संजय पर भरोसा जमता चला गया। उसके दिल की स्वच्छता चिकनी चुपड़ी बातों से प्रकट होती थी और हँसी का खुलापन भविष्य के

प्रति निश्चिंतता देता था। वह जब भी उसे 'चरम सुख' देता, उसकी आँखों में आँसू भर आते। वह अंतरंगता की ऊँचाइयाँ हासिल करने के बाद भावुक हो जाती थीं।

यह थी उस समर्पिता की मनःस्थिति। किंतु संजय के लिए वह महज एक वस्तु थी, संपत्ति थी और संभोग थी। थोड़े दिनों बाद उसे चूसकर सीठ बना डालने के बाद संजय ने उसकी काया को भ्रष्ट और जूठा मान लिया। अब माधुरी को वह सेक्स की वैसा कूड़ेदान समझने लगा जहाँ दुनिया का कोई इंसान अपने कामावेग का ज़हर ओक सकता था। उसे सामाजिक विश्वास से शर्म आने लगी। मान्यताएँ परेशान करने लगीं। संस्कार और रूढ़ियों में पके-पगे मूल्यों ने उसे माधुरी की 'सड़ाँध' से निकल भागने को प्रेरित किया। इसी बीच माधुरी ने एक लड़के को जन्म दिया। प्रेमी का व्यवहार उसे बड़ा अटपटा लगा। उसकी बातें माधुरी के मर्म तक बरछे की तरह घुसती चली गई, वह चुप हो गई। निःशब्द। शांत। आहत। जैसे दुनिया के तमाम दुख उसके ऊपर एक साथ गिरते चले गए। एकांतपन दे गया संजय। साथ में अव्यक्त वेदना। रात में जैसे तारे आकाश से यकायक टूटते हैं वैसी ही नियति के भोग की हतभागी बन गई माधुरी।

भवानीपटना के एक मदिराप्रेमी पत्रकार चेतभवानी अग्रवाल के जरिए माधुरी से मुलाकात हुई। जरूरत मंद माधुरी को हमसे कुछ अपेक्षाएँ थीं। सो, दौड़कर अपने पाँच साल के बेटे सूरज को बुला लाई। इस शहर के इरीगेशन कॉलोनी में माटी की मड़ैया में जी-खा रही माधुरी आँगनबाड़ी से जुड़ी है, जहाँ से महीने में डेढ़ सौ रुपए कमाती है। साथ में माधुरी से मिलने गई स्पेन के एक पत्रकारिता संस्थान (मीडिया) की दो छात्राएँ अल्बा मोरा रोका और अन्ना सन्नमर्ती बैरो माधुरी के सच पर विश्वास नहीं कर पा रही थीं। माधुरी ने आगे बताया कि अड़ोस-पड़ोस में चौका-बर्तन करके वह ऊपर से दो सौ रुपए महीने में कमा लेती है। इसी कमाई में वह गुजर-बसर कर रही है। अल्बा या अन्ना को माधुरी के अनब्याही माँ बनने पर अचंभा नहीं था। वे यह जानना चाहती थी कि साढ़े चार डॉलर के बूते महीना भर खाना-पीना दवा-दारू ये सब कर लेना भला कैसे संभव है। खैर वे माधुरी का रोने-बिलखने और अफसोस से भरे हाव-भाव को अपने मूवी कैमरे में कैद करती रहीं। उधर माधुरी अपनी व्यथा सुनाने के दौरान फूट-फूटकर रोने लगी।

"उसने पहले खूब विश्वास दिलाया कि शादी कर लेंगे। उसने यह भी जानना चाहा कि शादी से पहले मैं सेक्स के बारे में कितना जानती हूँ। पहले मुझे इस काम के लिए राजी किया...एक-एक दिन में आठ-आठ बार मेरे साथ...सूरज पेट में आया तो ऐसा सुनकर मेरे मुँह पर थूककर चला गया...नहीं लौटा" उड़िया में धारा प्रवाह बोलते हुए माधुरी हिचकियाँ लेने लगी। संजय शादी कर चुका है। सूरज से मिलने नहीं आता। माधुरी न्याय की गुहार लगाती है। "जब से सुना कि महामहिम राष्ट्रपतिजी ने धनंजय चटर्जी की फाँसी की सजा बहाल रखी, तभी से वह दिल्ली आना चाहती है" चेतभवानी बताते हैं। वह हर महीने माधुरी को पाँच किलोग्राम चावल भेजना नहीं भूलते। परंतु वह माधुरी को आज तक नहीं बता पाए कि हिंदू उत्तराधिकार अधिनियम (1956) की

धारा 3 (1)(जे) के मुताबिक ऐसे बच्चे वैध नहीं होते। इस अधिनियम के जरिए इस बात की पुष्टि होती है कि संबंधी वही है जो 'वैध' रक्त संबंधवाला (या वाली) है। इसलिए सूरज अपनी माँ की वैध संतान है, जो अपनी माँ की संपत्ति में हिस्सेदार है। लेकिन माधुरी के पास संपत्ति के नाम पर आज है क्या? संजय की यादें, चुभते वायदे और हबकने को आतुर अंतरंग संबंधों के पैने दाँत?

केवल थी, स्मृतियों की छाया, खोए शब्दों की प्रतिध्वनियाँ और मन की वीरानियों में भटकती वे भावनाएँ जो संजय के प्रेम से रससिक्त हुई थीं कभी। उसके मौन के तोड़ने का आग्रह न समाज में था, न किसी स्वयं सेवी संस्था में और न ही किसी सांसद या सरकार के लोगों में। सबकी नज़र उसके लिए निरुपाय थी, भीत थी। नारी हितों के पक्षधर देश के एक्टिविस्टों, सुधि संपादिकाओं से लेकर वृत्तचित्र निर्माताओं को माधुरी की व्यथा को लेकर कुछ करने, लिखने और बनाने की प्रेरणा जरूर मिल रही होगी। ऐसे पहल की उम्मीद है। आज देश की विधायिका-कार्यपालिका या न्यायपालिका माधुरी के लिए कितना अर्थपरक है, यह लिखने की जरूरत नहीं है।

# कियावती एक घोषित गाँव-वधू

भवानीपटना शहर से थोड़ी दूरी पर एक गाँव है गुईपीटा। गाँव के बाहर अक्षय माँझी से मुलाकात होती है। उसकी माँ कियावती कोई आठ साल पहले गाँव के ही संकीर्तन माँझी से प्यार करने लगी। धनरोपनी कि दिनों में जब आकाश में कज्जल बादलों का फैलाव पूरे आकाश में होता है और झुंड के झुंड युवतियाँ खेतों में घुटने तक साड़ी लपेटे अपने कुदरती सौंदर्य की कराँती से माहौल को जहाँ कवितामय बनाने से जुटी होती हैं; वहीं उनकी यौन की की रंगामेज़ी में संकीर्तन जैसे शोहदे अपना सुध-बुध खो देते हैं।

उन दोनों की आपस में रोज मुलाकात होती थी। कभी रास्ते में कभी पनघट और कभी खेतों में। उनके दिलों में एक-दूसरे के लिए प्यार उमड़ आया। संपर्क बढ़ा। घनिष्ठता गहराई। संबंध प्रगाढ़ तब हुए जब कियावती अपने को संकीर्तन के हवाले किया। जैसे और अनब्याही माताओं के साथ हुआ, उसके साथ भी वही हुआ। दैहिक भोग का क्रम चार हफ्ते से ज्यादा नहीं चला। कियावती गर्भवती हो गई। इसी बीच गाँव के लोग भी जान गए उन दोनों के बारे में। उनके बीच के संबंधों के बारे में। संकीर्तन ने इसकी परवाह नहीं की। कियावती को भी साहस दिया। उसने यही कहा कि इंसान को जिस काम में खुशियाँ मिले उसे वही काम करना चाहिए। लोगों की चिंता करनेवाले न सुख बटोर पाते हैं और न खुशियाँ। रिचर्ड बाख ने भी लिखा है कि, 'खुशी से बड़ा कोई अधिकार नहीं।' कियावती उसकी बात मान गई। उसे अपने प्रेमी से पैसे मिल रहे थे, उपहार मिल रहे थे। वह उसे अनंत सुख दे रहा था। इसके अलावा उसे भला और क्या चाहिए था। बस, एक बात की कमी थी। वह चाहती थी कि संकीर्तन उससे शादी कर ले।

कियावती का यह प्रस्ताव जितना स्वाभाविक था, उतना ही वाजिब भी। उसने संकीर्तन को अपनी देह सौंपी थी। स्त्री देह मतलब उसकी संपूर्ण काया, उसका अस्तित्व, उसकी गरिमा, उसका वजूद। केवल कमर, कूल्हा, नितंब, छाती और योनि नहीं। उसकी साँसों में खुशी के झोंके थे। खुशी से उमट आए आँसू की बूँदों में अमृत का खालिसपन

था। उसने सब कुछ संकीर्तन को लुटाया था। उसने उसे चूमने का अधिकार दिया था। भोगने को प्रोत्साहित किया था, क्योंकि वह आत्मा की गहराइयों से संकीर्तन को अपना पति मानती थी। इसी बीच वह गर्भवती हो गई। पेट में चार महीने का गर्भ फड़फड़ा रहा था। इसलिए आगे के लिए जरूरी थी शादी।

उधर प्रेम की असली कहानी शुरू हुई। जब कियावती ने शादी का प्रस्ताव संकीर्तन के सामने रखा तो जैसे भूचाल आ गया। भभूका उठा। जैसे जेठ की दुपहरिया में धूल के गुबार आकाश को झपट लेना चाहते हैं। जमीन के सारे अलियार-पतवार उठाकर कहीं दूर ले जानेवाले भभूके जैसा गुस्सा संकीर्तन के ऊपर सवार हो गया। वह कियावती को जान से मारने की धमकी देने लगा। गुस्सा विवेक को चाट जाता है। इंसान को अंधा बना देता है। उसने कियावती को पत्नी मानने से इनकार कर दिया। उसने गाँववालों के सामने खुलकर बताया कि वह कियावती को पसंद करता तो जरूर है मगर उसके साथ दैहिक संबंध कभी नहीं बनाए।

संकीर्तन ने गाँव में बावेला मचाते हुए यही बताया कि कियावती एक गंदी लड़की है जो मर्दों पर झूठे आरोप मढ़कर उन्हें बदनाम करती है। कियावती ने गाँववालों के सामने भगवान की कसमें खाई और यही कहा कि वह संकीर्तन के बच्चे की माँ बननेवाली है। लेकिन उसकी सुननेवाला कोई नहीं था। सभी संकीर्तन की सुन रहे थे। समाज के बड़े-बुढ़ाते लोग, सामाजिक अधिकार दिलाने और पंचायत के महत्त्व जताने वाले बिचौलिए, लड़कियों को भोगकर स्त्री शुचिता की दुहाई देनेवाले आका, जो कुकर्मों का नाश्ता करते हैं और लाचार गरीब लड़कियों के जिस्म पर उत्पात मचाते हैं, वे सब के सब चुप रहे। कुछ नहीं कहा। कियावती लाचार थी। बदनाम तो हो ही चुकी थी। इसलिए आगे जो भी होना था उसने चुपचाप सहना स्वीकार किया।

जैसे-तैसे कियावती एक बच्चे की माँ बनी। अपने प्रेमी के पैर पकड़े, निहोरा किया। मनुहार किया। लेकिन माघ में पछुआ की हहकाई से घोर पाले जैसा माहौल का स्वभाव लिए संकीर्तन चुप रहा। शांत। बिल्कुल पत्थर। वह पत्थर दिल नहीं था, यह उसे पता था। वह अपनी गलती मान रही थी कि उसका प्यार कमजोर था जिसने संकीर्तन को उसके साथ बाँध कर टिका नहीं पाया।

भक्ता के जन्म के सात महीने बाद ही संकीर्तन ने विद्या से शादी रचा ली, जो कियावती के लिए बड़े अपमानजनक था। गाँव में ताने मारनेवाले एक नहीं कई थे। उनसे ज्यादा थे राह चलते उसे छेड़नेवाले। ब्याह किए बगैर माँ बनने की घटना ने गाँव के लपाड़ों को इस धांधली का लाइसेंस जरूर दे दिया कि वह एक बार कियावती को आजमा कर देख ले। जवानी के जोश नापने का पैमाना बन गई कियावती। अपने गाँव, जो शादी के बाद उसका मायका और ससुराल दोनों हो चुका था; वह वहाँ के पुरइन के पात पर वह पली-बढ़ी और जहाँ के लोग उसके ताऊ, भैया और चाचा कहलाते थे, इन नगण्य रिश्तों के पवित्र संबंधों से लदे-फदे पड़ोसी उसे अपना सेक्स पार्टनर बनाते रहे। जो सेक्स संबंध पहले भावातिरेक से पैदा हुआ वह यदि बाद में लाचारी बना तो

आगे चलकर यही उसकी आदतों में शामिल हो गया। कियावती घोषित गाँव-वधू हो गई।

प्रेमी ने शादी रचा ली और वह प्रेमी के बच्चे की माँ बन गई। इसके बाद वह बीमार रहने लगी। उस बीमारी का इलाज किसी के पास नहीं था। न डॉक्टर के पास और न ही हकीम के पास। प्रेमी के बेवफाई से निजात पाना आसान होता है किंतु प्रेम से मिली बदनामी के बाद किसी भी मर्द के सामने बिछना किसी भी औरत के लिए बड़ी पीड़ादायक स्थिति होती है जो उसके अंदर आत्महीनता भरती है। एक बार संभोग करने के बदले उसे कोई दो-चार किलो चावल दे देता तो कोई पंद्रह से बीस रुपए। इतनी सस्ती हो गई थी कियावती की काया।

और...एक दिन...वह लापता हो गई...अक्षय को छोड़ गई। कहाँ गई, पता नहीं। किसी ने उसकी आत्महत्या की कयास लगाई तो किसी ने यही कहा कि वह अपने किसी प्रेमी के साथ कहीं और चली गई है। अपने माँ-बाप के बगैर नाना-नानी के संग भक्ता बहुत बदहाल जिंदगी जी रहा है। आज उसके सामने संकट है, व्यथा है, रुदन है, चिंता है और साथ में उपेक्षा और इन सबसे वह अकेला जूझ रहा है। संकीर्तन उसी गाँव में रहता है। अक्षय माँझी की बदहाली की व्यथा उसे नहीं रुलाती। अक्षय के नाना-नानी आज लाचार हैं। बी.पी.एल. कार्डधारी हैं। जैसे-तैसे जिंदगी कट रही है। बुढ़ापे में अक्षय का लालन-पालन बेहद मुश्किल हो चुका है। कुछ साल पहले अक्षय बीमार पड़ा तो इलाज के पैसे के लिए वे महाजन के पास गए। पाँच सौ रुपए मिले। मगर आज तक मूल नहीं लौटा। कर्ज की राशि आज 3200 रुपए हो चुकी है। उसके नाना-नानी उसे इसी कीमत पर बेचना चाहते हैं। लोकतंत्र की इस व्यवस्था में यदि कोई इस बच्चे का खरीददार है तो इस पते पर संपर्क करे,

*नाम : अक्षय माँझी।*
*उम्र : 10 साल।*
*रंग : साँवला।*
*वजन : 30 किलोग्राम।*
*गाँव : गुईपिटा।*
*प्रखंड : भवानीपटना सदर।*
*कीमत : 3200 रुपए मात्र।*

आपके जवाब का हमें इंतजार है।

# नश्वरता से अलौकिकता का सफर

सदगीजुड़ा गाँव की पूर्णिमा नायक अपने बच्चे की वजह से सारे रिश्ते-नाते छोड़कर अकेलेपन में जी रही है। जब उसके प्रेमी गोपीनाथ से भेंट हुई तो उसने छूटते ही आरोप लगाया, "...पूर्णिमा का चरित्र भला नहीं है। वह कइयों के साथ संबंध बना चुकी है।" मतलब गोपीनाथ भी उनमें से एक है। ऐसा वह स्वीकार करता भी है, तो क्या उसे पहले से इस बात की जानकारी थी कि वह रंगीन तबीयत की लड़की है ? इस सवाल के लिए गोपीनाथ के पास शब्द नहीं हैं। इस बारे में लोगों की आम राय यही है कि वह ऐसा इसलिए कहता है ताकि उसे कोई पूर्णिमा के बच्चे का बाप नहीं कहे। किंतु सच्चाई से मुँह मोड़ना इतना आसान नहीं है जब उसने पूर्णिमा के साथ प्रेम के चक्कर चलाए थे तो इस मामले को लेकर गाँव में जमकर विरोध हुआ था।

वैसे तो पूर्णिमा की माँ सिंधु नायक का कहना है कि परिवार इस बात से अनभिज्ञ रहा कि पूर्णिमा का संबंध गोपीनाथ के साथ है। उधर सिंधु के पड़ोसी क्षीरसागर भोई का बयान कुछ इस प्रकार है, "पूर्णिमा जवान होते ही इधर-उधर भटकने लगी। लड़के उसके भटकाव से खुश हो गए। उसने सदगीजुड़ा को बॉम्बे बना दिया। गोपीनाथ उन लोगों में सबसे चतुर था।" यह सच है कि तीखे नाक-नैनवाली पूर्णिमा शुरू से ही थोड़े खुले तबीयतवाली लड़की थी। जो मर्द सान्निध्य में रमना-रचना चाहती थी। गोपीनाथ भी ऐसी ही किसी लड़की की तलाश में था। दोनों के बीच आपसी सहमति हुई। संभोग करने की। दोनों साथ-साथ चल पड़े सुख के उस अनंत रास्ते पर, जहाँ चाँदनी की मीठी शीतलता थी। फूलों के सुगंध का परिमल प्रवाह था। मौज का दरिया था।

नारला रोड रेलवे स्टेशन के इर्द-गिर्द बसे गाँवों की दर्जनों किशोरियों और प्रौढ़ाओं से दैहिक संबंध बना चुके गोपीनाथ ने पूर्णिमा को मुम्बई चलने के लिए राजी किया। इस राजीनामे की मूल वजह थी, नितांत अनजान शहर में पति-पत्नी की तरह रहने की लालसा। अभी तक उन दोनों के बीच जब भी दैहिक संबंध बने, परिवार को झाँई देकर ही बने। यानी पूर्णिमा झूठ बोलकर घर से यह कहकर जाती कि फलाँ सखी से मिलने

जा रही है और जा पहुँचती सुदर्शन साहू की टूटी मड़ैया में या दूरदराज के झाँखर में जहाँ गोपीनाथ के साथ अंतरंगता के क्षण गुजारते हुए अपने देह से बिसर जाती। कहते हैं दोनों ने जमकर—जी भरकर एक-दूसरे के ऊपर प्रेम लुटाया।

प्रकृति के साहचर्य में, खुले आकाश के नीचे, घास के मुलायम मखमली आगोश में और बेहद शांत शालीन परिवेश में वह संभोग करना पसंद करती थी। गोपीनाथ एक प्रयोगधर्मी सेक्स पार्टनर था। वह अपने साथ कोकशास्त्र की सस्ती-सी किताब लाता था। रोज नए तरीके से पूर्णिमा के साथ सेक्स करता था। पूर्णिमा को भी अपने प्रेमी का ऐसा व्यवहार अच्छा लगता था। क्योंकि उसने अपनी जिंदगी में जो भी चाही थी मिल गया। उसकी जवानी कभी जल रही थी। कभी दहक रही थी। मर्द की बाँहों में वह आग बुझाने को आतुर रहती थी। गोपीनाथ ने उसकी इच्छा पूरी की।

नश्वर से अलौकिकता तक किए जानेवाले रोज के सफर में एक स्वाभाविक बासीपन आने लगा। गोपीनाथ का जी उसमें अघा चुका था। उसके मुताबिक, ''मैंने जब भी उसके साथ संबंध बनाए तो इस बात का ध्यान जरूर रखा कि कहीं गर्भ न ठहर जाए क्योंकि कौन इस झंझट में पड़ता? मैंने बगैर कंडोम के उसके साथ... अश्लीलता की हदें पार कर चुका गोपीनाथ तभी चुप हुआ जब उसे डाँट लगाई गई। वह हमसे कुछ कहना चाहता था पूर्णिमा के बारे में। उसके स्वभाव के बारे में। चाल-चलन के बारे में। वह यह बताना चाहता था कि पूर्णिमा कैसे एक आम लड़की से हटकर है। उसने अपने हमउम्रों के बीच पूर्णिमा के साथ बनाए गए संबंधों की मसालेदार व्याख्या यदा-कदा दी। अड़ोस-पड़ोस के छोकरे और शोहदे उसे खूब चाहते थे।

प्रेमी ने उसे गर्भवती बनाकर छोड़ दिया। गोपीनाथ ने उसे अपनाने से इनकार कर दिया। औरत को महज संभोग के माध्यम समझकर उसे विपत्ति में छोड़नेवाले गोपीनाथों की कमी आदिवासी भारत में नहीं है, खासतौर से उड़ीसा में। जहाँ औरतों को इस वजह से भोगने के बाद छोड़ देने की मानसिकता है कि अब पुरानी हो चुकी इस बासी भात को नाली में फेंक देने में ही भलाई है। पूर्णिमा नायक भी अपने प्रेमी के लिए भी महज एक योनि साबित हुई, जिस योनि के लिए पागल हो चुका था। ''आदिवासी सेक्स को बंधन नहीं मानते। इस सुख को वे सार्वजनिक स्थिति में जीना चाहते हैं। अनुभवों को बाँटने में उन्हें मजा आता है। एकांतपन उनके इर्द-गिर्द परिवेश का जीवन-रस है।'' बालीगुड़ा के वयोवृद्ध गांधीवादी विश्वनाथ पटनायक कहते हैं।

पूर्णिमा का बच्चा अब हँसने-खेलने लगा है। उसकी जिंदगी बेपरवाह है क्योंकि बचपन निर्दोष होता है और जवानी करतूतों की भरमार। पूर्णिमा आज भी जवान है। एक बच्चा पैदा करने के बाद भी। उसकी हसरतें आज भी जवाँ हैं। काम भावनाएँ रह-रहकर जोर मारती हैं। कुछ भी नहीं बदला है उसके साथ। उसे एक साथी चाहिए, जो उसे गोपीनाथ से कहीं ज्यादा प्यार दे सके।

# हेडमास्टर की हरमजदगी

कालाहांडी जिले के थॉमल रामपुर प्रखंड के एक विद्यालय में पदस्थापित मोहंती गुरुजी जो शिक्षक से कहीं ज्यादा शोहदे थे—लंगोट के कच्चे। उन्हें हेलेन गुले ब्रोन नामक एक बहुचर्चित नारीवादी लेखिका के विचारों पर पूरा भरोसा था। मैडम ब्रोन उन्मुक्त सेक्स की खुली वकालत के लिए पिछले सदी के उत्तरार्द्ध में बेहद विवादास्पद हो चुकी हैं। उनके मुताबिक 'एक औरत मर्द के सान्निध्य में पूरी तरह डूब जाना चाहती है।' तो मोहंती गुरुजी अपने साथ परिवार लेकर थॉमल रामपुर नहीं गए, क्योंकि वे किसी भी स्त्री के सान्निध्य में डूब जाना चाहते थे। उन्हें पता था कि पैसे देकर वे किसी भी उम्र की लड़की के साथ गुलछर्रे उड़ा सकते हैं। वहाँ जाते ही खाना चौका-बर्त्तन के लिए चौदह साल की एक कंद कन्या कपिला को रखा। समय के साथ मोहंती की जरूरतें बढ़ीं। साथ में अपेक्षाएँ भी कुलाचें भरने लगीं।

उस भोली-मासूम नाबालिग को सेक्स शब्द की जानकारी थी ही नहीं— रत्ती मात्र भी नहीं। मोहंती उसे रोज दुलारता और पुचकारता। यह पुचकार चुंबन में बदला और दुलार अश्लील हरकतों में। अश्लील और अश्लील के भेद से अनभिज्ञ उस कंद कन्या ने मोहंती की हर बात मानी। वह सेक्स का खिलाड़ी था। अनुभवी था। हर उम्र की कन्याओं और प्रौढ़ महिलाओं के साथ उसने संबंध बनाए थे। इसलिए उसे पता था कि कपिला की जरूरतें क्या है और उसके साथ क्या करना है। कपिला की उम्र की उसकी तीन बेटियाँ थीं। लेकिन उसने इतनी गहराई से सोचा ही नहीं। क्योंकि वह भूखा था। नारी देह का भूखा। वह न उम्र का लिहाज करना जानता था और न ही उसे अपने पेशे की लाज थी। सेक्स संबंध जबरन बनाने के नतीजे भयावह होते हैं। इस बात को वह जानता था इसलिए उसने प्यार-मनुहार से कपिला को अपने पास रखा। कपिला का मन कच्चा था। उसे जिंदगी की पेचीदगियों की जानकारी नहीं थी। तो अय्याश हेडमास्टर के जाल में वैसे ही जा फँसी जैसे बहेलिया चिड़ियों को दाने डालकर फँसा लेता है। कपिला तो उसके लिए एक चिड़िया ही तो थी जिसके एक-एक पंख उसने

बारी-बारी से नोंच डाले। कहते हैं कि पंख कटे पक्षी की परवाज नहीं होती। तो कपिला बेचारी असहाय हो गई।

कच्ची उम्र में होनेवाले दैहिक संबंधों की शुरुआत बड़ी घातक होती है, चाहे लड़का हो या लड़की। कपिला के साथ भी कुछ ऐसा ही हुआ। वह अंधी हो चुकी थी। गूंगी हो चुकी थी। बहरी हो चुकी थी। उसे मर्द के शरीर की आदत लग चुकी थी। मोहंती शातिर था। उसने कहीं पढ़ा था कि कच्ची उम्र की कन्याओं से संबंध बनानेवाला मर्द दीर्घायु होता है, उसके शारीरिक बल में वृद्धि होती है। कपिला को इस बात की जानकारी नहीं थी। रजस्वला होने से पहले संभोग की अभ्यस्त हो चुकी कपिला मोहंती के यौवनोद्रेक से अब जुदा नहीं होना चाहती थी। अड़ोस-पड़ोस को मोहंती और कपिला के बीच पल रहे संबंधों की जानकारी थी मगर किसी ने कभी कुछ कहा नहीं। कहते हैं साढ़े चौदह साल की उम्र में कपिला गर्भवती हुई। लेकिन यह केवल अनुमान है, अटकल है।

उन दोनों के संबंध सालों साल चले। उसकी अय्याशी सार्वजनिक सच बन गई। लेकिन उसके ऊपर उसका कोई असर नहीं दिखा। वह सबों की जानकारी में कपिला को अपने साथ रखता था। मोहंती से उसके दो बच्चे हुए, किंतु शादी किए बगैर। पुरी के मूल वाशिंदे इस शिक्षक ने अब थॉमल रामपुर से कहीं और जाने की कवायद शुरू की। लेकिन रायपुर से प्रकाशित एक हिंदी दैनिक *नवभारत* ने मोहंती की करतूतों को जैसे ही उजागर किया वैसे ही जिला प्रशासन को मानो साँप सूँघ गया। जिला कलेक्टर ने इस मामले में हस्तक्षेप करते हुए मोहंती को तत्काल प्रभाव से निलंबित कर दिया। मामला अदालत में गया। आखिरकार, कपिला को गुजारे-भत्ते लगातार देने की ताकीद कर मोहंती को कोर्ट ने खूब लताड़ा।

कपिला को न्याय मिल गया। लेकिन थोड़े दिनों बाद मोहंती वहाँ से चला गया। जाने के बाद कपिला को गुजारा-भत्ता मिलना बंद हो गया। तब वह 21 साल की थी। भारी मुसीबतों का सामना उसे करना पड़ा। दो-दो बच्चे और खुद। जब जवान होने को थी तो मोहंती का साथ मिला। कष्ट तो उसने देखे ही नहीं। आम अनब्याही माताओं की तरह कपिला भी मजदूरी करती है, जंगलों में जाकर वनोपज इकट्ठे करती है। इन्हीं उपायों से उसने अपने बच्चे पोसे। अपनी आपबीती को लेकर वह आज कुछ भी कह सकने की स्थिति में नहीं है। क्योंकि वह जानती है कि उसकी तकलीफों की सुनवाई हर जगह है, पर दोषी को सजा देनेवाला कोई है ही नहीं।

मोहंती रिटायर्ड हो चुका है। अपने पैतृक गाँव में रहता है। कपिला और उससे पैदा हुए उसके बच्चों से उसका कोई नाता नहीं है। चूँकि मोहंती का परिवार थॉमल रामपुर जाता ही नहीं था तो ज्यादा हंगामा नहीं मचा। यह बात पुरानी हो चुकी है। घटनाओं पर वक्त के धूल इस कदर जम जाते हैं कि सच्चाई पर यकीन ही नहीं होता। बड़े बुजुर्ग मोहंती के बारे में बताते हैं कि कैसे अपनी जवानी को बनाए रखने के लिए मोहंती गुरुजी जंगलों में जाकर जड़ी-बूटियाँ इकट्ठा करते थे। उन्हें धोने, सुखाने, कूटने और सहजने

का काम कपिला करती थी। उन्हें खाकर मोहंती अपनी जवानी की आजमाइश कपिला के ऊपर करता था। वह अब अपनी करतूतें भूल चूका होगा क्योंकि भूलने की आदत बुढ़ापे में जरूर हो जाती है। खासतौर से अय्याश किस्म के लोगों में स्मृति दोष हो ही जाता है। मोहंती! तुम कहाँ हो? यदि तुम इस किताब को पढ़ रहे हो तो हम तुमसे मिलना चाहते हैं। तुम्हारी जुबान से ही तुम्हारी अय्याशी के किस्से सुनना चाहते हैं।

# बैरी पिया बड़ा दुख दीन्हा

गंजाम की मीनाक्षी अपने दो बच्चों के साथ कालाहांडी जिले के भवानीपटना शहर की एक गृहिणी शशिप्रभा प्रधान के घर के पिछवाड़े रहती है। उनके घर चौका बर्त्तन कर जीवन काट रही है। पहले उसने यही बताया कि उसका पति रविंद्र पाले हर हफ्ते आता है। उससे अनुरोध किया कि यही बात वह कैमरे के सामने कह दे। लेकिन वह राजी नहीं हुई। बहुत मान-मनुहार के बाद उसने यह बात सबके सामने स्वीकार की कि वह एक अनब्याही माँ है। उसके दो बच्चे हैं। श्रीमती शशिप्रभाजी के कहने के बाद मीनाक्षी ऐसा ही करने के लिए राजी हो गई—वह शादी-शुदा नहीं है।

गंजाम जिले के बिजय पात्रा के घर में जनमी मीनाक्षी अपने भाई-बहनों में सबसे बड़ी है। जिस दिन रविंद्र ने उसे प्रेम-प्रस्ताव से अभिभूत किया, उस दिन दिल की धड़कनें खरगोश की कुलांचों सी असामान्य हो गई। न हाँ कह पाई और न ही ना। होंठ कुछ कहने के लिए फड़कने का पुरजोर प्रयत्न करते रहे मगर बोल नहीं फूटे। यही अहसास प्यार है, जिसकी कोई परिभाषा नहीं है।

रविंद्र अच्छा लगा, उसके शब्दों में बड़ी मिठास थी और आँखों में साथ निभाने का अपार संतोष दिख रहा था। मीनाक्षी के कंठ से क्षीण अस्फुट ध्वनि निकली, 'हाँ'। इसके बाद दोनों आपस में मिलते रहे। अकेले में, एकांत परिवेश में, सुनसान जगहों पर...जहाँ आत्मसुख की चरम सीमा पार करने के अवसर खूब मिलते रहे। अंधकार में मीनाक्षी को एक विचित्र-सा अनुभव होता। नाभिचक्र से नाचते हुए एक अजीब सी सनसनाहट ऊपर पंचेन्द्रियों को अपने में समेट लेती थीं। आनंद के सारे नाद-निनाद बवंडर बनकर मन के चारों ओर नाचने लगते। चुलबुली, गुदगुदी, गर्म साँसें से उभ-चुभ होती कोमल-काया और उत्तेजना की तेज लहरें उसे अंदर से झिंझोर देतीं। यह अहसास उसे आत्मा से हिलोड़ देती थी। इसके बाद वह किसी काम के लायक नहीं रहती थी। अँधेरे का यह अनुभव आखिरकार उसकी जिंदगी में स्थायी कालिमा लेकर आया।

मीनाक्षी को इतनी समझ थी कि शादी किए बगैर किसी भी मर्द के साथ बनाए

गए संबंध के नतीजे क्या होते हैं। उसे ऐसा करना अच्छा लगता था। किसी ने सच ही कहा है कि कामातुरता चेतन और अचेतन के विवेक में स्वभाव से असमर्थ हो जाता है। कामावेग में स्त्री कहीं ज्यादा स्वछंद हो जाती है जिसे नियंत्रित कर पाना मर्द के बूते की बात नहीं होती। ठीक ही कहा गया है कि 'किं न कुर्वन्ति योषितः' (स्त्रियाँ क्या नहीं कर सकतीं?)। मतलब 'काह न अबला कर सके।' दुनिया की नज़रों में रंडी, छिनाल घोषित होकर भी उसने अपने प्रेमी के साथ जिंदगी जीने की कसमें खाईं। उसने अपने प्रेमी को अपने रंग में रंगना चाहा। अपने जैसा बनाना चाहा।

रविंद्र के संपर्क में आने के कोई आठ महीने बाद मीनाक्षी गर्भवती हुई। उसने छूटते ही शादी की बाद उठाई, जिसे रविंद्र ने स्वीकार किया। परंतु यही कहा कि जनवरी महीने में, क्योंकि उसे अपने माँ-बाप को इस बात के लिए राजी करना होगा। मीनाक्षी को लगातार यही सूचना दी जाती रही कि 'माँ बावेला मचा रही है', 'पापा पैतृक संपत्ति देने से इंकार कर रहे हैं, यदि मैं (रविंद्र) तुमसे शादी करता हूँ।' इन सारे झाल-झमेलों में समय मुट्ठी के रेत समान सरकता चला गया। रविंद्र लगातार उसे भ्रम में रखकर, 'हाँ-ना' के झूले झूलाता रहा। अंततः मीनाक्षी को एक बेटी हुई जिसे आज हम राखी के नाम से जानते हैं। राखी के जनमने के बाद भी रविंद्र उसके (मीनाक्षी) के साथ हमबिस्तर होता रहा। जब मीनाक्षी जिद पर उतारू हो गई तो रविंद्र उसे जगन्नाथ मंदिर में ले जाकर शादी रचा ली। इस शादी की जानकारी आज उस पुजारी को नहीं है, जिसका नाम मीनाक्षी अपने आपबीती सुनाने के दौरान लेती है। मतलब, वह एक सुनियोजित शादी के दलदल में धँसती चली गई और दोबारा गर्भवती हुई। इस बार रविंद्र ने उसे यही कहा कि शादी करने के बावजूद सामाजिक रूप उसके साथ रहना संभव नहीं है। क्योंकि उसके घरवाले इस हाल में उसकी हत्या तक करवा सकते हैं। इस बात से वह विचलित हो गई।

इसके बाद उसकी असली कहानी शुरू हुई। मायके छोड़ प्रेमी के साथ घर बसा चुकी मीनाक्षी के सामने जिंदगी बिल्कुल पहेली बन गई। अबूझ पहेली। उन्हें लेकर उसके सामने कई पेचीदिगियाँ थीं, जो जिंदगी की आड़ी-तिरछी लकीरों से बिंध चुकी थीं। जैसे तीरों से क्रोंच का वध किया था किसी महर्षि ने। वैसा ही हुआ था उसके साथ। आँखों की पुतलियों में आँसूओं की असंख्य बूँदें हर पल घिरने को बेचैन रहती थी। छाती पर जैसे किसी ने मन भर का पत्थर रख दिया हो। दैहिक सुख अब कतरा-कतरा ऐसे निकल रहा था जैसे सड़े जख्म से मवाद रिस रहा हो। यह रिसाव दिल से था, जो उसे पागल बना रहा था। रोते-रोते आँखें सूज गईं लेकिन रविंद्र अपनी बातों पर अड़ा रहा। टस से मस नहीं हुआ। जैसे सौ बार धोने पर भी कोयला कालापन नहीं छोड़ता, वैसे ही मीनाक्षी ने अपने प्रेम के पवित्र जल से रविंद्र के दिल के कालेपन को धोना चाहा पर कोई लाभ न हो सका।

रविंद्र उसे छोड़कर कहीं और चला गया। आज उसे इस बात जानकारी नहीं है कि रविंद्र कहाँ है। इस स्थिति में वह बिल्कुल बेसहारा हो गई। वह भवानीपटना की

शशिप्रभाजी को जानती थी। इसलिए उनकी शरण में जाकर रहने लगी। वहीं उसने एक बेटे को जन्म दिया। बेटे का नाम आकाश है। मीनाक्षी को अब इस दुनिया में शशिप्रभाजी के अलावा कोई नज़र नहीं आता। मायकेवाले तो उससे संबंध तोड़ ही चुके हैं।

# प्रेमलता की पीड़ा

प्रेमलता आज अपने माँ-बाप के संग है। नारला प्रखंड के राजदामल में रहनेवाले सुबिधा माँझी और माँ कुँवर माँझी की पहली संतान प्रेमलता है। जैसे ही अपनी उम्र के चौदह बसंत पूरे किए, तो पड़ोसी सुरेंद्र माँझी के समीप होने का सुखद अनुभव उसे होने लगा। सुरेंद्र माँझी के पास वायदों की कोई कमी नहीं थी जिनके बूते वह प्रेमलता को पाना चाहता था। कालाहांडी के इस सुदूरवर्ती गाँव राजदामल में जहाँ लोग आज भी विकास और प्रगति के ताने-बाने से कोसों दूर हैं। आजादी के बाद इस इलाके की जो हालत थी, वह आज भी है। बस अंतर इतना है कि पहले सामाजिक व्यवहार से जुड़ी जो संस्थाएँ थीं वे बुरी तरह टूट चुकी हैं और जीवन के नियामक ढाँचे मृतप्राय होते चले गए। इतने भोले-भाले लोग कि जिसने जब चाहा जब लूटा, जैसे चाहा उनके संसाधनों और खुद इन्हें जमकर लूटा। छोटे-मोटे लाभ के लिए जबरिया की संस्कृति के बूते नाश की लहरों से वंचितों को शोषण का निशाना बनाया।

बाचू के जरिए प्रेमलता के बारे में यह सूचना मिली कि वह अनब्याही माँ है। बाचू भवानीपटना शहर में एक स्वतंत्र कैमरामैन की हैसियत से राष्ट्रीय खबरिया चैनलों से कालाहांडी को जोड़ते हैं। प्रेमलता को सुरेंद्र से अलग हुए कोई पाँच साल हो चुके हैं, इसके बावजूद वह आज भी पलक-पावड़े बिछाए उसका इंतजार कर रही है। उससे जब हमारी मुलाकात हुई तब सूर्य का गोला पश्चिम में थककर मलीन हो चुका था। धान के खेत में उभरती मानव आकृतियाँ स्पष्ट कम भयावह ज्यादा लग रहीं थीं। चिलचिली धूप का मौसम गुजर चुका था। रात के अंधेरे में लालटेन की मद्धिम रोशनी में प्रेमलता अपनी व्यथा बाँच रही थी। उसकी बातों से स्पष्ट था कि वह अन्यायपूर्ण और असमतावादी व्यवस्था से पैदा होनेवाले तनावों और द्वन्द्वों को झेल सकने में मजबूर है। ''उसके साथ चार-पाँच महीने तक मेरे संबंध बनते रहे, दिन में चार-चार बार...'' प्रेमलता अन्ना सन्नमर्ती बैरो की द्विभाषिया अनुपमा मोहंती को बताती है। तब अनुपमा मोहंती एम.ए. (हिंदी) की छात्रा थी, जितनी सुंदर उतनी ही सुशील और मधुरभाषी भी।

सुरेंद्र ने प्रेमलता के देह की गंध, शुद्ध गंध, निर्मिश्र गंध और पवित्र गंध सावन की हरियाली से लेकर बसंत के जाफ़रानी रंग में महसूस किया। उसने उसकी आँखों में उत्कंठा के हिलोरे देखे,. श्लथ अंगों में आह्वान देखे और भावों से जुड़े स्पष्ट और उज्ज्वल आमंत्रण महसूस किया। उसके सान्निध्य से उपजी मीठी थकान से झहराती-उपजती यादें और उनमें डूबता-उतराता प्रेमलता का साँवला-सलोना रूप। आमंत्रण-समर्पण और सान्निध्य के बीच प्रेमलता गर्भवती हो गई।

इसके बावजूद सुरेंद्र का व्यवहार अटपटा हो चला। उसने शादी से साफ इनकार कर दिया। प्रेमलता सहम गई, विस्तृष्णा ओढ़े स्तब्ध हो गई। प्रेम इतना विशाद से लदा-फदा होगा, यह उसने कभी सोचा भी नहीं था। सुरेंद्र से बँधे रहने के लालच में वह रोज उसकी इच्छाएँ पूरी करती रही। मगर काम-वासना ने उसे हर तरह से बर्बाद कर दिया। मन में उमगनेवाली भोग और वासना की सुखद उत्तेजना अब पश्चात्ताप और अफसोस के जाले में जा फँसी। अपने जीवन के सारे निर्लज्ज सुख आत्मग्लानि के सबब बन गए। पोर-पोर अपवित्र हो गया। सुरेंद्र के साथ नाते को बाँचे या उसे लेकर मत्था ठोके। मन जितना अनिश्चित था उतना अस्थिर भी। पर आत्मा से जो रिश्ता मान लिया, वह भला कैसे टूट सकता था। भले ही दिल कितने टुकड़ों में क्यों न टूट जाए।

सुरेंद्र अचानक लापता हो गया। उसे गए चार साल हो गए। उधर सालों-साल तक उसके लौटने का गम उसके भाई-बंधुओं को नहीं है। सभी जानते हैं कि वह कहाँ है और किस हाल में है। कोई बताने को राजी नहीं है। भाभी रूक्मणी से पूछा तो बिफर पड़ी—"मुझे पता नहीं। हाथ जोड़ती हूँ, आप जाइए यहाँ से। मत पूछें कमीना कहाँ गया। हम लोग तंग आ गए हैं।" सुरेंद्र का भाई हिमाचल माँझी हमें देखकर रोने लगता है। अपनी गुनाह के बारे में हमसे पूछता है। वार्ड मेम्बर गुनानिधि रूक्मणी और हिमाचल को ढोंगी ठहराते हैं। उनके मुताबिक घरवालों को जानकारी है कि सुरेंद्र कहाँ हैं। "चूँकि घर के लोग उसके भेजे पैसे के बूते पल रहे हैं, इसलिए वे नहीं चाहते कि कोई बखेड़ा पैदा हो" गुनानिधि एक सच को उजागर करते हैं।

कहते हैं कि दर्द का गुजरना है दवा हो जाना। जिसने भी यह सच्ची बात कही हो, यह उसकी आपबीती है। थाना-पुलिस और प्रशासन से अपनी व्यथा सुना-सुनाकर थक चुकी प्रेमलता के सामने जिंदगी चुनौती थी। प्रेमी ने जो प्यार दिया, वह दिल का सोना था कभी जो आज खाक और माटी बन गया। गोबरैले बास लिए सड़ांध से जीना हराम कर रहा था। प्रेम पाप-पंक बन गया। गाँव में यह आपसी बहसें चल रहीं थीं कि सुरेंद्र के घर के लोग प्रेमलता को माखन-मिश्री-मलीदा चढ़ाकर अपनी गोद में बैठाएँगे या उसे रंडी-पतुरिया कहेंगे। चर्चाएँ चलीं, काना-फूसी का दौर चला और अटकलों का बाजार गर्म रहा। परंतु कोई भी आगे नहीं आया। वह अकेली पड़ गई। मन से टूट चुकी अपनी काया से भी निढाल हो गई। जीवन की मौलिकता और सहजता को चूस जानेवाले प्रेमी सुरेंद्र ने जो भी किया, उसे कह पाने का साहस बटोर पाने में

वह असमर्थ थी। चूँकि जो उसका प्राप्य नहीं था, उसकी चर्चा क्यों करती ? वह इसलिए कि प्यार मीठा होता है, चोरी की प्रीति समान, लोभी के दाम की तरह?

इन कुँआरी माताओं ने कभी एक पर भरोसा किया, और मुँह की खाकर कहीं के लायक नहीं रहीं। अब दुनिया पर क्या भरोसा करें। टूटन के दौर से गुजर चुकी इन बालाओं के सामने आज जिंदगी एक चुनौती है तो नवजात शिशु यक्ष प्रश्न। ''सवालों के सलीब पर टँगे इन बच्चों की सुधि भला कोई क्यों लें और किस वजह से ले'' ये सवाल बड़े ज्वलंत हैं ? दोष के मूल में जाकर देख पाना आज सहज नहीं लगता। यह सरकार के बूते की बात भी नहीं कि वह कुँआरी माताओं की लगातार बढ़ती जनसंख्या को नियंत्रित कर सके, भवानीपटना के वरिष्ठ पत्रकार उमाशंकर कर कहते हैं ''सच में इन माताओं की व्यथा जितनी करुण है, उतनी ही सोचनीय भी। कभी सूखा तो कभी चक्रवात और कभी बाढ़। इनसे बेजार हो चुकी यहाँ की आबादी में सुख और शांति नसीब होना आसान नहीं होता। वह कहते हैं इन तमाम घटनाओं एवं आपबीती से यह साफ प्रकट होता है कि गरीबी ने यहाँ के लोगों को तमाम तरह से समझौतों के लिए मजबूर किया है। मीनाक्षी भी उनमें से एक है।

# सारा संसार संवेदनहीन

नुआपाड़ा जिले के बोदेन ब्लॉक के एक गाँव कर्लाकोट में पैदा हुई सावित्री जब चौदह साल की थी, तब उसने जिंदगी में पहली बार गाँव से बाहर कदम रखे। वजह थी रोटी कमाना और माध्यम थे उसके गाँव के कई स्त्री और पुरुष। पलायन उड़ीसा की लोकसंस्कृति का एक खास हिस्सा बन चुका है। यह जीवन का आधार है। चूँकि राज्य में ऐसी व्यवस्था नहीं है कि गाँव के लोगों को सालभर रोजगार मिल सके इसलिए वे परदेस जाने को मजबूर होते हैं। दलित समाज से संबंध रखनेवाली सावित्री भी कभी रोटी कमाने की गरज से गई थी।

बेहद निश्चिंतता के साथ अपने परिवार से अलग जाने का साहस उसने जुटाया। उसके चाचा-ताऊ की अगुआई में झुंड की शक्ल में गाँववाले बाहर जा रहे थे। गाँव के लोग मजदूरी करने जा पहुँचे भोपाल। उन गाँववालों को काम आसानी से मिला मगर उतनी सहजता से आफतों का भभूका भी सावित्री को तबाह करने पहुँचा। वह अपने ऊपर हुए जुल्म के दौर बयाँ नहीं कर पाती। राष्ट्र के लोकमानस को इस बात की जानकारी है कि असंगठित क्षेत्रों में किस तरह से महिलाओं को प्रताड़ित किया जाता है। इस बारे में कानून भी बनाए गए हैं जिनका औचित्य अकसर समझ में नहीं आता। कर्लाकोट गाँव के लोग के साथ भी यही हुआ।

महिला मजदूरिनों के साथ कितने जुल्म हुए इस बाबत जब हमने उनसे जानकारी लेनी चाही तो बस उनके सिसकने के साथ लबों से चंद शब्द लरज जाते हैं। उन शब्दों का एकमात्र निष्कर्ष होता है सामूहिक बलात्कार। इस बलात्कार ने सावित्री को अंदर से तोड़ डाला। नींबू की तरह वह रोज निचुड़ती रही। जहाँ वह काम करती थी वह जगह एक श्मशान भूमि जैसा था, जहाँ कामातुरता की आग में जवानी झोंकने का काम धड़ल्ले से होता था। बेरोकटोक। इस बारे में पुलिस से शिकायत करने का साहस कोई जुटा नहीं पाता था। वहाँ देह की बोलियाँ लगती थीं। जवानी के मेले लगते थे। देसी सौंदर्य की नुमाइश लगती थी। ऐसा लगता था कि जैसे खेती के नाम पर देह भोग के जश्न

के लिए मजदूरिनों को सुनियोजित साजिश के तहत वहाँ बुलाया गया है।

सावित्री अनवरत बलात्कार की दानवी लीला हफ्तों झेलती रही। साथ में गए बड़े बुजुर्ग खामोशी ओढ़ने को विवश थे। यदा-कदा उनका गुस्सा उनका आक्रोश नपुंसक विवशता के रूप में आँखों से बह निकलता था। सब कुछ सहते हुए सावित्री माँ बनी। एक बच्ची की माँ। उसके साथ जो भी हो रहा था या जो भी हुआ वह अप्रत्याशित था। दुस्वप्न था। उसके साथ संबंध बनानेवाला उसका प्रेमी नहीं था। मंगेतर नहीं था। अपरिचित मर्द थे। हर उम्र के। तथाकथित ऊँची जाति के। जो उससे तीन गुनी उम्र के थे। उन सबको उसने बर्दाश्त किया। उनकी लिजलिजी-अमानवीय और घृणित हरकतों को चुपचाप सहा। क्योंकि कोई उपाय नहीं था। उसके साथ गई महिलाओं ने उसे बताया कि यह सब तो होता ही रहता है। कोई नई बात नहीं है। मानों हर साल उन औरतों ने ऐसे अत्याचार सहे हों।

उन यादों से देह में सिहरन होती है। हड्डियाँ बर्फ बन जाती हैं। कितना भयावह होता है नग्नता का वह पशुवत खेल, बलात्कार का भयावह मंजर, जो इंसान को आदमखोर बना देता है और औरत को जिंदा बुत, जो यौवन की आग बुझानेवाली एक मशीन बन जाती है। कई-कई मर्दों का एक हरावल दस्ता उन औरतों पर वैसे ही टूट पड़ता था जैसे जंगली कुत्ते मृगछौने पर टूट पड़ते हैं। सावित्री ने पहली बार किसी मर्द का इतना कुत्सित चेहरा देखा था। शराब के नशे में गालियाँ देते हुए एक साथ कई मर्द मजदूरों की बस्ती में पहुँच जाते थे। पहला दिन तो जैसे-तैसे बीता। उसके बाद तो यह सिलसिला बन गया। एक से अधिक मर्दों के साथ संबंध बनाना पहले अटपटा लगा और बाद में उसकी यह आदत बन गई।

हमें इस बात की जानकारी नहीं है कि सावित्री के साथ कितनी लड़कियाँ थीं। सावित्री ने हमें कुछ भी नहीं बताया। लेकिन वहाँ से जुड़ी यादें उसके चेहरे पर आतंक बनकर जरूर पसर गई। उन मर्दों ने वहाँ की तमाम लड़कियों का हड़काया। पीटा और यहाँ तक कि विरोध करनेवाली कन्याओं के भग में लाठी तक ठूँस दी। उनके लिए जार कर्म में कोई दोष नहीं था। इस बारे में अत्रि स्मृति के एक श्लोक की चर्चा हम करना चाहेंगे जिसके मुताबिक स्त्रियों से जार कर्म करना कोई पाप नहीं है। जैसे ब्राह्मण यज्ञीय हिंसा और वैदिक कर्म से दूषित नहीं होते, नदी-तालाब आदि का जल मल-मूत्र से दूषित नहीं होता और आग अपवित्र वस्तुओं को भी जलाने से अपवित्र नहीं होती। महर्षि अत्रि के विचारों से सहमत उन अय्याश मर्दों ने तभी तो लाचार स्त्रियों का जमकर बलात्कार किया। अत्रि स्मृति का श्लोक इस प्रकार है,

*न स्त्री दुष्यति जारेण ब्राहामणों वेदकर्म्मणा।*
*नापोमूत्रपुरीषाम्यां नाग्निर्दहति कर्म्मणा ॥190॥*

अनब्याही माताओं की बेटियाँ, जो नृशंसी कामातुरों के करतूतों के नतीजे हैं—इसी समाज द्वारा सहज भोग्या हो जाने की आशंकाएँ पैदा करती हैं। वे चाहे सावित्री की नवजात कन्या हो, बुई जानी की तिलोत्तमा हो या मीनाक्षी की राखी—ये आनेवाले कल

की, किसी तारीख में अपने ही समाज के किसी शोहदे, या अपने ताऊ या किसी महाजन या अपने सौतेले पिता की लौलिता बनाई जा सकती है।

इस राष्ट्र की किसी भी दल की कोई भी सरकार न जाने क्यों एक रहस्यमयी चुप्पी भला क्योंकर ओढ़ने को मजबूर है। क्योंकि अपने देश में अवैध यौन संबंधों की दीर्घ परंपरा है। चाहे महाभारत के आदिपर्व, अध्याय 122 में पांडु द्वारा कुंती को स्त्रियों के लिए विचरण की बात हो या कौमार्यावस्था से ही उनकी व्याभिचार के प्रसंग हों, इस मामले में हमारे यहाँ मर्दों को पूरी छूट है कि वह जमकर जार कर्म करें। संसद में महिला अधिकारों और उनके प्रतिनिधित्व को बढ़ाने के सवाल पर हड़बोंग मचानेवाले सम्मानीय सांसदगण जिनसे हम अच्छाई की ही उम्मीद करते हैं क्योंकि वे हमारे चुनाव होते हैं, इन कटु सच्चाइयों को जानकर भी इनसे मुँह मोड़ लेते हैं। तभी तो सावित्री माँ बन जाती है। अपने भत्ते और अपनी सुविधाओं के लिए एकमत होकर, ध्वनिमत से कानून और प्रावधान पारित करनेवाले जनता के नुमांइदे सावित्री जैसी महिलाओं के लिए कब सोचेंगे, यह सवाल अहम् है।

सावित्री के साथ न उसका अपना समाज है। न सरकार है और न ही संसद।

# जवानी आजमाने के काम आती देह

नीला तब सोलह साल की थी, जब वह बगैर शादी के माँ बनी। सत्रह साल पूरा होने के पहले वह एक नन्ही बच्ची के माँ के रूप में चर्चित हुई। समय बीता। बच्ची प्रेमा के नाम से बड़ी होती चली गई। कच्ची उम्र में किसी पड़ोसी बनिया की सेक्स पार्टनर बनी नीला की शादी नहीं हुई। मगर वह कई मर्दों के बिस्तर गर्म करती रही। इसी बीच पुरी के पुरुषोत्तम नामक एक युवक ने उससे शादी करने की इच्छा जताई। नीला के मन को यह प्रस्ताव भा गया। पुरुषोत्तम नीला से उम्र में नौ साल छोटा था। परंतु नीला को स्थायी तौर से एक अदद मर्द की तलाश थी। जबकि पुरुषोत्तम एक तीर से दो निशाने साध रहा था। उसके दोनों हाथ में लड्डू थे—नीला और प्रेमा।

प्रेमालाप में सिद्धहस्त, अनुभवी या पारंगत नीला उसे संभोग की विधियाँ सिखाती थी। अपने तजुर्बों से उसे भर देती थी। जबकि प्रेमा तो अनजान थी। उसके बदन का कसाव पलाश के फूल समान आँखों में चुँधियाहट पैदा करता था। पुरुषोत्तम ने मनमाफिक प्रेमा के साथ खूब रंगरेलियाँ की। आदिवासी समाज में सेक्स संबंधों को सहजता से स्वीकार किया जाता है, भले ही सेक्स पार्टनर कितने भी क्यों न हो। कहने का मतलब यह है कि यह लड़की पर निर्भर करता है कि वह किसे अपना साथी बनाती है और किसे संबंध बनाए रखने से इंकार करती है। प्रेम में धोखा को अकसर ये बालाएँ स्वीकार कर लेती हैं और आगे की ओर बढ़ना चाहती हैं। आदिवासी समाज इसी बुनियाद पर अपने संबंधों का निर्वाह करता है। मगर जो कुछ भी होता है वह अपने समाज में।

जीवन साथी चुनने की छूट आदिवासी लड़कियों को बहुत पुराने जमाने से रही है। समाज की स्वीकृति तो बाद में होती थी। बाद में जमाना बदला और शहरी समाज से संपर्क में आने के बाद प्रेम के प्रति उनकी अवधारणाएँ बदलीं। जिससे प्रेम किया उसे सब कुछ न्योछावर कर दिया। जमाना बदला है तो मानसिकता भी बदली है। चूँकि आदिवासी समाज एक बंद समाज है और वह अपने दायरे में जीने का अभ्यस्त होता

है। किंतु ग्लोबल विलेज के जमाने में आदिवासी इलाकों तक हर किसी की पहुँच संभव हुई। नीला के संबंध में यह बात स्पष्ट हुई कि वह जन्म से आदिवासी थी मगर उसके ऊपर आधुनिकता का भूत भी सवार था। प्रेम की आग में वह यह नहीं सोच पाई कि एक जवान लड़के को पति के तौर पर घर लाना कहाँ तक उचित है जबकि माँ और बेटी के बीच मात्र 14 साल का अंतर था। नीला को यह पता था कि उसका पति उससे नौ साल छोटा है। नीला के साथ उसकी शादी भी हो गई, किंतु वह मन से प्रेमा के साथ जुड़ा था।

"वह मेरे साथ सोता था। हम दोनों के बीच तकरीबन रोज शारीरिक संबंध बनते थे। जब मैं गहरी नींद में सो जाती थी तो वह प्रेमा के साथ..." नीला यह कहते-कहते अचानक चुप हो जाती थी। "...बच्चे की जल्दी थी ताकि बच्चा होने के बाद वह मेरे साथ ही रहे। मर्द जाति का क्या भरोसा।" नीला बेवाक होकर कहती है। "एक दिन उसके पैंट की पॉकिट में मुझे बच्चा रोकनेवाला गुब्बारा मिला मुझे शक हुआ...वह कहीं आता-जाता नहीं था," नीला रुक-रुककर बताती है। नीला चुप रह गई, मगर चौकस थी। "उसी दिन रात में मैं बहुत जल्द ही सो गई। अँधेरी रात में उसने प्रेमा को जैसे ही।..." नीला ने अपना चेहरा ढँक लिया। इसके बाद कुछ भी कहने का साहस वह खो चुकी थी। "मैंने उन दोनों को रँगे हाथों पकड़ लिया। पुरुषोत्तम के पास जवाब नहीं था।" नीला की आवाज में दृढ़ता थी।

उदास आत्मा, ढेरों बेचैनियाँ, तनहाइयाँ, अविश्वास, धोखा, असुरक्षा, सन्नाटे और प्रश्नों के ढेर—इनकी जकड़न में वह जैसे दम छोड़ने को मजबूर हो जाती है। जिंदगी जैसे कैद हो जाती है नियति के पिंजरे में। बंद चूहेदानी में अथक छटपटाहट के साथ। निःस्तब्ध सन्नाटे को पीने और जमाने की गालियाँ पचाने की उसकी लाचारी हो गई। जिंदगी जब अकेली हो गई, उदासियों से ढँक गई तो पल-प्रतिपल डरावने सपने उसे अंदर से हिलाने लगे। विरक्ति और परेशानी ने खंडहर बन चुके मन में चमगादड़ जैसा बसेरा बना डाला। पति के साथ रंगीन जीवन जीने की हसरतें थीं जो चूर-चूर हो गई। जमाने की जकड़न ने उसे उसकी आत्मा से विरक्ति दी है। उसे आत्महीन बनाया है।

प्रेमा के हाथ पीले हो चुके हैं पर नीला के मन के आँगन में वही सूनापन है, जिसने उसे बार-बार भटकाव के लिए बाध्य किया। जीवन का दायरा सिमट चुका है। मूर्खता से भरे सपने, रसिक उत्तेजना, रंगीन रसीले मिजाज के साथ उड़ान भरने की कोशिशें—उन सबको मिटा डाला पुरुषोत्तम की अय्याशियों ने। उसने नीला के प्यार को जिस तरह परखच्चे उड़ाए उससे वह स्तब्ध और भौंचक रह गई। नीला ने खुद को खंडित-खंडित महसूस किया—मानसिक रूप से ध्वस्त और विक्षिप्त, शारीरिक रूप से असफल-अस्वीकृत और हताश भी। स्थितप्रज्ञ हो गई—चुप्पी के भीतरी कुएँ में उतरती चली गई। पदमपत्र पर टिकी जल की बूँदों की तरह अस्थिर जिंदगी छलककर नीचे जा गिरी, जिसे धरती ने सोख डाला।

आज वह मजदूरी करती है। कभी *फूड फॉर वर्क* में तो कभी *वाटरशेड* में—वह मिट्टी ढोती है। जो मजदूरी मिलती है, उससे अपना पेट भरती है। आज चालीस की हद लाँघ चुकी है। चालीस क्या अस्सी से कहीं ज्यादा मर्द उस पर अपनी जवानी और अधेड़पन आजमा चुके हैं। सेक्स उसके लिए कोई मायने नहीं रखता। जो मर्द चाहे, उसके साथ सो सकता है। क्योंकि उसने प्रेमावाले हादसे के बाद ऑपरेशन करवा लिया है। चूँकि वह जानती है कि रोज मजदूरी करने के लिए ठेकेदार का खुश रहना जरूरी है। ठेकेदार कैसे खुश रहता है, यह भला नीला से अच्छा कौन जानता है?

# लुचना की देह मुर्गे के एक किलो गोश्त से भी सस्ती

सच तो यही है कि लुचना भी एक अनब्याही माँ है, जो आज ऐसा मानने से इनकार करती है। लेकिन ऐसा कहने में उसे कोई गुरेज नहीं कि ठेकेदार किसी भी मजदूरिन को नंगा किए बगैर मजदूरी नहीं देता। उसके यहाँ काम करनेवाली हर औरत की देह उसे चाहिए, अन्यथा वह किसी भी लड़की को काम ही नहीं देता। इसी सच्चाई को स्वीकार किए जाने का परिणाम रहा सत्रह साल की उम्र में लुचना का माँ बनना। जिंदगी में कभी भीषण भटकाव आया था जिसकी वजह से उसने समाज की विशाल संवेदनहीनता देखी। लुचना किसी ठेकेदार के हवस की मारी है, या किसी छोकरे ने उसके साथ छलावा किया है, यह हम पता कर पाने में जरूर असफल रहे। किसी ने बताया कि वह किसी प्रेमी के काम पिपाशा की भेंट चढ़ी।

लुचना कालाहांडी के चितलपाड़ा गाँव की रहनेवाली थी। लोग ऐसा कहते हैं। उसकी आपबीती भी अन्य अनब्याही माताओं से मिलती-जुलती है। प्रेम की झप्पियाँ, वायदे, शादी के सब्जबाग और आसमान के सितारों से जिंदगी जगमग करने के लुभावने शब्द दिए थे उसके प्रेमी प्रेम किशोर ने। तब वह भोली थी। मासूम थी। नादान थी। इसलिए किशोर ने लुचना को बहका लिया। दो-चार महीने की हद लाँघते हुए तकरीबन डेढ़ साल बीते। दो सावन गुजरे और जाड़े के एक मौसम में प्यार अपना परवान चढ़ा। कालाहांडी जैसे अति पिछड़े इलाके में प्रेम किशोर ने उसे वेलंटाइन डे का तोहफा दिया। इससे ज्यादा गरीब लुचना को क्या चाहिए था।

वह उसे रोज अपने घर बुला लेता था। अपने साथ सुलाता था। किशोर को लुचना के साथ एक ही कंबल में नंगे सोने की आदत पड़ चुकी थी। वह उसे पूरी तरह से नग्न कर देता था। वातावरण की नरमी और देह की गर्मी का मिला-जुला अहसास किशोर को पागल बना देता था। लुचना अंगीठी बन जाती थी। कच्ची लकड़ी जलाए

नहीं जलती और जब जलती है तो बुझाए नहीं बुझती। धीरे-धीरे हौले-हौले जैसे लकड़ी का पानी आग में सूख कर घंटों तक ताप देती है वैसे ही लुचना हो जाती थी। उसकी आग जल्दी बुझती नहीं थी। किशोर परेशान हो जाता था। बड़ी मेहनत मशक्कत के बाद वह जब शांत होती तो ऐसा लगता कि बिस्तर पर किसी ने जबरदस्त जोर आजमाइश की हो। लुचना को मर्द देह की आदत लग चुकी थी। उसे पता नहीं था कि आगे क्या होगा जबकि किशोर सारी बातें जानता था। किंतु वह लुचना का यौन शोषण करता रहा।

मगर वह जैसे ही गर्भवती हुई, प्रेम किशोर ने उसे प्रेम करना छोड़ दिया। उसने दो टूक होकर कहा, "जब तक कुँआरी थी, तू जवान थी। मैंने तेरे साथ मजा लेने के लिए अपने साथ तूझे रखा। अब तेरे में क्या है।" इसके बाद लुचना के घरवालों ने लुचना को घर से निकाल दिया। न घर की रही, न घाट की। जैसे-तैसे बच्चा गर्भ में पलता रहा। उसने लड़का पैदा किया। आज यह लड़का दिल्ली के किसी अनाथालय में है। किंतु यह खबर झूठी है। लुचना अपना बच्चा किसी परिचित को बेच चुकी है।

लुचना कठोर अनुभवों में पककर आज बेहद ठोस बन चुकी है। जैसे आँवे में तपकर ईंट कठोर बन जाता है। आज वह नितांत अकेली है। निरस्त्र है। लाचार है। असफलता से घायल। अखबारों की सुर्खियों से जुदा। लोकतंत्र के वास्तविक यथार्थ की जटिलताओं में फँसी हुई, जिसे न समाज की सांत्वना है और न ईश्वर का सहारा। पूरा समाज यूरोपीय यातना शिविर बन चुका है। ऐसा शिविर जो आत्मनाश के उन्माद पैदा करता है। जब प्रेमकिशोर उसे अलग हुआ तो उसे विश्वास ही नहीं हुआ। उसे लगा कि वह उसके साथ मजाक कर रहा है। मगर उसे बहुत जल्द ही पता चला कि वह कितना निरंकुश है, अत्याचारी है। अमानवीय है। उसने अपना माथा पीट लिया जब उसका प्रेमी नीचता की तमाम हदें पारकर उसे अपमानित करने से नहीं चूका। चूँकि कामातुर को न भय लगता है और न ही लज्जा आती है। ऐसे में शरीर थक भी जाए तो इच्छाएँ जोर मारती हैं। वह गर्भवती हो गई तो संभोग के लायक नहीं रही। प्रेम किशोर को रोज औरत की देह की दरकार होती थी तो उसने कहीं और जाने का मन बना लिया।

लुचना रोज 35 रुपए कमाती है। वह जानती है कि ठेकेदार आसानी से उसे पैसे नहीं देता। उसे पता है कि औरत के वजूद के मतलब क्या हैं। जंगलों में, खेतों में या किसी के बिस्तर पर। उसके समाज ने सभ्य समाज के हाशियों पर डेरा लगाए सदियाँ गुजार दीं, ऐसा उसने सुना था। लेकिन उसने यह महसूस किया कि सभ्य और संभ्रात लोग किस तरह और किस तरीके से आदिवासी लड़कियों के शोषण करते हैं। ठेकेदार उसे रात भर रुकने के लिए कहता है। उसे लालच देता है कि रात में रुकने के एवज में उसे अलग से पैसा देगा। लुचना ने ऐसा ही किया। उसे ठेकेदार ने एक सौ रुपए दिए। यानी रात भर रुकने लिए 65 रुपए। "अपने इलाके में मुर्गा अस्सी रुपए में मिलता है। आपने देखा, औरत के देह मुर्गे की एक किलो गोश्त से भी सस्ती है,"

प्रफुल्ल माँझी कहता है। यह उड़ीसा की सच्चाई है, जो औरत को एक देह मात्र के आवरण और अर्थ से बाहर निकलने नहीं देता। पूरी व्यवस्था, तमाम वायदों और समस्त नियम-कानूनों को अपने बिस्तर पर औंधे लिटाकर नंगा करने में माहिर समाज का एक बहुल भाग अपनी इच्छा और मर्जी से जमकर भोगता है। यह वर्ग फ्रॉक-सलवार और साड़ी में ढँके बदन में अंतर करने की जहमत नहीं उठाता। कौन नाबालिग है, कच्ची उम्र की है, मासूम है—ये सारी बातें हमारे आई.पी.सी. के शब्दों से भले ही व्याख्यायित हों, सेक्स के कीड़ों को इनसे कोई लेना नहीं होता।

आज लुचना बड़ी सहजता से किसी भी ठेकेदार के साथ सोने में संकोच नहीं करती। इस बात का जरूर ध्यान रखती है कि बिस्तर पर मन मचलने के पहले एहतियात जरूर बरती जाए। वह इतनी बोल्ड हो चुकी है कि हमबिस्तर होनेवाले मर्द को कंडोम पहनाना नहीं भूलती।

परिवार नियोजन के प्रचारकों को लुचना को अपना ब्रांड अंबेस्डर बना लेना चाहिए।

# फ्रॉक पहनने की उम्र में माँ बनने की उलझन

अजीब विडंबना है कि जो समाज सेक्स संबंधों को लेकर सदियों से जितना ही सहज और स्वच्छंद रहा है, वहाँ आज की बालाएँ उतनी ही दमित हैं। मर्दों की बर्बरता, अमानवीयता और क्रूरता को झेलने के लिए। आदिवासी समाज में बालाओं के हालात देखकर तो अपनी आजादी और जनतंत्र की पूरी विकास यात्रा व्यर्थ, फालतू और बकवास लगती है। जैसे विकास का रथ न हो, किसी भिखारी की वैसी लकड़ी गाड़ी हो, जिस पर कोई कोढ़ी-अपंग दया की भीख माँग रहा हो। हम नूतन की बात करें।

रायगड़ा की नूतन 17 की थी तब उम्र थी फ्रॉक पहनने की। उसका प्रेमी उमाकांत जेना भी बाल-गोपाल ही था। नाक के नीच भूरे-भूरे बाल मूँछ के तो किसी भी सूरत में नहीं थे। हाँ, वे उसके अव्यस्क होने की चुगली जरूर कर रहे थे। नूतन अपने बारे में ज्यादा बताना नहीं चाहती। लेकिन हमारे खास अनुरोध पर उसने अपनी आपबीती बड़ी सहज तरीके से बताई। उसे पता नहीं था कि औरत और मर्द जो संबंध बनाते है उसके परिणाम क्या होते हैं।

छोटी उम्र में नीली फिल्मों का दीवाना बना उमाकांत हिंदी फिल्मों से बेहद प्रभावित हो गया। उसने नूतन को साथ रहने के लिए कहा और वह राजी भी हो गई। दोनों साथ-साथ रहने लगे। सहजीवी के रूप में। अभिभावकों को इस बात की तसल्ली थी कि नूतन को मनचाहा वर मिल गया, तो दोस्ती में क्या हर्ज है। नूतन के साथ उमाकांत ने दैहिक संबंध बनाए। यह सबसे आश्चर्य की बात है नूतन के घरवालों ने आखिरकार किस आधार पर दोनों को साथ-साथ रहने की इजाजत दे दी। जबकि यह पता नहीं था कि उमाकांत किस परिवार से संबंध रखता है और कहाँ का रहनेवाला है। उनके सामने लड़की की शादी कोई समस्या नहीं थी। कहा जाता है कि उमाकांत उन्हें अपनी बेटी के लिए एक सुयोग्य वर दिख रहा था।

अड़ोस-पड़ोस के लोगों ने कड़ा एतराज भी जताया। उनकी दलील यही थी कि यदि शादी किए बगैर नूतन किसी लड़के के साथ रह रही है तो इसका बहुत ही बेकार असर

समाज के अन्य बच्चों पर पड़ेगा। तब तक यह बात पूरे शहर में चर्चित हो चुकी थी कि एक नाबालिग लड़की किसी लड़के के साथ रह रही है। इन सब बातों का असर नूतन के माँ-बाप पर नहीं पड़ा। लाचारी में समाज के कुछ बुजुर्गजनों ने हस्तक्षेप कर नूतन के घरवालों को समझाने की कोशिश की। उधर उमाकांत नूतन से शादी करने का मन बना चुका था, ऐसा वह कहता था। उसकी दृढ़ता, उसके संकल्प और किए गए वादे इतने प्रामाणिक लगते थे कि नूतन के माँ-बाप ने पूरी दुनिया को धत्ता बता दिया।

कोई चार महीने बाद नूतन गर्भवती हो गई। इसके बाद इसके माँ-बाप सक्रिय हो गए। उमाकांत पर शादी करने का दबाव डाला गया क्योंकि नूतन के पेट में उसका ही बच्चा था। उमाकांत ने शादी से इंकार नहीं किया मगर उसने यही कहा कि वह पहले अपनी बहन की शादी करना चाहता है। इसलिए अभी गर्भपात ही एकमात्र समाधान है। पेट में जीवन महसूस कर चुकी नूतन ने ऐसा करने से साफ इंकार कर दिया। नूतन को अपने शरीर में पल रहे एक नन्हे से जीव से प्यार हो चुका था। वह अभी तक तो उमाकांत की हर बात मानती चली आ रही थी। तभी तो वह माँ बन गई। लेकिन उसने गर्भपात करवाने से साफ मना कर दिया।

इसके बाद उमाकांत अचानक लापता हो गया। कहाँ गया पता नहीं। नूतन को भी इस बात की जानकारी नहीं है। उसे उमाकांत के बारे में यह भी नहीं पता कि वह कहाँ का रहनेवाला है। तो इस प्रकार एक प्रेम कहानी का दुखद अंत हो गया। जिसका अंदेशा लोगों को था। उसके जाने के चार महीने बाद नूतन ने एक प्यारी-सी बच्ची को जन्म दिया। कटक में अनाथों एवं निराश्रिताओं के पुनर्वास केंद्र *वसुंधरा* में एक बच्ची की माँ बनी नूतन को अपने बच्चे से कोई लेना-देना नहीं है। उस बच्ची को देखते ही वह उमाकांत की बेवफाई के सदमे में डूब जाती है।

प्रेमी से जुदाई के बाद उसने बड़े मुश्किल में दिन काटे। रात तो काटे नहीं कटती थी। जब भी सोती, सहसा उठकर बैठ जाती। क्योंकि वह ऊटपटाँग सपने देखा करती थी। मृत्यु महोत्सव के सपने। गुफाओं में रहनेवाले, नाखून और दाँत चमकाते लोग, हाथों में ढाल और घुँघरूदार भाले। उन सबका नेतृत्व कर रहा होता था उमाकांत—नूतन और उसकी जैसी अन्य बालाओं की मुंड मालाएँ गले में लटकाए। उसे पकड़कर श्मशान घाट की ओर घसीटकर ले जाने की कोशिश करते। नूतन जोर-जोर से चीख मचाती तो उमाकांत की टोली गला दबोचने लगती। तब उसके गले से गों-गों की आवाजें आती थीं।

वह अपने प्यार को याद करती है। प्यार के उन क्षणों को याद करते हुए वह निराशाओं में डूब जाती है। जब तक उमाकांत उसके साथ रहा हर सवेरा एक नई जिंदगी, एक नया अहसास और मस्ती की रवानगी लेकर आता था। शाम ढलते ही वह नशे में डूबी हुई लगती थी। बिना मदिरा के मस्ती और बिना बदरा के बिजुरिया जैसा माहौल बन जाता था उसके घर का, जहाँ वह रहती थी। कहते हैं प्यार का आवेग

जिंदगी की हर कमी को ढँकने में सफल होता है और इस सफलता का कोई पैमाना नहीं होता। उन दोनों ने एक-दूसरे को प्यार दिया और प्यार लिया। इस मामले में नूतन ज्यादा ही उदार निकली जिसने आत्मा से और मन की गहराइयों से उमाकांत को प्यार दिया। उसने इस बात की परवाह नहीं की कि अंजाम क्या होगा। उधर उमाकांत बेहद सतर्क था प्यार के परिणाम को लेकर। उसकी योजना ही ऐसी थी कि जब वह जाए तो बिना बताए। यही वजह है कि उसने अपने बारे में कुछ भी नहीं बताया। उसके बारे में भी नूतन ने भी कुछ नहीं पूछा था। यह उसका भोलापन था।

"उसे ऐसा करने से क्या मिला। अब तो लड़कों से विश्वास ही उठ गया," नूतन बताती है। यह सच है कि अभिशप्त मातृत्व की पीड़ा से आहत ये कन्याएँ जहाँ भावनात्मक स्तर पर टूट जाती हैं, वहीं इन्हें इनका समाज बड़ी बेरूखी से त्याग देता है। अपना परिवार भी इन्हें नहीं पूछता। वे या तो आश्रमघरों में पनाह लेती हैं या एकांगीपन में शापग्रस्त जीवन की हतभागी बन जाती हैं।

# परदेसी से प्यार की भूल

तटवर्ती उड़ीसा के केंद्रपाड़ा जिले के नवगाम हेत्री की सरोज। जब वह 16 साल की थी तो उसकी मुलाकात एक ट्रक ड्राइवर उमेश से हुई। उमेश स्वभाव का हँसमुख था। उसके स्वभाव का सहजपन सरोज को ठीक लगा। सरोज के माता-पिता बचपन में ही गुजर गए थे। इसीलिए वह प्रेम और ढोंग में अंतर कर पाने में असमर्थ थी। उसे किसी ने नहीं बताया कि प्रेम क्या है और प्रेम तथा प्रलोभन के बीच अंतर क्या है। इसी वजह से उसे उमेश की बातें बहुत अच्छी लगीं।

पहली बार ही एक-दूसरे को देखकर दोनों ने आपस में कुछ तय कर लिया। उमेश ने उससे शादी करने की इच्छा जताई। उसका यह प्रस्ताव सरोज को अच्छा लगा। उसकी जिंदगी में सुख नहीं थे। जीवन में उसने सहजता देखी ही नहीं थी। प्यार, संवेदना और सहयोग की अपेक्षा किसी से वह इसलिए नहीं रखती थी क्योंकि लोगों का मानना था कि पैदा होते ही उसके माँ-बाप इस वजह से मर गए क्योंकि वह डायन है। प्रताड़ना झेलते हुए जैसे वह पत्थर हो चुकी थी। न तो उसका कोई वर्तमान था और न ही भविष्य के सपने थे। ध्वस्त होते वर्तमान के टूटते क्षणों को अपनी अंजुरी में समेटकर उमेश के सान्निध्य में रँगना चाहती थी। इसलिए उसने एक अहम निर्णय लिया।

सरोज अपने प्रेमी उमेश के साथ रहने लगी। पत्नी बनकर। उसने सुख और खुशहाली को पहली बार बड़ी करीब से देखा। उन्हें महसूस किया। कमी थी तो बस दो चीजों की—विधिवत शादी की और एक बच्चे की। बच्चा तो दोनों चाहते थे। पर उमेश अभी शादी करने के पक्ष में नहीं था। उसने सरोज को यही समझाया कि अभी दो-एक साल मजे ले ले और तब शादी और बच्चे के बारे में सोचे। सरोज का सारा उत्साह ठंडा पड़ गया। मगर उसने अपने प्रेमी की बातों पर यकीन कर लिया।

खैर, मजे लेने का सिलसिला जारी रहा। हफ्तों। महीनों। आखिरकार, सरोज गर्भवती हो गई। उसने यह बात उमेश को बताई। जैसे वक्त ठहर गया। घड़ी की सुइयाँ ठिठक-सी गईं। माहौल में तनाव पसर गया। इस तनाव ने सरोज को हबकना शुरू

किया। वह सोच में पड़ गया। लंबे समय के लिए खामोश हो गया। कुछ नहीं कहा। सरोज को कुछ पैसे पकड़ाए। गर्भपात करवाने की सलाह दी। उसने यही दलील दी कि अभी हम दोनों के प्यार के बीच में किसी तीसरे का आना ठीक नहीं। उसने बड़े भावुकता के साथ कहा कि वह अपने प्यार को एक रखना चाहता है, बँटने देना नहीं। उसे पता था कि बच्चा होने के बाद सरोज उसके प्रति एक लंबे समय के लिए उदासीन हो जाएगी, जैसा हर युवती माँ बनने के बाद करती है। उमेश की यह बात सरोज को ठीक लगी। लेकिन उसने बच्चा पैदा करना इसलिए जरूरी समझा क्योंकि इससे उसके प्यार को ताकत मिलती और मान्यता भी।

उमेश ने कुछ भी नहीं कहा। उसने सरोज की बात मान ली। सरोज को यह बात अच्छी लगी। उसे गर्व हुआ कि उसका प्रेमी उसकी भावनाओं का कितना सम्मान करता है। समय बीतने के साथ-साथ सरोज के गर्भ का आकार बढ़ता रहा। उमेश ने उसका पूरा ध्यान रखा। इसी बीच उसके मालिक का फोन आया। ट्रक लेकर गुजरात जाना था। जाना जरूरी था। माल पहुँचाकर लौट आना था। वह ना नहीं कह सकता था और न ही सरोज उसे रोक सकती थी। बस उसे जल्दी आने की जिद करती रही। उमेश उसे आश्वस्त करने में सफल रहा कि वह जल्दी ही लौट आएगा।

सरोज एक बच्चे की माँ बन गई, मगर उमेश नहीं आया। कोई जानकारी नहीं है कि वह कहाँ है। उसके पास उमेश की एक तस्वीर है। कुछ कपड़े हैं। अब वह मान चुकी है कि उसके साथ दगाबाजी हुई है। सब कुछ सुनियोजित था। आज वह अपने प्रेमी को फरेबी बताती है। उसके बारे में भगवान से कुछ बुरा तो नहीं मनाती मगर उन यादों में डूबकर वह सिसकने लगती है। वह उन क्षणों को भूल नहीं पाती जब ऊष्ण उच्छवासों के साथ अपनी काया को छोड़ अनंत में लीन हो जाया करती थी। ढीली काया, मंथर गति से आती-जाती साँसें और मुँदती आँखों का छलछलाना उसे आज भी याद है। प्रेमी के सान्निध्य में जो गुदगुदाहट पैदा होती थी वह पूरे शरीर को तरंगित कर देती थी। जैसे पानी के प्रवाह में शरीर बहता जा रहा हो, हवा में तैरता वजूद और प्रेमी की गर्म साँसों की तेज गति उसे और भी उत्साही बना देती थी। वह उमेश के अंदर समा जाना चाहती थी या उमेश को अपने अंदर स्थापित कर लेना चाहती थी। आज कुछ न बचा। जीवन का वह प्रागैतिहासिक अँधेरा आज उसका वर्तमान भी है और भविष्य भी।

इसके अलावा कुछ भी नहीं। वह उसे ढूँढ़ती रही। मगर आज चार साल बीत चुके हैं। उसके बारे में कोई खबर नहीं है। वह अपने प्रेमी उमेश को बेवफा कहने में नहीं हिचकिचाती। लेकिन वह यह अटकल अपने लबों पर नहीं लाना चाहती कि शायद किसी दुर्घटना में उमेश...। रफ्ता-रफ्ता जिंदगी अपनी गति पकड़ती जा रही है। पर आज वह अपनी निगाह में एक गिरी हुई औरत बन चुकी है। भीतरी कुंठा किसी असुरक्षा की ग्रंथि से ग्रसकर उसे आत्महीन बना चुकी है।

# पाप-पुण्य के पसोपेश में पद्मा का प्रेम

सुंदरगढ़ जिले के कुतरा गाँव की पद्मा भोई। अपने जमाने की बेहद चपल, चंचल, शोख और मदमस्त किशोरी थी। फिल्मों की झक-झक जिंदगी से बेहद प्रभावित आदिवासी इलाकों की कन्याएँ किस तरह से बहकावे में आकर यौन भावनाओं में बह जाती हैं कि अंजाम की चिंता होती ही नहीं, इसके लिए हम पद्मा भोई से रू-ब-रू होते हैं। उसे अपने प्रेमी के बच्चे की माँ बनने की बेहद तमन्ना थी। इसलिए उसने बड़ी आसानी से संभोग करने की पहल को आत्मा से स्वीकार कर लिया। उसे पता था कि जब तक उसके शरीर के साथ उसका प्रेमी एकाकार नहीं होगा तब तक बच्चा पैदा करना मुश्किल है। इस तरह वह प्रेमी के साथ दैहिक संबंध बनाती रही और आखिरकार माँ बन गई। एक अनब्याही माँ।

पद्मा ने जब होश सँभाला तो खुद को अपने नाना के घर में पाया। माँ उसे नवजात छोड़कर स्वर्ग सिधार गई और पिता के बारे में वह ज्यादा नहीं जानती। आज भी। बड़ी हुई। मतलब जवानी में उसने कदम रखे तो उसकी मित्रता खुर्दा जिले के बिलाखउरूनी गाँव के अजय से हुई। यह गाँव बोलागढ़ प्रखंड में है। अजय देखने में गबरू जवान था—हिंदी फिल्मों का भयंकर रसिया। हर वक्त जुबान पर गानों के बोल। लिबास अक्षय कपूर की नकल में पहनता था। माँ-बाप के प्यार-स्नेह से वंचित पद्मा को मामा-मामी का प्रेम-सद्भाव कभी नसीब नहीं हुआ। जिंदगी से उदास हो चुकी इस नाबालिग को अजय के सान्निध्य में जीने का बहाना मिल गया। कहते हैं सान्निध्य का गूढ़ रूप है साहचर्य, जो संसर्ग में तब सहजता से तब्दील हो जाता है जब दोनों पक्ष विपरीत लिंगी हों। पद्मा और अजय के बीच ऐसा ही हुआ।

अजय ने उससे शादी के वायदे तो नहीं किए पर उसकी खूबसूरती की खूब चर्चा करता। गुणगान करता। उसे शायरी से भरी कॉपियाँ देता। आँसूओं से भरी खुशियाँ देने की बातें करनेवाला अजय उसे उड़िया फिल्मों की नायिका बनवाने का झाँसा देता। वह उसे सलाह देता, ''इसके लिए सज-सँवरकर रहना जरूरी है।'' ''वह मुझे फिल्म

बनानेवालों से मिलवाने के बहाने भुवनेश्वर ले गया'' और ''उसने मुझे एक होटल में आठ दिन रखे'' इतना कहकर वह चुप हो गई। आँखों से झर-झर पानी बह निकला। पद्मा ने उसकी हर बात पर यकीन किया। उसने जैसा कहा पद्मा ने वैसा ही किया।

''मैं होटल में ही गर्भवती हो गई। एक-दो लोगों से मेरी मुलाकात करवाकर मेरे गाँव मुझे लाया और अगले दिन आने और मिलने की बात कहकर गया तो आज तक नहीं आया,'' पद्मा बताती है। तब से पद्मा की आँखें गिली ही रहती हैं। पद्मा के प्यार की शुरुआत जैसे ही हुई गाँव के लोगों ने इसका विरोध किया। लेकिन उसने उस विरोध की परवाह नहीं की। उसे पता था कि प्यार एक ऐसा जरिया है जो जिंदगी की हर मुश्किल को आसान कर देता है और जीने के हर रास्ते खोल देता है। अजय के प्यार पर उसे पूरा भरोसा था। मगर प्यार की दीवार रेत महल की तरह धसक जाएगी, इसका अंदेशा उसे नहीं था।

बेटे के जन्म के बाद उसके सब्र का बाँध टूट गया। उसकी गलती यही थी कि उसने यौन संबंध की सहमति दी। किंतु आज वह अपनी गलती मन से और आत्मा से भी स्वीकार करती है। उसे इस बात का अफसोस जरूर है कि उसने इतने ऊँचे सपने क्यों देखे। क्योंकि सपने देखने के अधिकार लड़कियों के नहीं होते। सपने पूरे होते ही लड़के नए सपने की तलाश शुरू कर देते हैं। क्योंकि वे सपनों के सौदागर होते हैं। इस प्रकार पद्मा बिल्कुल सच्चाई के धरातल पर औंधे मुँह गिर पड़ी। उसे अफसोस है। पश्चात्ताप है और हताशा है।

उसके प्रेमी ने उसे कहीं का नहीं छोड़ा। दुनियावाले दर्जनों सवाल उसके मातृत्व को लेकर पूछते हैं। कभी वह जवाब देती है और कभी चुप रह जाना बेहतर समझती है। कभी-कभी माहौल का भारीपन उसके अंतर्मन में खीज पैदा करता है। तब वह झुंझला उठती है। उसे नहीं पता कि आगे जिंदगी कैसे कटेगी। वह बखूबी जानती है कि आज उसे अपनानेवाले मर्दों की कमी नहीं, कमी है तो सिर्फ एक अदद वैसे मर्द की जो आजीवन उसका साथ निभा सके, जीवन साथी के रूप में। भयंकर अंतर्द्वन्द से, जिंदगी खत्म करने की जिद के साथ और उसे आगे बढ़ाने के लालच के साथ। जीवन में न जाने कितने मयार थे, बयार थे, जिनसे उसका साथ छूट गया। रह गई सिर्फ यादें।

आज उसका अपमान भरा जीवन और जीवन-भरा अपमान उससे जुदा नहीं होते।

# जीजा ने भरी जिंदगी में जलालत

सुंदरगढ़ जिले के नौपाढ़ा प्रखंड की सुपर्णा की व्यथा सुनाते वक्त राज्य के मशहूर पत्रकार रामचंद्र मोहंती की आवाजें भरा जाता है। जब वह 12 साल की थी तो रिश्ते में एक जीजा के संपर्क में आई। घर-परिवार में इस जीजा-साली के बीच के रिश्ते को एक ही नज़र से देखे जाने का रिवाज है, हँसी-मजाक का। खासतौर से चावल पैदा करनेवाले राज्यों में। उड़ीसा भी उनमें से एक है।

जीजा से वह घनिष्ठ होती चली गई इतना कि उसके बदन को वह मर्द होकर सहला लेता था। थोड़े दिनों बाद सहलाते हुए उसके हाथ सुपर्णा के बदन पर जहाँ-तहाँ रुकने लगे। रुककर सख्त हो जाते। सुर्ख होंठोंवाली दयावती कहती है, ''वह अपनी बात मुझसे कहती थी। जीजा उसके परिवार का खर्च चलाता था, सो बड़े अधिकार से वह सुपर्णा को अपने पास बुला लेता था।'' जब वह आया तो जाड़ा दुशाला ओढ़कर जा चुका था और बसंत का चुलबुलापन कोयल के कंठों से रिसने लगा था। गर्मी के दिनों में बाहर सोने का गाँवों में रिवाज है। जीजा भी बाहर ही सोता था।

रिश्ते का यह जीजा सुपर्णा को रोज अँधेरी रात में अपने साथ सुलाता था। यह सब उसकी माँ अनिया की जानकारी में होता था। जीजा के साथ लिपट-चिपटकर सोनेवाली सुपर्णा कुछ ही दिनों में संभोग की अभ्यस्त हो गई। दयावती के अनुसार, शुरू-शुरू में इतनी कम उम्र में अपने से पंद्रह साल बड़े जीजा की हवस पूरी करने में वह रो पड़ती थी। जीजा राक्षस था। एक-एक रात में चार-चार बार सहवास करता... घंटों। उसकी साँसें सूख जाती थीं, दम घुटने लगता। मगर हँसी-ठिठोली में घुली पीड़ा सहते हुए ही वह रजस्वला हुई। खून के रिसाव-स्राव से वह विचलित हो गई और कोई महीना भर बाद उसके साथ वही हुआ जो पद्मा के साथ हुआ। जो बुई जानी के साथ हुआ। सुपर्णा गर्भवती हो गई। इसके बाद जीजा उससे दूर रहने लगा। यौन असंगता, संवेदनहीनता, उम्र की लंबी-असमानता और लंबे समय के लिए संभोग के संदर्भ में अयोग्य हो चुकी सुपर्णा की भावनाएँ अतृप्त रह गईं। क्योंकि जीजा उससे दूर हो चुका

था। कहते हैं कि माहवारी के दिनों या गर्भवती हो चुकी स्त्रियाँ इतनी भावुक हो जाती हैं कि वे पल-प्रतिपल खुद को बेसहारा महसूस करती हैं। इस हाल में वे अपने पति के सीने का सहारा ढूँढती हैं। भावनात्मक सुरक्षा के लिए। आत्मसंतोष के लिए। पर सुपर्णा को वह सीना नहीं मिला।

वह समझ नहीं पाई कि उसके साथ जो भी हुआ कितना गलत है। राज्य में शादी से पहले माँ बनना भले ही सामाजिक कलंक नहीं माना जाता पर यह सामान्य बात भी नहीं है। जीजा से भावनात्मक लगाव होने और उससे गर्भवती होने की बुई जानी की तरह सुपर्णा भी भोग रही है। मगर यहाँ अंतर है। बुई का जीजा देवचरण आज इस दुनिया में नहीं है जबकि सुपर्णा का वह जीजा अभी जीवित है। हाँ, लापता जरूर है। सुपर्णा का बेटा सुरेंद्र अभी दो साल का हो चुका है। उसके लिए इस संसार में पिता शब्द एक अबूझ पहेली है। यहाँ तक कि ननिहाल, नाना-नानी शब्द के मायने उसके लिए क्या है ? सुपर्णा आज अपने माँ-बाप के पास जाना नहीं चाहती। दयावती के शब्दों में, ''सुपर्णा तो नासमझ थी। उसकी माँ समझदार थी, उसने भला कैसे उसे अपने जीजा के साथ सोने की इजाजत दे दी?''

''उसे नहीं पता कि आतिथ्य में स्त्री समर्पण अपने देश में बड़ा शुभ और पवित्र समझा जाता था। महाभारत के 'अनुशासन पर्व' के दूसरे अध्याय में सुदर्शन अपनी पत्नी ओध्वती को अर्ध्यपाद्यदि पूजा संपन्न करा चुके एक ब्राह्मण के सामने परोसते हैं। पितामह भीष्म धर्मराज से कहते हैं कि, ''इस सुकृत्य की वजह से सुदर्शन की कीर्ति त्रिभुवन में अक्षय फैल गई और उसे इंद्रलोक प्राप्त हुआ।''

आश्चर्य है कि सुंदरगढ़ के तालसारा, राउरकेला और देवगढ़ इलाकों में ऐसी कई हिंसक वारदातें हो चुकी हैं जब किसी कामांध ने गाँव की किसी कन्या या अविवाहिता को अपना शिकार बनाना चाहा तो उसे अपने जान से हाथ धोने की नौबत आ गई। जनवरी 2005 में तो एक युवक जब परदेस से घर लौटा तो अपनी पत्नी को संदिग्ध अवस्था में देखा। उसने अपनी पत्नी की कथित प्रेमी की हत्या कर दी। ''जिस समाज में यौन संबंधों की नैतिक मान्यताओं में ध्रुवीय फासला मौजूद हो उस समाज में अच्छे बुरे और तत्संबंधित नैतिकताओं की जाँच-परख बड़ा मुश्किल है,'' वरिष्ठ पत्रकार रबिदास बताते हैं। मगर सवाल यह है कि एक ओर सुपर्णा अपने जीजा से गर्भवती बन जाए और दूसरी ओर बार-बार गंजाम की मीनाक्षी को गर्भवती करनेवाला प्रेमी रविंद्र उससे शादी करने की नाटक इस वजह से करता है कि यह सब पाप है, अनैतिकता है तो नैतिक मान्यताएँ क्रूरता की पोशाक और पालनहार बन जाती हैं। ऐसी परिस्थिति में क्रूरता की हद पार कर कट्टर हो जानेवाली कामांधता मात्र भय और भय विकृत गोपन आचरण की सारथि बन जाती है।

सुपर्णा इसी आचरण में लिपटे किसी दुराचारी के मनमानेपन का शिकार है।

# गीता का गम

सुनिए गीता की कहानी। वह मट्टिली (मल्कागिरि) की रहनेवाली है। उम्र है 17 साल। दो साल पहले ही माँ बन चुकी है। परिवार में अच्छा माहौल नहीं था। पिता निकम्मा था और शराब के नशे में डूबा रहता था। माँ कहीं मजदूरी करती थी। गीता के कुल तीन भाई थे—बड़े को पुलिस के मुखबिर का ठप्पा देकर नक्सलियों ने उसके सीने पर गोलियाँ ठोक दीं। तब से दोनों भाई गाँव जाने का नाम नहीं लेते। आरोप-बचाव और दबिश में गीता की मुलाकात होती है एक ऐसे युवा से जो इलाके के सर्वे करने के नाम से गाँव-गाँव घूमता है। उसने गीता को अपना नाम प्रदीप बताया।

प्रदीप गाना अच्छा गाता था। जैसा कि गाँवों में यही होता है कि कंघी-झुमके-रिबन और साड़ी देकर कोई छैला किसी भी युवती को अपने वश में कर लेता है। प्रदीप ने खूब रंग -बिरंगी चूड़ियों से गीता की कलाइयाँ सजाई। नेल-पॉलिस, बिंदी, लिपिस्टिक, काजल, जालीदार झलमल दुपट्टे और रेशमी सलवार-कुर्ता, जिस पर गीता का दिल यूँ फिसला कि वह प्रदीप के रंग में रँगती चली गई।

तब गीता चौदह साल की थी। उसमें भरपूर जवानी थी। उसके शबाब की खबरें चारों ओर थीं। उसके हुस्न की नजाकत गाँव के आसपास अफवाहों की शक्ल में गूँजती थी। प्रदीप उसकी कमजोरी बन चुका था। आस-पास के शोहदें उस पर डोरे डालते थे तो वह किसी को निराश नहीं करती थी बल्कि अपनी अदा से हर बार अपनी नफासत बचा लेती थी। प्रदीप के लिए। बेशक, वह तब नाबालिग थी, मगर देसी सौंदर्य पहाड़ी जीवन की सहजता की तसव्वुर में ढली थीं। समय के साथ उसके अंदर मुहब्बत का जज्बा धधककर उसे बेचैन और बावली बना डाला। और एक दिन दोनों मिले। अकेले में। न कोई बंधन न कोई बंदिश, न वर्जनाएँ और न कोई व्यवस्था। घास के मखमली चादर पर प्रेम दीवानी गीता अपने प्रेमी प्रदीप की बाँहों में जैसे-जैसे जकड़ती गई वैसे-वैसे उसकी काया ढीली पड़ती चली गई। प्रेम का ऊष्ण अहसास तरल बनकर आत्मा को नहलाता रहा। गीता को सब कुछ अच्छा लगता था। शारीरिक

संबंध बनाने के दरम्यान वह अपने आप में नहीं रहती थी। उसे एक अलग और अजीब अनुभूति होती थी। जिसे वह शब्दों में बयान नहीं कर सकती। अपने प्रेमी का हर आचरण उसे सुख देता था। अब यह सिलसिला रोज होने लगा। अजीब अहसास के भभूके में वह होश खो देती। क्या हुआ यह दबे-कुचले घास देखकर कोई कह सकता था। पर इस बारे में किसी को कुछ भी पता नहीं चला।

पाँच महीने बाद उसे तकलीफ होने लगी तो उसने यह बात प्रदीप से कही। और किससे कहती? परंतु उसने यह बात अनसुनी कर दी। क्योंकि उसे किसी भी समय औरत देह की जरूरत थी। चाहे वह किसी भी उम्र की क्यों न हो। प्रदीप ने उसे डॉक्टर के पास जाने की सलाह दी। लेकिन साथ में चलने को राजी नहीं हुआ। जाने से साफ मना कर दिया। गीता को यह संदेह हो चुका था कि उसके साथ कुछ गलत हो रहा है। उसकी देह में कुछ परिवर्तन हो रहा है। यह परिवर्तन प्रदीप के साथ रहने से ही हुआ है। प्रदीप का व्यवहार उसे बड़ा अटपटा लगा। पहले तो वह ऐसा नहीं था तो आखिर में ऐसी क्या बात हो गई कि उसने बेगानेपन की सारी हदें पार कर दीं। वह यह समझ रही थी कि उसकी देह प्रदीप के लिए बहुत जरूरी है। किंतु देह तो जवाब दे रहा था। जिंदगी बोझ बनती जा रही थी तो कैसे वह अपने आपको प्रदीप के सामने परोसे।

प्रदीप उससे बहुत दूर हो चुका था। गीता यह बात समझ चुकी थी कि वह अब एक नए शिकार की तलाश में निकल चुका है। प्रदीप के जीवन का यह फार्मूला कोई नया नहीं है। 'भोगने और भूलने' का सीधा-सपाट सोच जहाँ मर्दों को अकड़ू बनाता है वहीं औरत एक लाचार भोग्या के अलावा कुछ नहीं होती। गीता को इस बात का सख्त अफसोस है कि उसने प्रदीप जैसे लड़के को अपना प्यार क्यों दिया। उसे तो प्यार की कीमत समझ में नहीं आई। हजारों वादे करनेवाले उस निर्मोही ने कैसे अपना दिल पत्थर कर लिया कि प्रेमिका के गर्भ में पल रहे अपने बच्चे से भी विमुख हो गया। उसने प्रदीप को जब चाहा था यह सोचकर नहीं कि उसके साथ कोई नीचता होगी।

चूँकि वह खुद पवित्र थी। सच्ची थी। सहज थी। उसने खुद के समान उसे भी समझा, जो उसकी भूल थी। कहते हैं कि मन जितना सीधा सरल हो, उतना आदमी खुला होता है, उसके साथ छुपाने के लिए कुछ भी नहीं होता। यदि वह अपने पास होता है तो उसे दूसरों के निकट जाने में कोई कठिनाई नहीं होती। औरत के प्रेम का यही आधार है। लेकिन मर्द? वह अहंकारी होता है। दंभी होता है। अपनी खोल में कैद रहता है, उसे टूटने नहीं देता। वह निकटता से विचलित होता है। इसी कारण वह औरत के साथ हमबिस्तर होकर भी नहीं खुलता। नहीं खुलने की वजह से वह दगाबाजी से बाज नहीं आता। इस सच को आज गीता जानती है।

# वक्त के थपेड़े झेलती थापेन की सीता

कालाहांडी जिले के केसिंगा प्रखंड के थापेन गाँव की सीता की सहजता उसकी सामान्य जिंदगी की तस्वीर उकेरती है। उसके घर जाएँ तो वहाँ जिंदगी सरस-सहज और सतत गति से बहती दिखेगी। थापेन गाँव से थोड़ी दूर उसके बाप-भाई ने अपना बसेरा बसाया है। घर के सामने केले का बगान, नींबू के पेड़ों की हरियाली और गाय-भैंसों के गोबर से अटे पड़े चारों ओर का परिवेश किसी चित्रकार की कल्पनाओं को जीवंत कर देता है। कहीं बत्तख तो कहीं हंस, इधर-उधर घूमते-घूरते कुत्ते तो दूसरी ओर में-में करती बकरियाँ, फुदकती मुर्गियाँ और साथ में चीं-चीं करते उनके रूपहले चूजे।

उसके प्रेमी (जिसका नाम वह नहीं बताती) ने उसे मृग कहा, मृगनयनी माना। लिली और गुलाब के फूलों जैसा ताजा माना। उसमें उसने रेशम की कोमलता का मृदुल अहसास पाया। आकाश की नीलिमा और झरने की शीतलता महसूस की। सेक्स से रससिक्त उनके संबंध कोई दो महीने चलते रहे। इसके बाद वह अपने प्रेमी के दिल में जगह बनाए रखने में असफल रही। "उसके दिल में कोई और आ गई। एक दिन..." सीता अपनी बातें पूरी करती इसके पहले ही उसकी मोटी-मोटी अँखियों में आँसू आ गए। मनोरंजन के साधन और वासना की शिकार बनी सीता ने उसे अपना शरीर सौंपा था बिना किसी अनुबंध के और संयोजन के। अपने प्रेमी को उसने जब भी शरीर सौंपे तो एक ही मंशा थी चरम तृप्ति का भाव और अनुभव उसे देना। पर आज अफसोस-अवसाद के गिरफ्त में वह इस कदर फँस चुकी है जहाँ आजीवन एक अर्द्ध-विराम है। उसके आने की थोड़ी-सी उम्मीद जो अमूर्त है। पर खोखले-ठंडे अनुभवों का अंबार पूरे जीवन को अपनी अजगरी पाश में जकड़ चुका है। यही जकड़न उसे आतंकित भटकाव के लिए मजबूर कर रही है।

प्रेमी से जुदा होने के सात महीने बाद सीता ने एक बेटे को जन्म दिया। चूँकि आज के युग में कुँआरी माँ होना अपने समाज की नज़रों में एक बड़ा अपराध है और नाजायज बच्चा औरत के जीवन का बहुत बड़ा बोझ। सीता के साथ भी यही हुआ। तब जाकर

उसे अहसास हुआ कि प्रेमी के सामने समर्पण ही उसकी असली पहचान थी, जो उसकी इच्छाओं और सपनों से संबंध नहीं रखती। प्रेम को अपराध माननेवाले समाज में संभोग के लिए कोई जगह नहीं है, क्योंकि समाज विवाह किए बगैर किसी के व्यक्तिगत सुख का ठेका नहीं लेता। नतीजतन, गुपचुप संभोग के संस्थापन की परिस्थितियाँ बनती हैं। सीता के साथ भी ऐसा ही हुआ, उसकी बातों से यही लगता है। थापेन शहर केसिंगा के करीब है। इस वजह से उसकी इस स्थिति को लेकर लोगों के मन में घृणा है। चूँकि शहरी मन बिना शादी किए माँ बनने की घटना को अक्षम अपराध मानता है।

सीता के पास मधुरता थी। शालीनता थी। स्नेह था, जो आज भी है। परिस्थितियों से समझौता कर जीवन जीने के उसके निर्णय ने उसे आज इस मुकाम पर पहुँचाया है, तभी तो वह जिंदा है। उसने जीने का बहाना ढूँढ़ लिया है। अपने बेटे के साथ। प्रेम उसके लिए आत्मपीड़क रहा—उसने अपने प्रेमी के संग हरे-पीले सपने देखे थे, जैसा हर लड़की देखती है। कहते हैं प्रेम, स्नेह और इंद्रिय-सुख हासिल करने में सफलता तभी मिलती है, जब निष्क्रियता दूर रहे और साथी के साथ पारस्परिकता का संबंध बने।

चूँकि आनंद कृतज्ञता है। आनंद स्नेह है। यह आनंद और भी बढ़ जाता है, सुखमय हो जाता है, जब प्रेमी-प्रेमिका भावावेश में अपनी-अपनी सीमाओं को स्वीकार करते हैं, एक-दूजे पर प्यार लुटाते हैं। सीता ने अपने प्रेमी की बेचैन उग्रता में उस मौन तड़प को देखा, जो उसे जलाती रही। पारिवारिक कलह से बेचैन और तबाह हो रहे अपने प्रेमी को अपनी तमाम निधियाँ लुटा चुकी सीता आज आत्म-दंडित स्थिति में खुद को रखकर जी रही है। गाँव के शोहदों ने उसे खूब परेशान किया। भरी जवानी में धोखा खाकर अनाम वैधव्यता ओढ़ने को विवश हुई सीता बदनामी के दलदल में धँसती चली गई। प्रतिरोध नहीं करने की विवशता और समाज के उलाहनों ने उसके जीवन रस को सोख लिया, चूस लिया। समाज के इस रवैये ने उसके मन में मर्दों के प्रति ऊब पैदा किया। आतंक के जाले में फँसी सीता इतना टूट चुकी थी कि वह गुमसुम होकर रहने लगी। उसे यह भ्रम रहने लगा कि मर्द से बात करने से ही गर्भ रह जाएगा।

चूँकि स्त्री की काम-भावना लज्जाजनक होती है, इसलिए वह आज भी अपनी कहानी नहीं कह पाती। जबकि मर्द स्त्री अंग की वृहत व्याख्या करते हैं कि स्त्री योनि के कितने प्रकार होते हैं, स्तन के कितने और किस हद तक के उभार से स्त्री के चरित्र की कैसी जानकारी हो सकती है। वे ऐसा इसलिए कह पाते हैं क्योंकि पुरुष गर्व और स्पर्द्धा के साथ अपने संगियों को यह बताते हैं कि स्त्री का गुप्त अंग रहस्यमय होता है। समाज के सारे मर्द ऐसे ही होते हैं जो संभोग के समय स्त्री को अपने नीचे लिटाकर उसके साथ मनमाना तब तक करता है जब तक उसकी शिराएँ एवं पेशियाँ शिथिल न पड़ जाएँ।

सीता ने अपने भविष्य को बेहद गंभीरता से लिया। धोखा खाने के बाद उसने शादी नहीं करने का निर्णय लिया। क्योंकि जिंदगी फिर से तबाह होने की गुंजाइश थी। पति उलाहने देने से बाज नहीं आता। इसलिए अपने बच्चे और खुद अपने लिए उसने

गुजर-बसर करने की जो शैली अपनाई वह पूरी तरह से सुरक्षित और निरापद थी। आज वह अपने प्रेमी के बारे में कुछ नहीं कहना चाहती। उसके अनुसार उसके पास जो कुछ था उसने दिया और सीता ने उसे स्वीकार किया। सीता अपने को ईमानदार मानती है, बेवफा नहीं।

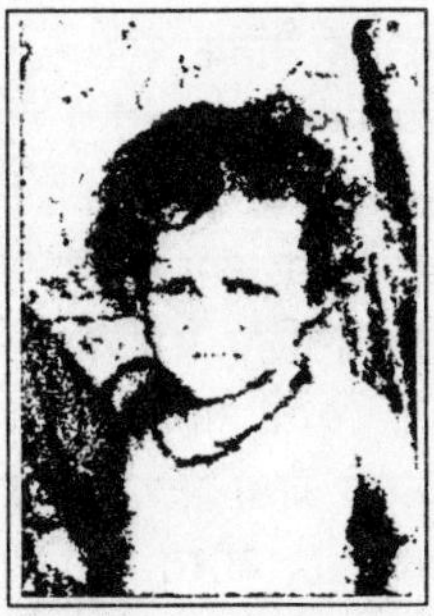

# प्रेमी की शर्तों पर किया था प्यार

साल 2003, महीना अगस्त का। मदमस्त सावन की बहार, गूँचों प्रेम ने जो तराने गाए, वे आलिंगन, उत्तेजना और आनंद की पराकाष्ठा की भूमिका तय कर रहे थे। उस साल बोलंगिर जिले के टिटिलागढ़ प्रखंड की रेवती माँझी सत्रह साल की थी। वह एक आदिवासी है। जंगलों में जाना उसकी दिनचर्या का एक खास हिस्सा था। वहाँ से वह सूखी टहनियाँ बिनकर लाती है, उसे टिटिलागढ़ शहर में बेचती है। इसी जरिए वह अपने पूरे परिवार की भूख मिटाती है।

उम्र के इस मोड़ पर वह इसी शहर के एक बनिया युवक प्राण गुप्ता से मिलती है। प्राण के प्रेम का नशा उसके ऊपर सिर चढ़कर बोलता है। बात जब दैहिक रिश्ते की आई तो उसे कोई एतराज नहीं था। वह खुद ऐसा चाहती थी, चूँकि अपनी शादी-शुदा सखियों से सेक्स के अनुभव सुनकर वह कई बार रोमांचित भी हो चुकी थी। मगर उसने शादी के प्रस्ताव भी प्राण के सामने रखे। यह प्राण को मंजूर नहीं था। सेक्सुअल अंतःप्रवृत्तियों को किसी नियम के अधीन नहीं किया जा सकता। उसने रेवती को सुरक्षित जीवन जीने के वादे किए। इस संबंध को जगजाहिर नहीं करने की कसमें खाई।

प्राण की कामवासना में हमेशा शाश्वत के विरुद्ध क्षणों का विद्रोह था। उसके जीवित सहजता को जड़ पदार्थों की तरह अपने नियम एवं संकल्पों से न तो संचालित कर पाना संभव है और न ही ताकत से रोकना लाजिमी है। ऐसा कोई उपाय ही नहीं है जिसके बूते औरत अपने प्रेमी को बाध्य करे कि उसके जीवन का आखिर उद्‌देश्य विवाह और मातृत्व है। प्राण ने उपेक्षा के लक्षण प्रकट करने शुरू किए। अर्थात् शादी के शर्तों पर वह रिश्ते बनाने की भूल करना नहीं चाहता था। उसके साथ मौज-मस्ती करने के गरज से कई कन्याएँ , महिलाएँ और प्रौढ़ाएँ पहले से ही आतुर-व्याकुल थीं। क्योंकि वह धनपशु था।

रेवती तड़प उठी। उसे पता था कि अन्य सारी औरतों एवं कन्याओं की तुलना

में वह नैतिक रूप से उत्कृष्ट है। उसे अपनी जवानी और कौमार्य पर पूरा भरोसा था जिसे पाकर प्राण कहीं और जा ही नहीं सकता। उसने इस बात को मन ही मन स्वीकार कर लिया कि विवाह प्रेम को चाट जाता है। घृणा-सम्मान और स्नेह की अति पत्नी की काम-सौंदर्य को खत्म कर देती है। शादी एक मर्द की दासता का पंजीकरण है। इसलिए प्रेम की सार्थकता शादी किए बगैर ही संभव है।

रेवती मान गई। अब प्राण अकेले में उससे रोज मिलता था। वह वैसा सब कुछ करती जैसा प्राण कहता। क्योंकि वह मन से तैयार होकर उससे मिलने आती थी। कहते हैं, औरत के लिए शादी या मातृत्व उसकी संपूर्ण नियति है। लेकिन इन दोनों से पहले संभोग की प्रक्रिया से जुड़ने की इजाजत कृषि-प्रधान समाज नहीं देता। किसी भी हाल में नहीं। कैथोलिक लेखिका सीमोन द बोएवार ने अपने बहुचर्चित कृति **द सेकेंड सेक्स** में लिखा है कि इनकी (शादी और मातृत्व) झलक पाते ही उसका शरीर उसकी नज़रों में घृणित हो जाता है।' गर्भस्थ उदर का फूलना, विदीर्ण होना या रक्त स्राव आदि बहुत-सी घटनाएँ हैं, जो उसे परेशान करती रहती हैं, जिनसे वह भयाक्रांत रहती है।' आनंद और पीड़ाजनित संभोग के बाद गर्भ धारण करना किसी भी औरत की जिंदगी का हिस्सा है, अभिन्न और अविभाज्य। संबंध बनाने से पहले है प्राण से कंडोम लगाने की हिदायत देना नहीं भूलती थी। किंतु प्राण का यह प्रण था कि इस सुख का एक-एक कतरा जीना चाहता था, बेरोक-टोक। कंडोम पहनने से इस सुख में कमी आने-जाने का अच्छा ज्ञान और अनुभव प्राण के पास था। इस सुख को लेकर उसका मानना था कि प्रेम से उपजे प्यार के ज्वार को भला कैसे समझा जा सकता है। यह अंधे आदमी को रंग समझाने जैसा होगा। नतीजतन, सात महीने के अंदर ही वह गर्भवती हो गई।

गर्भवती रेवती को प्राण छोड़ गया। लोगों का कहना था कि वह बेधड़क घूमता था। कोई इल्जाम नहीं था, कोई आपत्तिजनक व्यवहार नहीं थे उसके। जैसा पहले था बाद में भी उतना ही सामान्य था। सात महीने तक वह रेवती के हुस्न को निचोड़ता रहा। हमारे पास अनब्याही माताओं के जितने मामले सामने आए हैं उनमें रेवती पहली कन्या ऐसी है जिसे इतने लंबे समय तक दैहिक संबंध बनाने के मौके मिले। मगर गर्भवती होने के बाद शुरू हुए रेवती के दुर्गतियों का सिलसिला अन्य अनब्याही माताओं की तुलना में कहीं ज्यादा दर्दनाक है। उसके दैहिक संबंधों से जुड़े आनंद के बारे में सुना था, लड़कियाँ लड़कों को कैसे अपने पीछे घूमाती हैं उसे महसूस किया था। वह बस इतना जानती थी कि मर्द-औरत के संसर्ग से बच्चा पैदा होता है। पर उस पीड़ा-वेदना से वह सर्वथा अनभिज्ञ थी, जो एक गर्भवती को लाचार और निरीह बना देती है। और, उस हाल की कल्पना करें जब समाज के नियम-कानून और मान्यता से इतर कोई गरीब-लाचार एवं संसाधनविहीन कन्या जिस्मानी संबंध बनाने का दुःसाहस करे। यदि उसकी मंशा सिर्फ आत्मिक एवं दैहिक सुख ही था, फिर भी इसके जरिए समाज को धता बताने की तमाम परिस्थितियाँ बनती हैं।

पूर्ण मौन, पूर्णतम अँधेरा और पूर्ण रिक्तता की उसकी जिंदगी समाज की नज़रों में बड़ी घटिया लगने लगी। प्राण अपने मामा के घर जाकर रहने लगा। रेवती लाचार होती चली गई; मन से टूट चुकी थी, इसलिए खुद से उसे नफरत होने लगी। घर से बाहर निकलती तो लोग उसे छिनाल कहते।

टिटिलागढ़ एक शहर है। गाँवों से दूर। आदिवासी मानसिकता और गँवई समाज की मानसिकता से इसका कोई सरोकार नहीं है। इस हाल में उसका अनब्याही माँ बनना एक खबर है। उलाहना-लाँछना और प्रताड़ना इन्हें झेलना उसकी विवशता थी। रेवती को अपने बारे में कहने का मौका मिला ही नहीं। वह जो दिख रही थी, समाज उसे वैसा ही देख रहा था। हो-हल्ला मचा रहा था। उसे बोलने की इजाजत कोई नहीं दे रहा था। समाज के अस्तित्व को धता बताने की सजा ऐसी ही होती है। रेवती के मन, उसकी भावनाएँ, उनसे जुड़ी संवेदनाएँ, सब धरी रह गईं। नसीहतों का सिलसिला थमा नहीं। पैसे नहीं थे कि पुलिस के पास जाती। जान-पहचान नहीं थी की प्राण के परिवारवालों पर शादी के लिए दबाव डाला जाता। न ही कोई स्वयंसेवी संगठन सामने आया। समय गुजरने के साथ-साथ रेवती के पेट का उभार विस्तार लेता चला गया।

रेवती के साथ मुहल्ले और टोला-पड़ोसवालों ने बारी-बारी से मानसिक रूप से सामूहिक-सेक्स किया। रेवती से उसकी आपबीती सुनते हैं। ''प्राण से दूर होने के बाद यह खबर तेजी से फैली कि मैं माँ बननेवाली हूँ। बिना शादी किए। पड़ोसी मुझे कहीं और जाने के लिए कहने लगे। किसी ने गालियाँ दीं और कुछ ने धमकियाँ दीं। मेरे लिए प्यार करना इतना महँगा पड़ेगा, मुझे मालूम न था,'' एक साँस में रेवती अपनी बात कह गई। उड़ीया में व्यक्त इस व्यथा को हिंदी में हमें सुना रहे थे सामाजिक कार्यकर्ता प्रफुल्ल कुमार साहू। प्रफुल्ल इस बिनब्याही माँ के दर्द को संक्षिप्ततः इस तरह कहते हैं, ''किसी ने उसे कोर्ट में जाने की सलाह दी। वह एक वकील के पास गई मतलब कानून की शरण में—न्याय की देवी के पुजारी के पास। पुजारी थे एक नंबर के भोगू। औरतों के रसिया। उस शाम अपने पास बुला लिया।'' उन्हें दंड विधान की धारा की जानकारी शायद ही थी, पर गरीब लाचार कन्याओं को बहला-फुसलाकर उनके साथ दैहिक संबंध उन्होंने बनाए, यह पूरा टिटिलागढ़ शहर जानता है।

न्याय की गुहार में वकील के पास शरणागत रेवती के साथ आगे क्या हुआ, यह कहने की जरूरत नहीं। बस इतना बताना जरूरी है कि वह वकील के पास दो महीने तक जाती रही। उसने विरोध नहीं किया। हल्ला नहीं मचाया। क्योंकि उसकी नंगी तस्वीरें वकील के पास थीं। उस लकड़हारन को क्या पता था की देह भोग के इतने पेंच होते हैं। जीवन के स्रोत, मन की उर्वरता और सुख के ओस के रूप में चिह्नित स्त्री, जिन्हें टर्टुलियन ने 'स्वर्ग का द्वार' और गेटे ने 'उत्थान की प्रेरणा' माना, उसे कानून के ये रखवाले बस गर्भाशय ढोनेवाली एक चलते-फिरते सहज उपलब्ध योनि के अलावा कुछ नहीं मानते। एकत्रित घटनाओं से हमारा निष्कर्ष है कि अबोध कन्याओं को बहला-फुसलाकर उनके साथ रिश्ते बनानेवाले लोग सिर्फ अधिवक्ता ही नहीं, बल्कि ऐसे

लोग समाजसेवी शोधार्थी, शिक्षक, नौकरशाह भी हैं। कोई ठेकेदार तो कोई महाजन और कोई जमींदार है जिसे राज्य में 'गोंतिया' भी कहा जाता है।

आज रेवती अपने बेटे के साथ टिटिलागढ़ में देखी जाती है। उसके रोजगार-साधन क्या हैं, इस बारे में कोई स्पष्ट जानकारी नहीं है। उसके रिश्तेदार उसे भूल गए हैं। प्राण अब रायपुर में रहता है, जड़ी-बूटियों का थोक विक्रेता है। उसकी शादी हो चुकी है। बस इतनी जानकारी हमारे पास है। रायपुर में वह कहाँ रहता है, यह जानना आसान नहीं है। क्योंकि बदनामी की बास से उसकी वैवाहिक जिंदगी तबाह न हो, इसी वजह से उसने टिटिलागढ़ शहर को अलविदा कहा। जैसे रेवती को कहा था। इन प्रेमियों ने अपनी भोग्या को अलविदा कहा अपनी जान छुड़ाने के लिए। सारे प्रेमी ऐसा ही करते हैं। यह बात अभी तक घटनाओं से हो चुकी है। आगे भी होगी।

सामाजिक न्याय और जनकल्याणकारी व्यवस्था के ढिंढोरची रेवती, सीता, बुई, प्रेमलता और गीता जैसी चालीस हजार अनब्याही माँओं को न्याय उपलब्ध करवा पाने में औचित्यहीन हो जाते हैं। यदि इस मुद्दे पर समाज के स्थानीय सम्मानितजनों से बातें करें तो उत्पीड़िताओं के प्रति सहानुभूति की अपेक्षा उनकी महाभयानक उद्दंडता दिखने की विवशता सी हो जाती है। मानो जिम्मेदार पढ़ा-लिखा और समझदार समझा जानेवाला हमारा कुनबा भोगवादी राक्षसी विचारधारा को इस हद तक आत्मसात कर लिया है कि उसे किसी लड़की के बहकाने और गर्भवती कर छोड़ देने के पाप का बोध तक नहीं होता। यही वजह है कि ऐसी माँओं को समुचित न्याय नहीं मिल पाता। न सजा के उचित प्रावधान और न ही किसी की इच्छा शक्ति प्रकट होती है, जो उत्पीड़िताओं और उनके परिवार की व्यथा सुनने का साहस और समय जुटा सके। मुआवजे और गुजारा भत्ते की बात तो दूर की है।

# दीदी तेरा देवर दगाबाज निकला

पूरा नाम है केतकी नायक। गाँव का नाम कपसीपाली, जो बोलंगिर जिले के खपड़ाखेल प्रखंड का एक सुदूरवर्ती मानवीय बसाहट है। दरिद्रता यहाँ की नियति है। वंचना गाँववालों की कमाई। समझौता उनका स्वभाव है और बार-बार लुटकर एक बार फिर से लुटने के लिए मन-मिजाज पक्का करना उनका मूल चिंतन है। यही वजह है कि दुर्गतियों के दानव के पैने दाँत गाँव के आमजनों के ऊपर धँस चुके हैं। न कोई पहचान और न ही इसके प्रति जिज्ञासा है।

केतकी जवानी में चंचल और वाचाल थी। सुघड़ और कर्मठ भी। कुदरत ने जैसा रूप दिया वैसा ही काम के प्रति समर्पिता भी उसे बनाया। माँ-बाप इस बात से निश्चिंत थे कि केतकी ब्याह कर जिस घर में जाएगी, वहाँ से लौटकर उसे आना नहीं होगा। सबकी दुलारी बन जाएगी। केतकी जब अठारह साल की थी तो उसकी मुलाकात हुई अपने जीजा के भाई सुनील से। सुनील देखने में सुंदर और बोलचाल में बड़ा सुसभ्य था। पढ़ाई-लिखाई में अव्वल रहते हुए समाज सेवा के जरिए उसकी अच्छी पहचान बन चुकी थी। आसपास के इलाके में उससे लोगों को बड़ी उम्मीदें थीं। सुनील केंद्रपाड़ा का रहनेवाला था। भैया की साली से मिलना उसे अच्छा लगा। बहुत अच्छा। हँसीं-ठिठोली भी हो जाती थी। बाद में छेड़छाड़ होने लगा। फिर एक-दूसरे की चिंता होने लगी। दोनों एक-दूसरे पर अधिकार भी जताने लगे अपनी जिंदगी की परिधि लाँघकर। केतकी यदि किसी बात पर सुनील से रूठ जाती तो सुनील को केतकी के प्रति ढेर सारी शिकायतें होती। नोंक -झोंक, प्यार-मनुहार, देखने-दिखाने की जिज्ञासा एवं बेचैनी—दोनों यह नहीं समझ सके ऐसा क्यों हो रहा है?

साल 2001 के फरवरी में केतकी और सुनील के बीच प्रगाढ़ता ने ऐसा रंग लाया कि सामाजिक बंधन, बंदिश और वर्जनाएँ रखी रह गईं। खलिहान में पड़े पुआल के बीच शारीरिक मिलन होता रहा। बाद में दोनों जगह बदल-बदलकर मिलते। कभी नदी किनारे तो कभी लहलहाती फसलों के बीच। पागलपन और सनक के साथ सुनील हर मिलन

को चरम आनंद का अंजाम देता। इसी बीच केतकी गर्भवती हो गई। मगर सुनील ने उसका साथ नहीं छोड़ा। उसे जब इस बात की जानकारी हुई तो उसने केतकी को कहीं और चलने की सलाह दी। पर कहाँ? बेचैनी और व्यग्रता से जूझती केतकी ने अपनी लाचारी बताई कि बाहर निकलने से डर लगता है। उसने उपाय के तौर पर यही बताया कि जून महीने में शादी कर लें। सुनील इस बात के लिए राजी हो गया। सुनील और केतकी के अभिभावक एक-दूसरे के संबंधी थे। दोनों के रिश्ते में ऐसी बाधा नहीं थी कि शादी न हो सके।

केतकी का पेट बढ़ने लगा। बाहर निकलना उसने बंद कर दिया। मगर यह बात सर्वविदित हो गई कि वह माँ बननेवाली है। समूचा टांडी (अनुसूचित जाति) समुदाय बेचैन हो उठा। आक्रोश, घृणा, सहानुभूति और संवेदना के स्वर फूट पड़े। केतकी के लिए यह परीक्षा की घड़ी थी। इस बीच किसी ने इस बात की सूचना 'हकीकत जैसी खबर वैसी' चैनल के स्थानीय प्रतिनिधि को दे दी। बात यहीं से बिगड़ती चली गई। जिसका खामियाजा बेचारी केतकी को ही भुगतना पड़ा। सुनील ने यही माना कि केतकी ने उसे बदनाम करने की साजिश की है। तभी तो किसी टी.वी. पत्रकार को इस बात की जानकारी मिली। वह बौखला उठा।

दीदी का देवर दगाबाजी कर बैठा। उसने केतकी के मुँह पर दो हजार रुपए फेंककर गर्भपात कराने को कहा। बस इतना ही। इनकार की हालत में जान से मरवा डालने की धमकी तक दे डाली। जीजा उसकी दीदी को छोड़ने की धमकियाँ देने लगा। बात जाति-बिरादरी के बुजुर्गवारों तक जा पहुँची। सभी एक स्वर में केतकी को गलत साबित करने पर आमादा थे। सुनील साफ-सुथरा और सचरित्र ठहराया गया। ब्रह्मचारी-विनयी और विनीत। केतकी के पिता हिमाचल टांडी को चुपचाप रहने और केतकी की शादी हफ्ते-दो हफ्ते में अन्यत्र करने का फरमान जारी हुआ। हिमाचल ने अपना पक्ष रखना चाहा तो उसे पंचों की दुलत्तियाँ मिलीं। गालियाँ और हाथापाई तक जब बात पहुँची तो उसके हाथ-पैर तोड़ने का जतन पंच करने लगे। हिमाचल को झुकना पड़ा—पंच और लोग उसके नहीं थे। क्योंकि वह एक लड़की का बाप था, जिस लड़की के पेट में तीन माह का गर्भ साँसें ले रहा था। जीजा ने आकर पूरे परिवार को खरी-खोटी सुनायी। सबने केतकी को गलत कहा लेकिन गलती पर किसी ने नज़र नहीं डाली। ''समाज भी पैसे का सहगामी है, पैसावालों का दास'' गाँव के विश्वम्भर कहते हैं। यहाँ ऐसा ही हुआ।

ओहियो विश्वविद्यालय के डॉ. फ्रांसिस कीफे के मुताबिक, ''स्त्री अपने दर्द को सहज रूप से सहन कर लेती है। वह अपनी पीड़ा को जिस ढंग से दूर करती है, उसे पीड़ा का संवेदनात्मक सहअस्तित्व ही कहा जाएगा।'' यह निष्कर्ष आनुवांशिक विज्ञान के आधार 46 गुणसूत्र (क्रोमोजोम) के रहस्य की पड़ताल से हासिल किए गए हैं। केतकी के शरीर में और सुनील के शरीर में भी 23-23 क्रोमोजोम हैं ये जिनके संयोग में गर्भ ठहरा। सर्वविदित है कि स्त्री डिंब में 'एक्स' क्रोमोजोम एवं पुरुष शुक्राणु में 'एक्स वाई'

गुणसूत्र पाए जाते हैं। एक्स क्रोमोजोम रोग प्रतिरोध को नियंत्रित करता है। यही वजह है कि स्त्री में शारीरिक एवं मानसिक पीड़ा सहन करने एवं उनसे लड़ने की क्षमता अधिक होती है। केतकी अपवाद नहीं है। उसने भी सारे जुल्म सहन किए। प्रताड़ना-यातना-यंत्रणा इन सबको झेलना उसने उचित समझा।

पंचों के फरमान मिलने के बाद केतकी ने अपना गाँव छोड़ दिया। कटक स्थित किसी स्टे होम में उसने एक बच्चे को जन्म दिया, जो उसकी तरह ही अपने शरीर में 'एक्स' 'एक्स' गुणसूत्र रखती है। मतलब भविष्य के तमाम दुःखद अध्याय पहलु उसमें निहित है। अब वह माँ बने या अनब्याही माँ, प्रेमिका बने या वेश्या—पीड़ा के उच्चतम क्षणों में भी अपनी मानसिकता को सहनशक्ति द्वारा टालने में वह लीन रहेगी।

केतकी के फूल मुरझाते हैं। सो, केतकी भी मुरझा चुकी है। न कोई आस, न कोई उम्मीद। जीवन बोझ बन चुका है। पेट, रोटी और बच्चे की परवरिश और उसका लालन-पालन। आगे जिंदगी कैसे कटे, यह सवाल उसके सामने था। बगैर स्वार्थ के कोई उस पर दया कैसे करता। घर छोड़ना, चुप रहना, सब कुछ सहना उसकी बाध्यता थी। अन्यथा बड़ी बहन की जिंदगी में तूफान उमटने की आशंका थी। पूरी दुनिया उससे तो दूर थी ही, उसके खिलाफ भी थी। सभी पराए हो गए। मन की बातें किसी से नहीं करने का असर उसकी सेहत पर पड़ा। अंतर्मन में मर्द समाज से इतना भय व्याप गया कि बेटी को लेकर तमाम चिंताएँ उसे हबकने दौड़तीं। अपना छोटा रूप उस नन्हीं-सी जान में देखने लगी। वह बड़ी होगी, कोई उसके पीछे पड़ेगा, अपना होने की दावेदारियाँ करेगा, नजदीकियाँ बढ़ेंगी और उसके बाद वह भी बनेगी अनब्याही माँ। एक अभागिन, न कोई ठौर और न ठिकाना। पहचान के रूप में एक अदद नरम-मुलायम मादा देह।

आज केतकी मजदूरी करती है। जीवन बचा लेने भर कमा लेती है। यदि बीमार पड़ती है तो भूखे सोना और बच्चे का रोदन टुकुर-टुकुर देखना विवशता हो जाती है। इस राज्य में रोजगार के अवसर नहीं हो पाने की वजह से ऐसी लाचार कन्याएँ बेसहारा हो जाती हैं। सूखे खेत, बंजर धरती और सरकार-प्रशासन की उपेक्षा से उपजी सहज अराजकता से राज्य के गाँव-देहातों में ऐसे परजीवी पलते-बढ़ते हैं, जो जन अस्तित्व और उसकी अस्मिता को चूस जाते हैं। लाचार अनब्याही माताएँ असंगठित क्षेत्रों में खुद को झोंककर हर तरह के समझौते करतीं हैं जिन्हें उनकी अस्मिता और उनके आबरू का नाशक कह सकते हैं। "ये रोज समझौते करती हैं। इनसे आप जो चाहे माँग सकते हैं," बोलंगिर के ऋषि साहू कहते हैं। मतलब ये वेश्यापन ओढ़ लेती हैं?

रिश्ते की आड़ में जिस तरह से केतकी के साथ छल और छलावे का खेल अपने लोगों ने खेला, उससे अपनों के प्रति विश्वास वैसे ही बिसर जाता है जैसे आग के संपर्क में कपूर। आगे उसके साथ क्या होगा, यह तो भविष्य ही बताएगा।

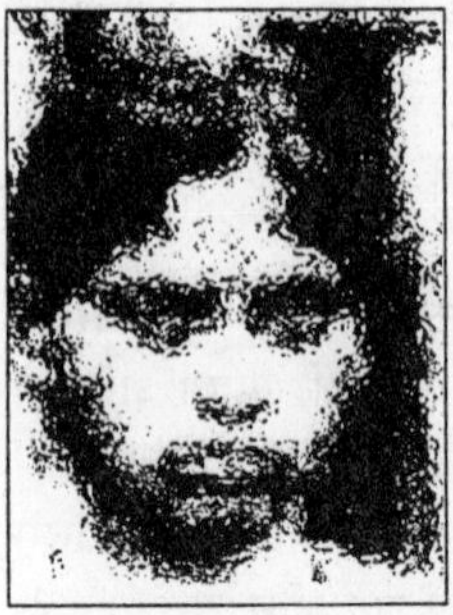

# आकाश से गिरे खजूर पर अटके

मल्कानगिरि की जानकी, जो कभी अल्हड़ थी, मतंग थी। उसकी कहानी कालाहांडी के बासमतिपुर गाँव की अंबिका प्रधान से कुछ अलग है। उससे हमारी मुलाकात मल्कानगिरि के बस स्टैंड में होती है। बेहद सहज-शांत और सुशील। बहुत कम बोलती है, शायद अब ऐसा करना उसे अच्छा नहीं लगता। मिलते ही पहली शर्त थी कि कैमरा या टेपरिकार्डर कुछ भी ऑन नहीं करना है। प्रफुल्ल बताते हैं कि अब वह मीडिया के लोगों से भय खाती है। किसी तेलुगू चैनल के संवाददाताओं ने उसे किसी अपराधी की रखैल या कार्ल गर्ल के रूप में चिह्नित किया था। तब से वह सतर्क हो गई है। हमारे पास कैमरा, टेपरिकार्डर नहीं होने की संतुष्टि के बाद उसने अपनी कहानी व्यक्त की। उसकी कहानी मल्कानगिरी के अपराध जगत से सीधे संबंधित है, उसके संबंध कभी नक्सली संगठनों से हो चुके थे। क्योंकि उसे अनब्याही माँ बनाने का गौरव ऐसे ही किसी माओवादी को प्राप्त है। वह उस माओवादी को नहीं जानतीं, उसे पहचान भी नहीं सकती।

उसके बारे में हमें बताया गया कि केंद्रगुड़ा में उसका घर है। गाँव के बारे में उचित जानकारी नहीं है। उसे इतना पता है कि जानकी का गाँव जंगलों के बीच में है। वह गाँव आदिवासी बहुल है। किसानी के अलावा वनोपज और सूखी लकड़ियाँ जुटाकर गाँव के लोग बाहर बेचते हैं, चार-छह रुपए रोज कमाकर जीवन के जंजाल से जूझते हैं। जंगल उनकी जमा-पूँजी है, खेत भविष्य निधि और सूखी लकड़ियाँ उन आदिवासियों की अर्थव्यवस्था का क्रेडिट कार्ड, जिन पर उन्हें पूरा भरोसा होता है। यह सच सार्वजनिक है। यही कारण है कि जंगल और पर्यावरण बचाने की चिंता में मंत्रालयों में बैठे चिंतक वनपुत्रों को ही समूचे पारिस्थितिकी के शत्रु होने का ठप्पा लगा चुके हैं। तो जंगल में रहनेवाली जानकी भी पर्यावरण की दुश्मन है। उसे कई बार जंगलात विभाग से इस आरोप को लेकर नसीहतें भी मिल चुकी हैं। पैसे से और देह से भी।

वन विभाग ने आदिवासियों का जीना मुहाल कर दिया है। इसलिए तंग आकर

आदिवासी नक्सलियों की शरण में जाते हैं। जो शरण देता है आज वही सबसे बड़ा शोषक होता है। जानकी के साथ भी ऐसा ही हुआ। वह अपनी शिकायत लेकर एक स्वयंभू नेता से मिलने पड़ोस के गाँव जा पहुँची। वह नेता वोटों का सौदागर नहीं था, ऐसा होता तो गनीमत थी। वह तो लालक्रांति का अनुयायी था। सामाजिक न्याय का पहरूआ। जल-जंगल और जमीन बचाने के नाम पर आदिवासियों का शुभेच्छु। उसने उससे हमदर्दी दिखाई। उसकी बातें सुनता रहा, समझता रहा। जानकी को तकलीफ थी अपने भाई से। उसके अनुसार भाई उसे तंग करता था। उसके साथ छेड़छाड़ करता था। जानकी की बातें दर्द के सैलाब लेकर उमड़ती रहीं। बाड़ खेत को खा जाए—रक्षक बन जाए भक्षक। उसे उम्मीद थी कि सत्ता और शासन को ठेंगा दिखानेवाले नक्सली कुछ उपाय ढूँढ़ेंगे।

उस नक्सली का दिल जानकी पर आ गया। भाई को डराया-धमकाया। मामला शांत रहा। मगर जानकी को इस एवज में अपना सब कुछ लाल सलाम को सौंपना पड़ा। नक्सली यायावर होते हैं। आज यहाँ तो कल वहाँ। बादलों की तरह आज यहाँ बरसे कल वहाँ। कुछ पता नहीं होता। रोज केतकी को यह खबर दी जाती कि फलाँ जगह बाबू ने बुलाया है। रोज नए जगह से बुलावा आता और उसे जाना पड़ता। दुर्भेद्य पहाड़, मीलों फैले कँटीले जंगल, पहाड़ी नदियों के तिलिस्मी कछार लाँघना उसकी मजबूरी बन जाती थी। जेठ की फुफकारती दुपहरिया या पूस मास की कँपकपाती रात—बाबू के पास उसे जाना पड़ता था। वह उसके साथ दैहिक रिश्ते बनाने को मजबूर थी। ऊपर से वह नक्सली उससे मँगाता था मुर्गे, अपनी जमात के लिए। कम से कम आठ से दस। गाँव के लोग मिल-जुलकर उसकी माँग पूरी करते, जब भी नक्सली आस-पड़ोस के जंगलों में आते और डेरा जमाते।

उन क्षणों के स्मरण मात्र से जानकी की साँसें तेज हो जाती हैं। कंठ सूखने लगता है और पैरों में तेज जलन का असहनीय अहसास छातियाँ कूटने को बाध्य कर देता है। जानकी को वह पहला चुंबन आज भी याद है। बेहद आनंदातिरेक था उसमें। गीलेपन में भी ऊष्मा का तरंगित अहसास। भारी-भारी साँसों के सहारे दहकते अधर में गुदगुदाहट पैदा कर देता था। पहले चुंबन के साथ ही कामाद्वेग की आग सुलगने लगी। उसकी कोमलता और भावनात्मकता उसे लहरों में डुबोती रही। बाँहों में भरकर प्रेमी ने उसे घास पर लिटा दिया था। वह लाचार थी मगर उत्सुक थी। अनमनापन था लेकिन उत्तेजना थी। इनकार था किंतु प्रोत्साहन भी था। कच्ची उम्र का रति निमंत्रण तो ऐसा ही होता है न। जानकी के मोहक गुस्से को भड़काने के लिए उसके प्रेमी ने उसे चूमा। उसके अंगों को सहलाया। उभारों पर अंगुलियाँ ठीक वैसे ही रखी जैसे एक कुशल मूर्तिकार कच्ची मिट्टी की अपनी कृति को निखारता है।

वह अपने प्रेमी की कामोत्तेजना के किसी अमंगल में खुद को मोम की तरह पिघलता महसूस कर रही थी। प्रेमी की कामुक हरकतों में उसकी साड़ी-ब्लाउज बाधा बन गई। सुरक्षा की तलाश में उसकी शरण में गई जानकी के लिए बड़ी विकट स्थिति

थी। चुंबन प्रेम का राज्याभिषेक होता है। वह चुंबन शुरुआत थी, अंतरंगता की ओर पहला कदम। जानकी की भूमिका सामान्य थी। ज्यादा क्रियाशीलता उस बाबू में थी। चरम उत्तेजना आने से पहले देह में सनसनाहट होती थी जो जाँघों से लेकर टखने तक उसकी काया को हड़काती थी। कंधे और होंठ में थरथराहट के साथ ही जब वह जमीन पर लेट जाती थी तो उठने का साहस नहीं रह जाता था।

प्रेम का सिलसिला लंबा चला। अंततः गर्भ में अपनी निशानी छोड़ गया बैरी प्रेमी। घनघोर वादियों से गर्भवती होकर लौटी जानकी किससे कहती की उसकी साथ यह सब कैसे हुआ। जंगलों में खूब भटकती रही—नक्सलियों के तमाम ठिकानों पर मथ्था ठोकती रही। इस बात की भनक स्थानीय पुलिस को लगी। पुलिसिया पूछताछ के अंजाम में वह विचलित हो उठी। प्रेमी की पीड़ा, पुलिस की प्रताड़ना और समाज के सवाल—किससे जूझती जानकी। कहते हैं कि डेढ़ माह के गर्भ होने तक उसके साथ दर्जनों दरिंदों ने जबरिया संबंध बनाए। एक से मुक्त होने की कवायद में बेचारी दूसरे जंजाल में जा फँसती—न्याय तो कहीं नहीं मिला। न सामाजिक न्याय के पैरोकार नक्सलियों से, न पुलिस से और न ही समाज के ठेकेदारों से। गर्भ के आकार बढ़ने के साथ-साथ मर्द समाज में उसकी माँग घटती चली गई। तब जाकर उसे राहत मिली।

जनवरी 2002 में वह एक नर शिशु की माँ बनी। पूरे मर्द समाज से ऊब चुकी जानकी अपने नवजात बेटे से मुँह कैसे मोड़ती ? हालाँकि पैदा हुआ बच्चा भी एक अदद मर्द था। बाद में बहुतेरी कन्याओं को अनब्याही माँ बनानेवाला। ऐसा बार-बार सोचती केतकी। मगर वह क्या करती उस अबोध के साथ। उस बच्चे की क्या गलती थी? यही एक ऐसा मोड़ है जहाँ मर्द औरत के सामने अबोध और कमजोर होता है। बेटे के होश सँभालने के पहले ही जानकी ने अपने मन से लज्जा और शर्म हटाना जरूरी समझा। आज वह बिल्कुल बोल्ड है। न संकोच और न कोई झिझक। घर में सहमी-सहमी सी जानकी आज उड़ीसा के हुक्मरानों की चहेती है। वह सत्ता और समाज की बीच की एक कड़ी है। जानकारों के मुताबिक राज्य में पैरवी की सूत्रधार जानकी भी है, जो नेताओं और नौकरशाहों को अपने इशारे पर नचाती है। वह उस अग्नि-परीक्षा से गुजर चुकी है, जो परीक्षा किसी शुचिता संपन्न युवती को भयहीन बनाकर दौलत और शोहरत से भर देती है। अब उसे अपनी काया और लज्जा की चिंता नहीं। हाँ, अब वह सतर्क जरूर है कि फिर से माँ न बन जाए।

# लोक लाज से उपजी चुप्पी

नुआपाड़ा जिले के बोलधा (बोदेन प्रखंड) गाँव की संयुक्ता एक आदिवासी कन्या है। आज अनब्याही माँ के तौर से जानी जाती है। अभी उसकी उम्र है 25 साल। आठ साल पहले पल्स पोलियो अभियान में उसने जी-जान एक कर खूब मेहनत की। तीखे नैन-नक्श की संयुक्ता से हमारी मुलाकात तब हुई जब उसके साथ उसका बेटा देवव्रत भी था, जो आज अपने पिता से नफरत करता है। क्योंकि उसे पता है कि उसके पिता सत्यव्रत मिश्रा ने उसकी माँ को बेहद कष्ट पहुँचाया है। सत्यव्रत अब उससे मिलने नहीं आता। देवव्रत इससे आगे कुछ नहीं जानता। मगर कब तक। फिलवक्त वह उसके सतही सच को जानता है, पूर्ण सत्य नहीं। क्या है यह पूर्ण सत्य?

देवव्रत बलात्कार की देन है। उसके गैर-कानूनी पिता ने संयुक्ता को कभी अपनी हवस का शिकार बनाया। कहते हैं संयुक्ता लोक-लाज की वजह से कहीं नहीं गई। रह गई घर में। अपने ऊपर हुए अत्याचार को अंदर ही अंदर समेटे वह घुलती रही। ऐसा दर्द-ऐसी पीड़ा जिसने उसे मन से तोड़ दिया। जिंदा रहकर भी वह मर चुकी थी। आत्माभिमान चूर-चूर हो चुका है। बिखर चुका है। उससे मिलने जब हम पहुँचे तो हमें बताया गया कि इसके पहले उसके पास कोई नहीं आया है। उसकी सुधि किसी ने नहीं ली है। क्योंकि उसने अपनी व्यथा को उजागर नहीं होने दिया है। पहले तो उसने ख़ुद को कुँआरी बताया। घटना-दुर्घटना से खुद को अनभिज्ञ होने का नाटक किया। जब उसे इस बात का पक्का यकीन हो चला कि हम पत्रकार नहीं हैं, संवादी नहीं हैं, तब जाकर उसने अपने बारे में कुछ कहने की शुरुआत की।

वह मन और आत्मा से हार चुकी है। आत्महीन और भावशून्य दिखती है। उसके सामने सवाल है कि उसका गुनाह क्या था। वह तो यही जानती थी कि प्यार करना पाप नहीं है। यदि उसने खुद को अपने प्रेमी के हाथों सौंपा तो इसके पहले भी कई युवतियाँ अपने प्रेमियों के साथ हमबिस्तर होती रही हैं। उसे पता था कि किस हालात में कोई लड़की माँ बनती है। उसकी एक विवाहिता सखी ने बताया था कि माहवारी

आने और खत्म होने के कितने दिनों बाद दैहिक संसर्ग गर्भाधान की संभावनाएँ पैदा करता है। उसे इस बात की भी जानकारी थी कि ग्रामीण इलाकों में इसी विधि से गर्भ ठहरने से विवाहिताएँ बचती हैं। किंतु उसके साथ धोखा हो गया।

उसके लिए वह क्षण बेहद सदमे से भरा था, जब उसे यह पता चला कि वह पेट से है। प्यार करने जैसे कसूर की इतनी बड़ी सजा, दोहरी सजा जिस सजा को हम आजीवन कारावास भी कह सकते हैं। अपने चरित्र से, अपनी आत्मा से, अपने मन से और अपने समाज से उसका पतन होता चला गया। कोई उपाय नहीं, कोई संवेदना नहीं, कोई सहानुभूति नहीं—न परिवार से, न समाज से और न ही समाज के ठेकेदारों से। चारों ओर से उसे उपेक्षा और प्रताड़ना से भरे शब्द मिले। नौबत यहाँ तक आ गई कि राह चलते लोग उसे संभोग के लिए आमंत्रित करने लगे। अब तक तो बदनाम बस्तियों में वेश्याओं को कोठे और मुंडेर पर ग्राहकों को लुभाने के गरज से अश्लील हरकतें करते देखा जाता रहा है। किंतु संयुक्ता ने कई मर्दों को ऐसी हरकतें करते देखा जो बेशर्मी से उसे अपनी ओर बुलाते हैं। ऐसी बेशर्मी की कल्पना उसने कभी नहीं की थी।

उसे प्यार के उन क्षणों के स्मरण मात्र से अपराध बोध होता है। वह उन मुलाक़ातों को याद करना नहीं चाहती। देह के उस आदिम राग में उसे बदबू आती है, जहाँ उसके मान, अभिमान और स्वाभिमान की लाशें सड़ रही हैं। प्यार के मृत्युगंध का दिमाग में बस जाना उसके लिए मौत से भी कहीं ज्यादा पीड़ा दे रहा है। सत्यव्रत ने उसके साथ जब दैहिक रिश्ते बनाए थे तो तब उस संबंध में समर्पण और सच्चाई के शब्द थे। उसे याद है कि उससे जब निकटता हुई थी तो वह निश्चेत हो गई थी। उस पर झुका हुआ सत्यव्रत भी निश्चेत ही रहा। उन दोनों के लिए एक वक्त ऐसा आया जब पूरी निश्चेतना थी। निश्चेतना के पहले पीड़ा थी। पीड़ा मोम की तरह पिघलकर आनंद और उत्तेजना में घुल गई। तुष्टि की अद्‌भुत पूर्णता पाने में दोनों सफल रहे। जीवन शक्ति के सबसे गहरे स्त्रोत, सबसे अँधेरे में प्रकाश पुंज का आभास, जो ऊपर से गुजरकर मीठा अहसास दे गया। उस अहसास में अबूझ भटकाव था, उस घाटी में जहाँ मन को बाँधे रखने के तमाम कायदे, कानून और उपाय बेकार और शिथिल पड़ जाते हैं।

मर्द के लिए स्त्री की चाहत पाप नहीं है। मतलब मर्द यदि स्त्री की देह की कामना करे तो यह पाप नहीं है। उसे औरत की देह भोगने का अधिकार है। लेकिन औरत के साथ ऐसा नहीं है। उसकी सदाशयता भी अजीब होती है। वह अपनी चाहत पर काबू रखने को लाचार होती है। अंतरंगता के क्षणों में वह अपने आनंद का उद्‌गार भी करे तो यह उसके मर्द को मंजूर नहीं होता। उसके हँसना और संभोग की पहल करना मर्द के दिमाग में शक पैदा करता है। यदि वह अपनी चाहत अपने मर्द से ही पूरी करना चाहे तो उसे उलाहने मिलते हैं। वह स्वच्छंद नहीं होती। मर्द की कामभावना को जीवन स्त्रोत का आधार माना जाता है, ज़बकि स्त्री संभोग की इच्छा रखे तो पुरुष के लिए यह आत्मपीड़क हो जाता है।

संयुक्ता को यह पता नहीं था कि औरत की देह को लेकर मर्द समाज इतना टुच्चा और सीमाहीन हो सकता है। जब से उसके माँ बनने की खबर सार्वजनिक हुई, तब से हर उम्र के मर्दों ने उसे अपने पास बुलाना चाहा। अपने साथ सुलाना चाहा। कोई उसे थपकियाँ दे-देकर, लोरियाँ सुनाकर मीठी नींद में सुलाने की मंशा नहीं रखता था। बल्कि अपने नंगी आँखों से बड़े-बुढ़ाते लोग उसके नंगे यौवन को देखना चाहते थे। जो मर्द लाचार थे, जर्जर और कायाहीन थे, उन्होंने भी उसे अपनी आगोश में लेना चाहा। संयुक्ता को प्रभु की इस विचित्र माया को देखकर शर्म भी आती थी और गुस्सा भी। काया की माया की इस लिजलिजी सच्चाई को उसने अपने से दूर झटकना चाहा। क्योंकि गैर मर्द का आमंत्रण गले में फुफकारते नाग को लपेटने जैसा था, जो हर हाल में जानलेवा ही होता। संयुक्ता को मर्द के सान्निध्य का फल मिल चुका था, जिसे उसे आजीवन ढोना है। किंतु उसे कहीं कुछ किसी से भी नहीं कहना है।

# आदिवासी देह होने की पीड़ा

पूजा भोई रायगड़ा जिले के काशीपुर प्रखंड के एक सुदूरवर्ती गाँव तालाझीड़ी में पैदा हुई। वहीं पली-बढ़ी। जंगलों में, पहाड़ों में रहना-खेलना और घूमना उसकी जिंदगी का अभिन्न हिस्सा था। पिता बचपन में ही गुजर गए। कहते हैं जंगलों में सूखी लकड़ियाँ चुनने-बटोरने गए उसके पिता को जंगली कुत्तों के कुनबे ने धर दबोचा और देह के चिथड़े कर डाले। भरी जवानी में प्रमिला भोई विधवा हो गई। चार बच्चों की माँ, न कोई सहारा न कोई सांत्वना। सारा संसार सूना-सूना सा। पहाड़ बन गई जिंदगी, जहाँ पथरीली राहें थीं, चढ़ाई और थकान से भरी—चुनौतियाँ कदम-दर-कदम।

बच्चे बड़े होने लगे समय के साथ—बगैर सहारे के। एक-डेढ़ बीघा खेत जोत कोड़कर उससे कुछ उगा कर-पैदा कर पेट भरने की विवशता थी। मानसून दगा दे जाए तो उन्हें जंगलों की ओर जाना पड़ता था। ये जंगल कभी उनके पुरखे के थे। वहीं से जिंदगी की जरूरतें पूरी होती रहीं। कानून के बंधन में वनपुत्र बँधते चले गए। पूरे राज्य में जंगलात विभाग के कानूनी शिकंजे ने उन्हें गुलाम बना डाला। इस हाल में जंगलों में जाना दूभर हो गया। गैर कानूनी घोषित हो गया। चोरी-छुपे जाने का मतलब था, यदि सिपाही ने देख लिया तो न जाने कितनी नसीहतें और जुर्माने।

उस दिन पूजा जंगलों में गई थी, ढोर-डंगरों के साथ। अड़ोसी-पड़ोसी ने उसे यह जिम्मेदारी सौंपी थी। जिसके एवज में पूजा को महीने में ढाई सौ रुपए मिलते थे। दिन ढलने को था, सूरज थक चुका था। शाम की सिंदूरी चादर का विस्तार सिमट रहा था, माहौल में धूल के गुबार थे—सारे जानवर अपनी-अपनी बस्तियों की ओर मुँह उठाए लौट रहे थे। बाँ-बाँ के स्वर में छटपटाहट थी, बेचैनी थी। इसलिए जमीन पर वे खुरों से प्रहार कर अपनी गहरी छाप रास्ते-डगर पर छोड़ रहे थे। गाँव करीब था। दिन भर के अथक श्रम से जुटाई गई लकड़ियों के गठ्ठर लिए वह जैसे-तैसे घर लौट रही थी। तभी आफतों का प्रहार उस पर टूट पड़ा।

वे चार थे, वर्दी में। डंडे और बंदूकों से लैस। चुस्त और सजग, बेहद फुर्तीले। उनके

अनुसार पूजा गुनाहगार थी। उसके पास कुल्हाड़ी थी, जंगल से बिनकर इकट्ठी की गई सूखी लकड़ियाँ थीं। जंगलात विभाग के अनुसार वन कानून के सेक्शन 56 का उल्लंघन करनेवाली उस किशोरी के गुनाह को नज़रअंदाज करना भारी भूल हो जाती। जबकि बात कुछ और थी। पूजा का सबसे बड़ा गुनाह यही था कि जवानी के दहलीज पर कुलाँचे भर रही थी, अकेली वह भी सुनसान जगह पर। इसलिए उसे मर्दों ने धर दबोचा। रातभर चला मासूमियत और लाचारी के ऊपर मर्दानगी का जश्न। एक नहीं कई टूट पड़े—जैसे सामूहिक भोज हो। सारे मर्द यही मान रहे थे कि पूजा भी इसके मजे ले रही है।

चूँकि सेक्स इंसान का नितांत निजी मामला है, जो मन से उपजकर दिमाग को अपने वश में करता है और देह पर कलोल करता है। मन से कोई भावना तभी जागती है जब वह संभोग में रत युवक-युवती एक-दूसरे के प्रति सजग हों। सेक्स शारीरिक साफल्य का अमोघ मंत्र हैं। हेवलेक एलिस का मानना है कि 'मनुष्य में कामुकता समय पर जोर मारती है।' अर्थात् मन से उपजी भावनाएँ जब तक पारस्परिक सामंजस्य के धरातल पर नहीं आती हैं तब तक कामुकता संतुष्टि का कारक नहीं बनती। इस सामान्य सूत्र को धत्ता बताने का सीधा मतलब है हिंसा और पीड़ा पैदा करना। प्रेम और बलात्कार के बीच यही मूलभूत अंतर है।

पूजा के साथ बहुत बुरा हुआ। गाँव में लोग इकट्ठे होकर उन प्रेम पुजारियों को सबक सिखाना चाहते थे। उसने हाथ जोड़ लिए। उसने पुलिस में रिपोर्ट लिखाने से मना कर दिया। क्योंकि वर्दीवालों के गुनाह वही वर्दीधारी ही दर्ज करते। उसे कानून की पेचीदगी का सामना कभी नहीं करना पड़ा। गाँवों में पहाड़ों में कानून के पेंच कौन बताए? कोई एक पखवाड़े बाद जंगल विभाग का एक हड़ावल दस्ता प्रमिला के घर आ धमका। वन कानूनों का हवाला दिया, जंगल बचाने की चौपाइयाँ गाने लगे। राष्ट्रहित और जन-गण-मन से डूबते-उतराते उनके शब्द—जैसे स्वहित के लिए अपने स्वार्थ कभी नहीं साधे हों इन्होंने। उसके पूरे परिवार को राष्ट्रद्रोही की संज्ञा दी जाने लगी।

पूजा की यौन-शुचिता तहस-नहस कर चुके उन महामानवों ने अब कानून और नियमों का आतंक दिखाया। वे उसे गिरफ्तार करने आए थे। जैसे-तैसे उन्हें प्रमिला ने समझाया परंतु पूजा उनकी नज़रों में चढ़ गई। हफ्ते भर बाद वह गर्भवती हो गई। लेकिन वह यह नहीं जान सकी किसका बच्चा उसके पेट में आकार ले रहा है। वे आततायी फिर आए। कहने लगे गर्भपात करवा लो। पूजा तैयार नहीं थी। उसे इतना पता था कि ऐसा करवाने से मौत हो जाती है। बच्चा चाहे जिस किसी का भी हो वह उसे खोना नहीं चाहती थी। बावजूद इसके कि पीछे जो भी हुआ, बड़ा यातनादायक था। लेकिन इन सबसे कहीं ज्यादा त्रासद संकट तो यह था कि वह एक जीव हत्या की परिस्थितियाँ तय करे। पिता चाहे जो भी हो, माँ तो पूजा ही थी।

मर्द औरत को भोगने को हर समय आतुर होता है। मगर उसे स्त्री की उर्वरा-शक्ति डराती भी है। प्रकृति का यह क्रूर मजाक है कि यौन-सुख से बच्चा पैदा होता है। यह

औरत का विशेषाधिकार भी है और गुलामी की बेड़ियाँ भी। ऐसा नहीं होता तो कितना अच्छा होता; ऐसी सोच हैं बलात्कारियों के और जो गर्भाधान के जरिए औरत की स्वच्छंदता को बाँधना चाहते हैं, उनकी तो बात ही कुछ और है।

पूजा आज लाचार है। अपनी चार साल की बिटिया मीरा के साथ जिंदगी काट रही है। उसके साथ जो भी हुआ, उसे वह आज भी याद करती है। लेकिन उपाय क्या है? यादें ही केवल शेष है। खुलकर कुछ नहीं कहती, क्योंकि पाँच साल पुराना मामला जंगल विभागवाले फिर ला पटकेंगे। ''दफन मुर्दे में बदबू आती है। इसे उखाड़ने का मतलब है बदबू फैलना,'' रायगड़ा के समाजसेवी तपन मोहंती कहते हैं। अपने बच्चे के लिए जी रही पूजा एक आदर्श माँ है, जो गर्भपात को जघन्य अपराध मानती है।

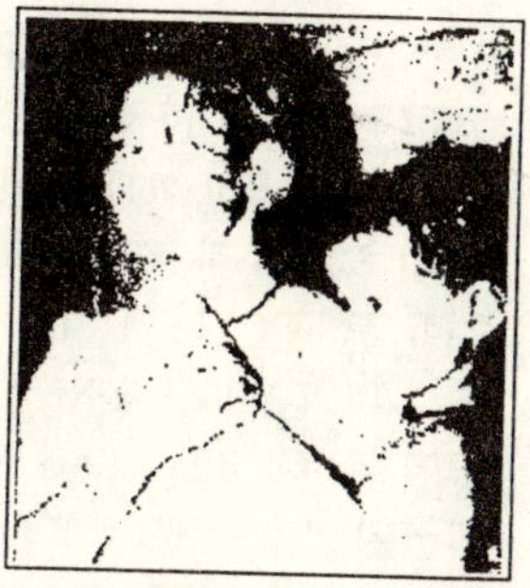

# साजिश की शिकार रंजना

बोलंगिर जिले के एक गाँव काँटापल्ली की रंजना अपने नारीत्व को अभिशाप समझती है। बहुत कम उम्र की थी वह—महज दस साल की। गाँव में पानी की कमी हो जाती थी मार्च की आहट होते ही। इसलिए ज्यादा समय पानी जुटाने में बीत जाता था। बच्चों की मंडली में हुड़दंग और हड़बोंग होता था। लड़के-लड़कियाँ एक साथ मस्ती करते। तब उसे नारी देह की खासियत का पता नहीं था। लड़कों के साथ मस्ती करने की प्रक्रिया में वह बड़ों की नकल करने में, संभोग क्रिया से जुड़ गई।

गाँव में शोहदों का एक कुनबा था, जो अपने रंग-बिरंगी लुंगी और जालीदार बनियान से गबरू रूप दिखाते थे—लंबे-लंबे बाल और प्लास्टिक के जूते के अलावा हाथ में लाठी से इर्द-गिर्द धौंस जमाते। इन लपाड़ों का काम बस इतना ही होता, ताश खेलना-मटरगश्ती करना और जवान होती बालाओं को छेड़ना। मौका मिलते ही उनके साथ दैहिक संबंध बनाना उनकी आदतों में शुमार था। रंजना इन्हीं शोहदों में एक शिव के चक्कर में जा फँसी। तब वह तेरह साल की थी और शिव की उम्र बाईस साल।

वह अपने ननिहाल में रहता था मतलब काटापल्ली में जहाँ उसके नाना की पैतृक संपत्ति थी। रंजना को उसने शादी के झाँसे नहीं दिए। उसे मोबाइल फोन और मोटर साइकिल का आकर्षण दिया। मजाक-हँसी ठिठोली करता। प्रेम दर्शाने के लिए शिव ने उसे अपना मोबाइल दे दिया। रात में बातें होतीं। दलित परिवार में पैदा हुई रंजना के लिए दो शाम रोटी मिलना मुश्किल था। सपना था नए कपड़े और पेट भर चावल। ऐसे ही सपने बेचता था शिव। वह साहूकार का ध्योता था। पैसे की कमी नहीं। जितना चाहा लुटाया और मस्ती-भोग कर सो गए। रंजना के मिजाज-तेवर जानने के बाद उसे घुमाने मोटर साइकिल पर ले जाता। रंजना के लिए जो भी था, अद्‌भुत था।

उस दिन वह उसे एक सूनसान जगह ले गया। स्त्री इतनी खुश कभी नहीं होती जितनी वह प्रणय याचना किए जाने के दौर में होती है। इस वक्त मर्द उसे बड़ा बेचारा और निरीह नज़र आता है। वह ऐसे मौके की नजाकत जानती है। यही मौका होता

है जब मर्द को ललचाया जाता है, झुकाया जाता है। इस क्षण में तो मर्द घुटने के बल बैठकर स्त्री के सजदे करता है। पूरे गृहस्थ जीवन का समीकरण यहीं तय होता है। वह जो चाहती है, प्रेमी वही देना चाहता है। स्त्री की चाहना यहीं पूरी नहीं होती। वह मनुहार चाहती है। प्रेम के व्यवहार में लचक चाहती है। निवेदन चाहती है। क्योंकि उसे पता है कि उत्तेजित होने के बाद वह प्रेमी के हाथों कठपुतली बन जाएगी।

शिव ने घनघोर जंगल में ले जाकर उसके साथ दैहिक रिश्ते बनाए। रंजना इसका विरोध न कर सकी। पहले ही उसके उपकारों तले दब चुकी थी। बाद में शिव का सान्निध्य अच्छा लगने लगा। साथ ही दैहिक संबंध असीम आनंद देता। छह महीने बाद रंजना गर्भवती हो गई। जब उसने शिव को यह खुशखबरी सुनाई तो वह खुशी से पागल हो उठा। किंतु आगे क्या करना है और क्या होगा—इतना सोचते ही वह शांत हो गया। जैसे देह का सारा जीवन रस किसी ने एक झटके में सुड़क लिया हो। डरते-डरते उसने यह बात अपने हमउम्र मामी को बताना जरूरी समझा। इसके बाद विरोध का चडौंसा भभक उठा। हल्ला-तूफान। नानाजी ने उसे अपने घर से निकाल भगाया। रंजना कुजात थी, नाबालिग थी और उसके माँ-बाप निर्धन थे। ये तमाम बातें उसके नाना-नानी को मुश्किलों में डाल रही थीं। रंजना के साथ जो भी हुआ उसके लिए सोच और कल्पना से परे था। जबकि शिव के पक्ष से सोची-समझी साजिश थी। उसके जाने के बाद रंजना या उसके माँ-बाप की इतनी कुव्वत नहीं थी कि वे इस मामले की फरियाद लेकर कहीं जाते।

जनवरी 2004 में रंजना ने एक लड़के को जन्म दिया। बच्चा पैदा करना उसके लिए जितना पीड़ादायक था, उसे स्वीकार करना उतना ही यातनापूर्ण। क्योंकि स्थानीय समाज में इस बात को लेकर जमकर चर्चा हो रही थी। गाँव में मटरगश्ती करनेवाले अन्य शोहदों के अभिभावक सतर्क हो गए कि कहीं ऐसी घटना फिर से न घट जाए। लेकिन किसी ने रंजना के बारे में कुछ नहीं सोचा। करना तो दूर की बात थी। आज वह जिस द्वन्द्व और पीड़ा को अपने अंतर्मन में समेटे जी रही है उसकी पैमाइश संभव है? मल्कागिरि के पूर्व जिला कलेक्टर मुनीश मुद्गल इस बारे में लंबी चर्चा करते हैं। वह बताते हैं किन वजहों से कानून कहाँ सीमित हो जाता है और सजा पाए अभियुक्त के लिए नियमों का उल्लंघन कितना आसान हो जाता है। उन्होंने बताया कि लड़की जब बालिग होती है तो प्रेमी को अभियुक्त के रूप में चिह्नित कर उसे दंडित करना टेढ़ी खीर हो जाता है।

वह सामाजिक पुनर्जागरण की वकालत करते हैं। उनके मुताबिक समाज की ओर से किया जानेवाला पहल निश्चित रूप से अनब्याही माताओं को न्याय मुहैया करवा सकता है, साथ में अबोध-मासूम बालाओं के लिए भी सोच का माहौल पैदा करेगा।

# प्रेमी, जो आँसू दे गया

समाज से निराश दयामति की व्यथा सुनिए, जिसके लिए समूचा मानवीय कुनबा भोगी-कामी-लम्पट और स्वार्थी है। उसकी आपबीती से यह जानकारी मिलती है कि समाज में बोलंगिर की सांसद संगीता सिंह देव जैसे बहुसंख्यक हैं, जो निषेध की भाषा बोलने में विश्वास रखते हैं, नियंत्रण लागू कर सकते हैं परंतु सृजनात्मक जीवन के रास्ते नहीं बना सकते। संगीताजी अनब्याही माताओं के बारे में न तो कुछ सुनना चाहती हैं और न ही कुछ कहना। इस पूरे मुद्दे को बकवास बताती हैं। इस बाबत सवाल पूछनेवाले को डाँटने से बाज नहीं आतीं।

दयावती की उम्र है 24 साल। पिता का नाम जगदंबा नायक। गाँव खोमापादार। ब्लॉक पद्मपुर। जिला रायगड़ा। जगदंबा बीपीएल कार्डधारी हैं। आज अपनी पहचान छुपाना चाहते हैं। वह किसी से मिलना नहीं चाहते। जानते हैं कौन क्या देगा। ऑफिसर सांत्वना देंगे। शोधार्थी अतीत का बखिया उधेड़ेंगे। समाजसेवी शब्दों के रफगर होते हैं, सो वायदे करेंगे और पत्रकार उन कड़वी सच्चाइयों का शव परीक्षण करेंगे, जिनसे वह दूर रहना चाहते हैं। लेकिन लोग तो आएँगे ही। सवाल पूछेंगे। दयावती से मिलना चाहेंगे। *संवाद* नामक एक प्रमुख उड़िया दैनिक के संपादक सी.बी. पटनायक तो मानो ऐसी हर घटना को मुख्य पृष्ठ पर छापना चाहते हैं, तस्वीर समेत। ताकि पेपर की बिक्री बढ़े। उनके लिए दयावती एक बिकाऊ मुद्दा है। जबकि दयावती स्वयं दुनिया से जुदा होकर एकांत में जीना चाहती है।

हम शोधार्थियों की टीम दयावती के घर पहुँचती है। दोनों शोधार्थी महिलाएँ थीं। इसलिए इनके आँगन तक वे जा पहुँची। कैमरा या टेप-रिकार्डर नहीं। इस बात से दयावती आश्वस्त होती है। बातें शुरू होती हैं, उड़ीसा के राज-समाज की। नवीन पटनायक जैसे लचर-शासक पर मामला रोचक हो जाता है। जब से पटनायक जी ने राज्य के शासन की बागडोर सँभाली है, तब से एक भी प्राथमिक स्वास्थ्य केंद्र (प्राइमरी हेल्थ सेंटर/पी.एच.सी.) अस्तित्व में नहीं आया। जो काम कर रहे थे, उनमें से कई आज

धराशायी होने के कगार पर हैं। कहीं डॉक्टर नहीं तो कहीं दवा नहीं। मुख्यमंत्री जी को चिंता है कि किस तरह बहुराष्ट्रीय कंपनियाँ राज्य में खनिज उत्खनन में जुट जाएँ। बातचीत की दिशा राजनीतिक होने लगी तो हमारे शोधार्थियों ने दयावती के बच्चे के बारे में पूछना शुरू किया।

उसका नाम प्रमोद है। पिता का नाम परमसुख मोहंती है, जो अपने को भद्रक जिले का वाशिंदा बताता था। बताता था—ऐसा क्यों ? क्योंकि आज वह दयावती के साथ नहीं रहता। मगर क्यों? हमने उसे सांत्वना दी कि शादी करके छोड़ना इतना आसान नहीं होता। वह भी बच्चा पैदा करने के बाद औरत की अपने मर्द पर अधिकार पक्का हो जाता है। दयावती चरित्रहीन नहीं है। वह अपने पति के प्रति पूर्ण समर्पिता है तो पति को हर हाल से झुकना ही पड़ेगा। उसे हमारी बातें अच्छी लगीं। हम उसे अपने लगे। अतः उसने खुलकर बताया कि वह कभी परमसुख से प्यार करती थी। उसने इस प्यार में न परिवार और न ही समाज की चिंता की। न उम्र की और न ही जाति की। सच्चे प्यार की यही पहचान है।

परमसुख उससे पाँच साल छोटा था। तब वह बाईस की थी और वह सत्रह का था। परमसुख उसकी हर बात मानता था। सेक्स करने का आमंत्रण दयावती ने उसे दिया। इसके पहले वह अपने दूर के रिश्ते में किसी के साथ कई बार हमबिस्तर हो चुकी थी। दैहिक सुख के वह मजे ले चुकी थी। परमसुख पहले हिचकिचाया। मगर औरत की जिस्म की बनावट देखकर वह भौचक्का रह गया। समझ में नहीं आया कि क्या करे। दयावती के बारे में हमें जानकारी मिली कि उसके साथ किसी रिश्तेदार ने कभी बलपूर्वक संबंध बनाया था। ऐसा कई बार हुआ। तब वह चौदह साल की थीं। बाद में उसे इस काम में मजा आने लगा।

परमसुख के साथ वह जब भी संबंध बनाती, गर्भ निरोधक का इस्तेमाल जरूर करती थी। वह जानती थी कि ऐसा नहीं करने से क्या नतीजे होंगे। उसने अपने प्रेमी को कहीं और नहीं कहने की हिदायत भी दे रखी थी। पर परमसुख कच्ची उम्र का था, उसकी सोच परिपक्व नहीं थी। उसने यह बात अपने एक साथी देवकरण को कह दी। खुद दयावती के अनुसार वह अपने प्रेमी से पास में बहनेवाली एक जोर (छोटी नदी) के पास मिलती थी। एक बड़े चट्टान की ओट में। उस दिन भी वह वहाँ जा पहुँची। परमसुख के साथ प्रेम में मशगूल हो गई। तभी देवकरण ने धावा बोल दिया। दयावती हतप्रभ रह गई। प्रेम का नशा काफूर हो गया। वह दयावती पर टूट पड़ा। इसी बीच देवकरण के एक अन्य साथी ने दयावती के सारे कपड़े अपने कब्जे में ले लिए। लड़के, जो संख्या में चार थे, बारी-बारी से दयावती को अपनी हवस का शिकार बनाते रहे। दयावती के अनुसार, ''उस दिन जो भी हुआ वह परमसुख की जानकारी में हुआ।''

प्रेम से मन टूट गया दयावती का। उसने जो भी देखा, जो भी भोगा अपने से अंतर्मन निकाल पाना सहज नहीं था। अंतःकरण में सामूहिक बलात्कार की पाशविक लीला ने उसे अंदर से हिला कर रख दिया। इसी बीच उसकी निजी समस्या सामने आई।

पता चला की वह माँ बननेवाली है। उसने अपना गर्भ गिराना चाहा। लेकिन कोई उपाय नहीं था। कोई जुगाड़ नहीं था। घर में किसी ने कुछ नहीं कहा। किसी ने बताया कि गर्भ गिरवाने के लिए भुवनेश्वर या कटक जाना होगा। इसके लिए बीस हजार रुपए का खर्च बताया। इतने पैसे ? दयावती धम्म से ज़मीन पर चारों खाने चित हो गई। पिता ने सब कुछ स्वीकार कर लेने की सलाह दी। वह जीना चाहती थी लेकिन इस अनचाहे गर्भ से मुक्ति भी चाहती थी।

समय बीता। गर्भ ने अपना पूरा आकार लिया। नौवें महीने में गर्भ से बच्चा बाहर आया। नर शिशु। वह अंदर से काँप उठी। क्या जवाब देगी उस अबोध को, जब वह जवान होगा। पिता का नाम क्या होगा। पिता कहाँ हैं ? उससे अलग क्यों है? इस बारे में झूठ भी बोल दे तो समाज सच कहने में बाज नहीं आएगा। बेटा धर्म संकट लेकर पैदा हुआ। यक्ष प्रश्नों के साथ–सवालों के सलीब लेकर। दयावती ने चुप्प रहना ही सही समझा। उसे अनचाहे गर्भ से विरक्ति थी मगर पैदा हुआ बेटा उसके शरीर का एक टुकड़ा था जिसका अपना अस्तित्व था। वह उसे नदी में प्रवाहित नहीं कर सकती थी। वीरान में छोड़ नहीं सकती थी और न ही उसे अनाथालय में किसी के लिए सौंप सकती थी। अपने ममत्व से जोड़कर भी वह उसे सामान्य जिन्दगी नहीं दे सकती थी। अमूमन, नर और नारी, चाहे वह विवाह जैसी सार्वभौम संस्था से जुड़े हों या नहीं, यदि वे बच्चा पैदा करते हैं तो उनके लिए यह जरूरी हो जाता है कि वे सहज संबंध आपस में रखें। यह अपने समाज का मानवीय पक्ष है। यदि ऐसी समझदारी लेकर नर-नारी नहीं चलते तो समाज में विरूपताएँ और विद्रूपताएँ पैदा होती हैं। इसका असर पैदा हुए संतति पर पड़ता है। इसलिए अनब्याही माताओं के बच्चे सामान्य बचपन से गुजरकर बड़े नहीं होते। उनकी परवरिश कुछ ऐसा ही होता है कि वे बड़े होकर समाज को सम्यक् नज़र से नहीं देख पाते। मतलब उनका व्यक्तित्व संपूर्णता के साथ विकसित नहीं होता। प्रमोद इस कड़वे सच से उबर पाएगा, यह एक सवाल है।

दयावती का बच्चा अपने आप में सवाल है। वह हमसे जो प्रश्न पूछता है उसका जवाब न कुंती दे पाई थी और न ही भीष्म पितामह। इसलिए उनसे समाज नज़रें चुराता है। यह बात दीगर है कि इसी समाज में उसे भद्दी-भद्दी गालियाँ देनेवालों की कमी नहीं। परंतु जो बच्चे अनब्याही माताओं के हैं उन बच्चों के सवालों के जवाब गालियाँ देनेवाले भी नहीं दे सकते। यही सच है। गुईपीटा के अक्षय माँझी आज अपने अड़ोस-पड़ोस क्या समूचे देश के समक्ष एक चुनौती है। अनब्याही माताएँ भी इस पूरी व्यवस्था और उस व्यवस्था के बूते दिलावरी करनेवालों के लिए आँखों की किरकिरी हैं। जो संविधान की प्रस्तावना को मुकम्मल अर्थ होने देने से रोकती हैं।

# दुलारी की दुर्दशा

रायगड़ा के रमन्नागुड़ा प्रखंड के खैरिनी गाँव की दुलारी से मुलाकात होती है। वह आदिवासी है। उसकी उमर है 16 साल। छह महीने के एक बच्चे की माँ। यही बच्चा उसकी पूँजी है, जो किसी मर्द की अंधी भूख, सहज संगति और अतिशय सान्निध्य से उपजी उत्तेजना की फसल है। वह अपने बच्चे के साथ हमारे सामने आई। बिल्कुल अबोध सी—इतने उम्र का अंतर तो दो भाई-बहनों के बीच होता है। रमन्नागुड़ा एक बेहद पिछड़ा इलाका है। पता चला कि 28-29 साल की उम्र में गाँववाले दादा-दादी बन जाते हैं। इतनी कम उम्र में इतने सारे रिश्ते? उस इलाके की यही वास्तविकता है जिसने परंपरा का रूप ले लिया है।

खैर मिलते हैं दुलारी से। वह हिंदी नहीं बोलती। उड़िया में भी जो बोलती है वे ज्यादा अर्थहीन ही होते हैं। वह खुद बच्ची है, उसकी सोच सीमित हैं, निर्णय की उसमें क्षमता नहीं और न ही अपने निजी दायित्व का उसे अहसास है। ऐसी कच्ची उम्र के बच्चे यदि माँ बन जाए तो माँ-बाप के लिए दायित्व हो जाते हैं। पर दुलारी के साथ ऐसा नहीं हुआ। अबोध अवस्था में अनब्याही माँ बनने की नियति, जो भारतीय लोकतंत्र पोसनेवाले शलाका पुरुषों को उनकी चूक, लापरवाही और शरारत को प्रमाणित करता है। इन श्रीमंतों की दलील होती है कि वे किसी को माँ बनने से भला कैसे रोक सकते है? पर यह सवाल सतही है। मुद्दा यह है कि बच्चियों या बालिगों की कैसी परिस्थिति होती है कि उन्हें बिन शादी के माँ बनना पड़ता है।

रायगड़ा में साल 2003 में जंगलों से बीड़ी पत्ता (तेंदूपत्ता) तोड़ने का ठेका किसी पंचानन मिश्र को मिला। पंचानन बाबू रायपुर के दबंग पूँजीपति हैं। पूर्व मुख्यमंत्री अजीत जोगी के बेहद करीबी। ऐसी चर्चा लोकमानस में है। पंचानन बाबू की उम्र है 50 साल से कहीं ज्यादा। वे जब भी रमन्नागुड़ा आते तो खाना दुलारी के घर से ही बनता था। क्योंकि दुलारी की माँ बकरे का गोश्त बड़ा लजीज बनाती थी और इसके बदले उसे मिसिरजी इतना पैसा दे देते थे जिससे वह महीना भर अपने परिवार का पेट

पाल देती थी। मिसिर जी को खाना पहुँचाने दुलारी ही जाती थी। इसी आने-जाने में दुलारी गर्भवती हो गई। कोई नहीं जानता कि किसने उसे माँ बनाया। उसकी माँ इस बारे में शांत ही रहना चाहती है। शायद उसे सब कुछ पता है पर बताने से उसे क्या मिलेगा। न्यूज पेपर के कवरेज से उसके परिवार का पेट भरना संभव नहीं। सामाजिक संस्थाओं के हल्ला-तूफान के बहकावे से उसे क्या मिलेगा? बलात्कार की शिकार भँवरी देवी को क्या मिला? पटना के शहाना बेगम को क्या मिला। कुछ नहीं। इसलिए खामोशी ही उसके विरोध और प्रतिवाद का तरीका है।

कहते हैं दुलारी की मासूमियत का किसी भोगी-लंपट ने भरपूर लाभ उठाया। किसने किया यह कोई नहीं जानता। लेकिन यह सर्वविदित है कि उसे आजीवन इस सच्चाई से पल-प्रतिपल वास्ता पड़ना ही है कि वयः संधि प्रक्रिया सें गुजरने में वह गर्भवती हो गई। जिस गर्भावस्था के सुख को उसने संजीदगी से महसूस नहीं किया और न ही मातृत्व की कोमलता की रागिनी गा सकी। सहजता और मासूमियत की इतनी बड़ी सजा उसे मिलेगी उसने सोचा भी नहीं। इस गाँव में सभी उसके बच्चे को दुलारते रहे हैं। उसकी माँ ने बताया कि वह रोजी-रोटी कमाने के उद्देश्य से वह हर साल छत्तीसगढ़ चली जाती है। वहाँ उसे रोजगार मिलने में परेशानी नहीं होती।

छत्तीसगढ़ में काम-धंधों के प्रति उड़ीसा के वन्य समाज का आकर्षण जितना स्वाभाविक है उतना ही सहज भी। वहाँ खेती का कारोबार मुनाफे का धंधा है। इसलिए मजदूरों की उचित मजदूरी भी मिल जाती है। हर साल लाखों की संख्या में गरीब-गुरबे छत्तीसगढ़, मध्य प्रदेश, बिहार, उत्तर प्रदेश, झारखंड और पश्चिम बंगाल पलायन कर जाते हैं। यह पलायन हर साल होता है। इस वजह से उन जगहों के रोजगार देनेवाले भूपति और पूँजीपति उनके साथ जो सलूक करते हैं, वह पशुवत हो जाता है। क्योंकि वे जानते हैं कि एक के जाने या नहीं आने का फर्क नहीं पड़ता। हजारों और लाखों के तादाद में पलायन करनेवाले दीन-हीनजन बिन बुलाए चले आएँगे। इसलिए इनका शोषण जमकर होता है।

ऐसा मानना है कि दुलारी जहाँ जाती है, वहाँ भी वह सुरक्षित नहीं है। जिस मालिक के यहाँ काम करती है वे उसे जमकर भोगते हैं। अब उसे इस मुद्दे पर कोई एतराज नहीं है। एक मर्द भोगे या पचास। कोई फर्क नहीं पड़ता। समाज को जितना बिगाड़ना था, बिगाड़ लिया। जो छीनना था, छीन लिया। जो लेना था, ले लिया। यही संतोष उसके जीवन का दर्शन है जिसके बूते वह जिंदगी से जूझ रही है।

दुलारी की माँ चुप क्यों है ? चूँकि लड़कियाँ असंपृक्त, सहमत और असहाय होती हैं। प्रख्यात आस्ट्रेलियाई लेखिका जर्मेन ग्रीयर के विचार से 'वे इसलिए ऐसा होती हैं क्योंकि शायद उन्हें ऐसी आशा रहती है कि उनके द्वारा उपलब्ध कराई गई राहत के कारण, थोड़ा-सा स्नेह और रक्षा का भाव पैदा होगा।' मतलब वह अपना सबकुछ किसी मर्द को सौंपकर उससे स्नेह और सुरक्षा चाहती है। ग्रीयर आगे लिखती हैं कि 'वे वासना

झेलती हैं।' उनकी इच्छा नहीं भी होती तो भी वह अपना शरीर मर्द को खेलने के लिए सौंप देती हैं। भले ही इसका कितना भी प्रतिकूल असर उनकी देह और उनके दिमाग पर क्यों न पड़े। आत्म वितृष्णा से जन्मी भावनाएँ अंदर से हिला देती हैं। शरीर का दुख सह लेना आसान होता है लेकिन मन की गहराइयों में उतरकर पसरनेवाली पीड़ा उसे अंदर से तोड़ देती है। नाबालिग बिटिया के साथ जो कुछ भी हुआ वह सबकुछ जानकर भी चुप रहती चली गई। बाध्यकारी आत्मपतन की प्रक्रिया से गुजरती रही, जो आत्मघृणा के लिए उसे अंदर से विवश करती रही।

# किशोरी अब बिहार नहीं जाएगी

किशोरी माँझी। जिला कोरापुट के बारीगुमा प्रखंड की यह वन्य कन्या पलायन की त्रासदी भोगते हुए गर्भवती हो गई। आपराधियों के गढ़ बिहार में।

किशोरी अपने गाँववाले के संग धान रोपने इस राज्य के आरा जिले के किसी गाँव में गई थी। इसके पहले वह कई बार उस इलाके में जा चुकी थी। इसलिए सब कुछ देखा-सुना था किशोरी के लिए। बस, हर साल गाँव या भूपति बदल जाते थे। वह झुंड में थी। कई सखियों के साथ, कई मर्दों के संरक्षण में और अनेक महिलाओं के सान्निध्य में। ऐसा हर साल होता था। खाने-पीने आदि की सुविधा खेत का मालिक मुहैया करवाता था। हर हफ्ते मजदूरी का हिसाब-किताब होता। मालिक अच्छा था। हर हफ्ते एक-डेढ़ सौ रुपए से ज्यादा अलग से दे देता था, दैनिक मजदूरी के अलावा। जाते वक्त भाड़ा भी देने के वायदे किए थे उसने। मालिक बुजुर्ग था, उम्र के साठ की हद पार कर चुका था। उसका पौत्र महाबीर दिलफेंक तबीयत का था, जो हर साल किसी न किसी तरकीब से झुंड में आई ऐसी तीन-चार कन्याओं के साथ गुल-छर्रे उड़ा लेता था। ना-नुकुर करने का साहस भला कोई मजदूरिन कैसे करती।

साल 2000 के बारिश का मौसम। धान रोपने के यज्ञ में समूचा बिहार डूबा था। किशोरी भी एक खेत में कमर के बल झुककर पिंडली भर जल-जमाव में धान रोप रही थी। काम खत्म होने को था। तभी मालिक का पौत्र आ गया। वह मजदूरों को पेमेंट करने आया था। किशोरी को पहले ही अपने पास बुलाया। उससे कहा कि ‘चलो बड़का मालिक बुला रहे हैं।’ किशोरी काम छोड़कर महावीर के साथ चल पड़ी। महावीर रास्ते में उससे बातें करता रहा। उसे महावीर की बातें अच्छी लगीं। बातों-बातों में महावीर ने उससे प्रेम का इजहार भी कर दिया। उसने खुलकर बताया कि वह उससे बातें करना चाहता था, इसलिए ‘मालिक ने बुलाया है’ जैसा सफेद झूठ भी वह बोल गया। उसका यह भोलापन किशोरी को भा गया। तो इस प्रकार शुरू हुई एक प्रेम की शुरुआत—जितना झर्राटा उतना ही गहरा।

किशोरी काम नहीं करती थी मगर उसे पैसे पूरे मिलते थे। इस बात की चर्चा उसके कुनबे में होने लगी। यह सच उजागर भी हो गया कि महावीर के लिए किशोरी अपना सब कुछ न्योछावर कर चुकी है। वह उससे रोज मिलने जाती है और घंटों समय गुजारकर वापस लौटती है। महावीर की आशिकी किशोरी के ऊपर सिर चढ़कर बोलने लगी। उसके लिबास से लेकर सौंदर्य प्रसाधन के दैनिक उपयोग से लोगों को बात समझ में आ गई कि बात बहुत आगे बढ़ चुकी है। इसी बीच किशोरी के हाव-भाव में बदलाव भी हुए और जवानी के कुछ लक्षण अचानक प्रकट हुए।

महावीर पीरो के किसी गाँव का रहनेवाला था। जैसा किशोरी ने हमें बताया। वह उत्तेजक-अश्लील किताबों का शौकीन था। वह ब्लू फिल्मों का भी दीवाना था। उसे अच्छी से अच्छी कन्याओं की देह गठन से असंतोष होता था। वह किसी भी लड़की से संबंध बनाता था, तो इस बात का ध्यान जरूर रखता था कि उसकी उम्र 15-16 साल से ज्यादा न हो। क्योंकि इस कच्ची उम्र में अधिकतर कन्याओं के बदन पर चर्बी नहीं होती। उनमें थुलथुलापन नहीं होता। उनका शरीर माचिस की डिबिया समान हल्का होता है जो संभोग प्रक्रिया को सहज एवं बेहद आनंददायक बनाता है। महावीर अपने ननिहाल के युवकों और छोकरों को विशेष ज्ञान दिया करता था कि 20 की उम्र पार कर चुकी कन्याएँ अक्सर मोटी हो जाती हैं तो उनमें मजा नहीं रहता। उनकी लचक जा चुकी होती है। लचक न हो तो लड़की मजेदार नहीं रह जाती। वह स्त्री के मटकते कूल्हों में लुत्फ नहीं तलाशता था। ब्लाउज की बाधा तोड़ने पर ऊतारू भारी छातियों से उसे सनसनाहट नहीं होती थी। वह निर्दोष उम्र की उन बालाओं के कूल्हे पर चिकोटी काटता था, जाँघों पर थपकियाँ देने में मजे लेता था जिनके शरीर का गठन पूर्णता लेने की प्रक्रिया में होता था।

बहुत थोड़े समय में किशोरी खिल गई। चहकने लगी। बात-बात में मचलना उसकी आदतों में शुमार हो गया। ऐसा पहले कभी नहीं हुआ। यह सभी महसूस कर रहे थे। अचानक घर वापसी के दिन आ गए। काम पूरा हो चुका था। सारे मजदूर मोटरी-गठरी बाँधने लगे तो किशोरी ने जाने से मना कर दिया। बताया कि वह गर्भवती है। पेट में एक महीने का गर्भ है। किसका? यह पूछने की जरूरत ही नहीं थी। तो अभी तक चुप क्यों रही? क्योंकि महावीर उससे एक बच्चा चाहता है। किशोरी के दो-चार गाँववाले मालिक के पास पहुँचे। महावीर के बारे में पूछने नहीं बल्कि उसके साथ किशोरी की शादी की बात करने। मालिक और मजदूरों के बीच जमकर विरोध हुआ। इसी बीच महावीर नौ-दो ग्यारह हो गया। पुलिस भी आ गई। मामला नाजुक हो चुका था। पंचायत बैठाने की पहल हुई। मगर इसकी परवाह मालिक ने नहीं की। क्योंकि पंचायत में उसका वर्चस्व था। पुलिस भी जमींदार के पालने में जा बैठी। आखिरकार, पूरे कुनबे को बैरंग अपना देस लौटना पड़ा।

मार्च 2001 में होली से ठीक पहले किशोरी ने एक लड़की को जन्म दिया। बिल्कुल स्वस्थ, बेहद सुंदर। वह उसमें महावीर को देखती, सुबक-सुबककर रोने लगती। वह

महावीर से बेइंतहा प्यार करती थी। उसे निर्दोष मानती थी। अचानक गायब हो जाने को उसने उचित माना। "गाँववाले गुस्सा कर रहे थे, डरकर चला गया" बार-बार वह इसी बात को दोहराती है। उसे अपने प्यार पर, अपने प्रेमी पर पूरा भरोसा है। बस वह एक बार उससे मिलना चाहती है। वह अपने बच्चे के थोड़ा बड़ा होने का इंतजार कर रही है। वह महावीर के गाँव का नाम नहीं जानती, किंतु वहाँ तक जाने का रास्ता उसे पता है। गाँव का नाम उसके साथ गए भाई-बंधु बता देंगे। आज किशोरी से कोई घृणा नहीं करता। सभी उससे प्यार करते हैं।

इस घटना के बाद वे बिहार नहीं जाना चाहते। उन्हें जमींदार ने खूब धमकाया है। "वहाँ जाने का मतलब है अपनी जान से जाना। हमारे साथ जो हुआ, वही होना था। उसकी बेटी और उसका बोझ बर्दाश्त कर लेंगे," किशोरी का भाई कृष्णा कहता है। किशोरी अब बिहार नहीं जाएगी। उसके गाँव की कोई कन्या अब वहाँ नहीं जाएगी। क्या फर्क पड़ता उन बबुआनों को जो मूँछ, चंदन और बंदूक के बूते जीना जानते हैं। लड़कियाँ कहीं और से आ जाएँगी। झुंडों में। वे काम भी करेंगी और महावीर को अपना सब कुछ देंगी। धान की खेती जब तक होती रहेगी किशोरी के हुस्न का कमाल कयामत लाता रहेगा। बाद में भले ही उसकी जिंदगी में कालिख क्यों न पुत जाए।

# जवाब देती सहनशीलता

कौशल्या की सहनशीलता अब जवाब दे चुकी है। वह अब कुछ करना चाहती है। कोरापुट जिले के नंदपुर प्रखंड की कौशल्या अनुसूचित जाति से संबंध रखती है। माँ-बाप एक ही रात खूनी पेचिश से मरे। वह अपने चाचा-चाची के साथ रहती थी, गाँव गुलेल में। यह गाँव आज आजादी के मायने नहीं जानता। न कोई सुविधा और न कोई संसाधन। आधे से ज्यादा गाँववालों के पास वोट देने के अधिकार नहीं है।

बाजार से कोसों दूर, ब्लॉक ऑफिस तक जाना भारी मुसीबत मानते हैं गाँववाले। हर काम में नसीहतों का अंबार, सामने आ जाता है। स्वास्थ्य से जुड़ी समस्याओं के सहज समाधान नज़र आती है मौत। कभी मौत चोरी-चोरी, चुपके-चुपके आती है तो कभी गाँववाले खुद भगवान से मौत की भीख माँगते हैं। ऐसे ही भयावह जिंदगी को चस्पाँ किए जी रहा यह गाँव कौशल्या का है। यहाँ के लोग बड़े डरे-डरे, सहमे-सहमे से नज़र आते हैं। कभी मौत का फरमान लिए यमराज से दूत तो कभी उन दूतों के पर्याय बने चले आते हैं माल गुजारी वसूलनेवाले। हमें उन्होंने ऐसा ही दूत समझा।

पहले ऐसा महसूस हुआ कि यह खबर झूठी है कि यहाँ कोई अनब्याही माँ है। ज्यादातर मामलों में यह पता कर पाना बेहद कठिन है कि अमुक गाँव में कोई बिनब्याही माँ है। जिला प्रशासन और पुलिस से गाँववाले बिल्कुल करीब होने की कोशिश इस मामले में नहीं करते। क्योंकि उन्हें इस बात की आशंका बनी रहती है कि कानूनी अड़चनों से कुछ भी मिलनेवाला नहीं, सिवाय छिछालेदारी के। जहाँ प्रशासन सक्रिय भी हुई वहाँ भी परिणाम संतोषजनक नहीं रहे। हमें सूनसान परिवेश के बीच उस गाँव में दो दिन तक भरपूर कवायद करनी पड़ी। तब जाकर इस बात की पक्की सूचना मिल सकी कि कौशल्या का घर कहाँ है। साप्ताहिक घाट, जो वहाँ से चार किलोमीटर दूर आयोजित होता है, वहीं कौशल्या से सामना हुआ। अपने चार साल के बच्चे के साथ सब्जी खरीदने आई थी। हमारे गाइड परमेश्वर साहू उससे भेंट करवाने की

आश्वस्ति दे रहे थे। इसलिए निश्चिंतता थी कि बगैर किसी हिल-हुज्जत के कौशल्या से बात-मुलाकात होगी।

परमेश्वर भाई देसी दारू के खाँटी रसिया थे। मामला इसी बात पर तय हुआ कि कौशल्या से पूरी बातचीत करवाने की उनकी फीस होगी चार बोतल दारू। हमने उन्हें यह स्पष्ट कर दिया कि जब तक हमारी बात पूरी नहीं हो जाए, उनका फीस नहीं होगा। कौशल्या के रिश्तेदार परमेश्वर भाई ने कहा 'आंग्या' मतलब आज्ञा। सहमति और सम्मान दर्शाने के लिए उड़ीसा में इसी शब्द का प्रचलन है। इतना कहकर परमेश्वर भाई कौशल्या से मिलने गए। फिर हमें बुलाया। वह कहने लगे कि 'दिल्ली के रहनेवाले हैं, अपने काम के सिलसिले में आए हैं। इनका काम है गरीब अनाथ बच्चों को मुफ्त की शिक्षा, भोजन, दवा, दारू और जीवन से जुड़ी आवश्यक चीजें मुहैया करवाना। इन दिनों सर्वे कर रहे हैं। पूरे उड़ीसा में घूम रहे हैं।' उनकी बातें कौशल्या को विश्वसनीय लगीं। बातचीत शुरू हुई। ऐसा लगा कि अमीरी से आतंकित होकर अपने गाँव में गुमनामी में जी रही 27 साल की कौशल्या विद्रोह का मन बना चुकी है।

कौशल्या अन्य अनब्याही माँओं से अलग है। उसकी कहानी कुछ अलग है। सारी अनब्याही माताओं से मिलने के बाद यह बात साफ हो चुकी है कि ज्यादातर प्रेमियों की मंशा जरूर रही कि उनकी प्रेमिका माँ बन जाए। मीनाक्षी का प्रेमी जानबूझकर उसे माँ बनाता रहा झूठी शादी रचाकर। अन्यथा, यह प्रेमी का जुनून था। प्रेमी-प्रेमिका का भावावेश में लिया गया फैसला रहा कि 'जो होगा देखा जाएगा। जमाने की चिंता क्यों?' और अंतिम बात यह कि प्रेमिका सेक्स को लेकर भोली-मासूम थी। उसे इस बारे में रत्ती भर भी जानकारी नहीं थी। ये ही तीन आधार बने या बनते हैं किसी भी कन्या के अनब्याही माँ बनने में। मगर कौशल्या की व्यथा कुछ और ही है, जो न तो भावावेश में और न ही किसी मर्द की बरजोरी से माँ बनी। एक सौदेबाजी सामान के नाम पर सौदा या सेवा के नाम पर सौदा, यही वजह बना कि कौशल्या माँ बन गई। अनब्याही माँ।

माँ-बाप के मरने के बाद चाहे-अनचाहे उसके ऊपर मानसिक बोझ बन गई भाई-बहनों की जिंदगी। अब जवानी भी लोगों की नीयत बेईमान बना रही थी। हाट से जो सामान लाती उसका भुगतान वह जैसे-तैसे कर देती थी। पर बनिया से जो सामान लेती, वह बूँद-बूँद से समुद्र बन गया। सत्रह सौ रुपए। बही-खतियान में हर महीने कुछ न कुछ इजाफा जरूर हो जाता। बाद में उसे रास्ते में चलते हुए बनिया टोका-टोकी करने लगा। वह इतने पैसे लाती कहाँ से। मजदूरी से रोज पैंतीस रुपए मिलते थे और महीने में सात से आठ सौ रुपए कमा पाती थी। कर्ज की अदायगी इससे कहाँ संभव थी। हाथ कम थे और खानेवाले मुँह ज्यादा। सगे-संबंधित रिश्तेदार कोई पूछने नहीं आया। चाचा बुढ़ापा से जूझ रहे थे और चाची बेचारी रतौंधी की रोगी। उन्हें जिला प्रशासन की कृपा से बी.पी.एल. कार्ड की सुविधाएँ मिल रही थीं। इसलिए उनके दिन आराम से कट रहे थे।

अब बनिया मोहनचरण बेइज्जत करने पर उतारू हो गया। मामला गाली-गलौज तक जा पहुँचता। कौशल्या ने उसके पैर पकड़ लिए। पर वह घर से सामान उठाने की धमकी देने लगा। बर्त्तन-भांडे बेचने का आतंक मचाने लगा। बड़े-बुजुर्गों ने आपस में निपटने की सलाह मोहनचरण और कौशल्या को दी। ऐसा संभव होता तो वह सारे बकाए का भुगतान कर देती। फिर दोनों के बीच कुछ तय हुआ। बनिया खुश और कौशल्या निश्चिंत। उसके घर फिर से खाने-पीने का सामान मोहनचरण भेजने लगा। इस समझौते के बाद कौशल्या काम पर कम जाने लगी। बल्कि सज-सँवर कर ज्यादा रहने लगी। गाँववाले बताते हैं कि कौशल्या के पूरे घर का खर्चा मोहनचरण उठाता था। चूँकि वह गाँव का बनिया था। शहर से नकद सामान लाकर गाँव में बेचता था। आमदनी के कोई और स्रोत उसके नहीं थे।

प्यार और अय्याशी में बड़े राजा, महाराजाओं एवं रजवाड़ों के खजाने खाली हो गए। मोहनचरण तो अनाज, साबुन और सौंदर्य प्रसाधन बेचनेवाला एक बनिया ही तो था। गंजाम जिले से इतनी दूर वह कुछ कमाने आया था। इसलिए तीन-चार महीने में उसकी साँसें उखड़ने लगी। मगर प्यार का भूत अपने शबाब पर था। धंधा चौपट हो गया, जो पूँजी थी वह आमदनी क्या मूल के रूप में लौट नहीं पाई। अतिरिक्त बात जो हुई, वह यह कि कौशल्या की माहवारी रुक गई। यानी वह गर्भवती हो गई। यह बात उसने मोहनचरण को बताकर आगे के बारे में सोचने के लिए कहा। पर उसे काटो तो खून नहीं। इस तल्ख सच्चाई के सामने उसकी हालत दयनीय हो गई। इस अंजाम से बिल्कुल बेखबर था प्रेम पुजारी मोहनचरण। बच्चा गिरवाना आसान नहीं है और ऐसा कौशल्या के साथ हो, यह उसे मंजूर नहीं था।

मोहनचरण परदेसी था इसलिए गाँववालों से वह डरता था। उसने इतनी बड़ी गलती की थी कि कोई उसे माफ नहीं करता। उसने शादी करने का मन बनाया। कौशल्या के सामने प्रस्ताव भी रखा। वह द्वन्द्व में थी। क्योंकि शादी का उद्देश्य उस संबंध में कहीं था ही नहीं। जो बकाए थे उनके एवज ने उसे अपनी आत्मा बेचने की विवशता हुई। वह बस इतना जानती थी कि जब तक यह संबंध है तभी तक मोहनचरण बकाए को लेकर चुप है। वह मन से कभी उसे स्वीकार नहीं कर पाई। बल्कि संबंध बनाने की जो परिस्थितियाँ थीं उससे वह मर्द से घृणा करने लगी। घृणा करने की यह अवस्था समस्त मनोवेगों, जीवन तथा अचेतन को अंतःकृत करते हुए उसकी भाषा, उसकी सोच और उसका व्यवहार वास्तव में उसके वैयक्तिक जीवन की घटनाओं से जुड़ जाता है। ग्रंथियाँ और प्रवृत्तियाँ इन्हीं निहितार्थों को उजागर करती हैं। खासतौर से सेक्स, जो पूरी तरह से मनोवेग के बूते चलता है, एक ऐसी अवस्था है जो इंसान के जीवन से जुड़ी घटनाओं से संचालित होता है।

मोहनचरण चला गया। साथ में ले गया उन सुखद क्षणों को जिसे कौशल्या हर पल महसूस कर रही थी। जाते-जाते वह यह खुलासा भी कर गया कि कौशल्या गर्भवती है। गाँव के नौजवानों को बताया कि वह कैसे माँ बनी। तो शादी का प्रस्ताव एक ढोंग

था, नाटक था, छलावा था। उसने कौशल्या को कहीं का नहीं छोड़ा। रातोंरात फैली इस खबर से समूचा गाँव सन्न रह गया। बेचारी कौशल्या! जो उन क्षणों की भावुकता में जीती रही अपनी सर्वश्रेष्ठ उपलब्धि मानकर। परंतु गाँववाले के दमन और विद्रोह, प्रेमी के झूठ और छलावे और उस प्रेम के भ्रम और व्यामोह में वह स्वयं समाज और शोहदों के प्रहसन की पात्री बन गई। वह मन से तैयार होने को मजबूर हो गई कि मोहनचरण उसका अपना नहीं है किंतु वह उसे अपनों से दूर कर गाँव छोड़ जाएगा, ऐसा उसने कभी सोचा भी नहीं।

मगर गाँववाले अच्छे निकले। गाँव में एक लहर चली, जो सहानुभूति की थी। पंच और गाँववाले बैठ गए—कौशल्या से पूछा कि कौन-कितना दोषी है? यह उसकी इच्छा से हुआ या जबरिया। उसने सारी घटना का खुलासा किया। सभी चुपचाप सुनते रहे। ऐसा मामले में न तो कोई निर्णय की स्थिति थी और न ही सजा सुनाने की परिस्थिति। पंच खामोश, वहाँ बैठे गाँववाले स्तब्ध। 'बाहरवाला', 'गाँव से अलग' जैसे शब्द गूँजते रहे। भुनभुनाहट भी और साथ में संवेदना से भरे शब्द। किसी ने सलाह दी कि क्यों न उसे हम ढूँढ़ निकालें। पर ऐसा संभव नहीं था। असंभव था मोहनचरण को ढूँढ़ना। वह चालाक था। धूर्त था। धोखेबाज था। उसने जो भी किया दिमाग दौड़ाकर किया। अपनी दी गई सेवा का मोल वसूला। ऐसे सौदागरों से निपटना आसान नहीं था। ढूँढना तो बड़ी मुश्किल भरी चुनौती थी। कौशल्या को कुछ भी बुरा महसूस नहीं हुआ। उसे जाना था चला जाता। गर्भ और बच्चा उसकी परेशानी थे, उसके हिस्से की परेशानी जिसे वह अपना नसीब मान चुकी थी। परंतु भंडाफोड़ करना उसे अंदर से आहत कर डाला।

अपनी परेशानी समझ लेना यह उस औरत की विवशता नहीं थी। उसकी कायरता नहीं थी। बल्कि वह अपने प्रेमी की विचित्र शिकार होने के बावजूद शांत रही, स्थिर और खामोश भी। वह अपने प्रेमी के प्रति उदार, कृपालु, शुभेच्छु, हँसमुख होकर उसकी सारी आवश्यकताएँ पूरी करती रही। परदेस में रहकर मोहनचरण ने स्त्री सुख की पराकाष्ठा महसूस की। शादी के बगैर, वैसा सुख जो शादीशुदा जोड़ों को नसीब नहीं होते। खैर, आज कौशल्या का बेटा धीरे-धीरे जवान होता जा रहा है। उसके लिए यह दुनिया अबूझ पहेली है। अभी उसे बहुत कुछ समझना है, यहाँ के प्रपंचों से जूझना है। और कौशल्या? उसने तो शादी भी नहीं की। अब विभिन्न सामाजिक संगठनों से जुड़कर महिला उत्थान के लिए काम कर रही है। उसके बेटे से बात करने की इजाजत हमें नहीं दी गई।

# जिंदगी की शाम की बाट जोहती संध्या

नच्छाकुंड (जिला कोरापुट) प्रखंड कार्यालय 17 किलोमीटर दूर गाँव डकारा की संध्या भी अनब्याही माँ है। 32 साल की संध्या आज उन बातों को भूल जाना चाहती जिनकी वजह से कोई 13 साल पहले चर्चित हुई। अनब्याही माँ के रूप में।

संध्या से मुलाकात हो पाना थोड़ा मुश्किल है। क्योंकि आज वह किसी मिशन स्कूल से जुड़कर अपने बच्चे का भविष्य सँभाल रही है। *केयर* नामक अंतर्राष्ट्रीय दाता संस्था की मदद से वह समाजसेवा में आई। बच्चों को पौष्टिक आहार और उनकी माँओं की देखरेख से संबंधित *केयर* की गतिविधियों की वजह से उसे अपना गाँव छोड़ना पड़ा। उसे आज सोचने की इतनी फुर्सत नहीं कि उसके साथ क्या हुआ। उसके साथ जिसने जैसा भी किया, उसे मंजूर है। मगर पिछली घटनाओं पर अब विलाप कैसा? जितना रोना था, रो लिया। अब भविष्य में जीने की तमन्ना लेकर वह खूब श्रम कर रही है। उसने समाज को अपना जीवन समर्पित कर दिया, जिस समाज से उसे गालियाँ मिलीं। उलाहने मिले। पीड़ाजनक वासना का नंगा नाच और कामोन्माद में राह चलता हर मर्द खाने और खसोटने के लिए दौड़ता रहा। इन्हें झेलकर वह आज इस स्थिति में है, जहाँ से उसके त्याग और उसकी तपश्चर्या की दास्ताँ पीड़ित कन्याओं के लिए प्रेरणा है।

संध्या मूलतः एक कंद आदिवासी है, यह जनजाति उड़ीसा में बहुतायत है। यह जनजाति परंपरावादी है और आज भी आधुनिकता से सैकड़ों योजन दूर है। संध्या अपने गाँव में भाई-बहनों के साथ चरवाही करती थी। गाय-भैंस और कभी-कभार बकरियाँ चराने का काम करती थी। तब उसकी बड़ी मस्त जिंदगी थी। जंगलों में घूमना-भटकना वनोपज लाना। रात में चाँद-सितारों के नीचे खेलना और खाकर सो जाना। कुदरत मेहरबान थी पूरे गाँव पर। बस बारिश के दिनों में जीवन का लय असंतुलित हो जाता था।

वह साल 1989 या 1990 का था। बाहर से कुछ लोग आए। भले लगते थे। कुल जमा चार थे। शहरी थे। गाँव में पहला घर संध्या का है, इसलिए वहीं रुक गए। अपना

परिचय दिया। माखन और मिसरी से संध्या के बापू ने उनका स्वागत किया। गाँव में दूध, मक्खन, मलाई, दही, मदिरा और मांस की कोई कमी नहीं होती, बशर्ते उस गाँव को दलालों एवं बनियों की नज़र नहीं लगी हो। संध्या का गाँव एक ऐसे इलाके में है, जहाँ आज खाने-पीने की बहार है। वहाँ लोग अज्ञात एवं रहस्य रोगों से मरते हैं, भूख से नहीं। मतलब संध्या के गाँव में भूख और कुपोषण मौत का सबब नहीं बनता। उन अतिथियों से उनके आने का गरज पूछा। वे व्यापारी थे। जड़ी-बूटियों के। उन्हें सतावर की जरूरत थी। ढेर सारे सतावर। इसके बदले उन्होंने कई प्रलोभन परोसे। यह प्रस्ताव अच्छा था। सतावर या अन्य जड़ी-बूटियाँ तो ऐसे ही जंगलों में सूख जाती हैं। संध्या के बाप और पड़ोसियों ने यही सोचा। व्यापारियों ने गाँववालों के बीच साड़ी-धोती-टार्च-टांजिस्टर के अलावा औरतों के लिए सौंदर्य प्रसाधन जमकर बाँटे। गाँव में धूम मच गई। गाँववाले निहाल हो गए। ऐसी कृपा उनके ऊपर कभी किसी ने नहीं की थी।

रातोंरात गाँववालों के दिल-दिमाग में ये व्यापारी पूजनीय हो गए। उनकी हर बात मानने और सुनने की मुनादी हो गई। ये व्यापारी भुवनेश्वर-कटक और कोलकाता से आए थे। उन्हें हर ग्रामीण से तीन बोरे सतावर की जड़ की अपेक्षा थी। इसके लिए उन्हें वे तीन दिन की मजदूरी मतलब दो सौ दस रुपए देने को राजी थे। इतने पैसे में तीन बोरे सतावर की जड़ जो बहुत बड़ी बात नहीं थी। ये व्यापारी बातचीत में अच्छे थे। संध्या उनकी देखभाल करती थी। उनका खास ख्याल रखती थी। इसलिए वे उससे विशेष लगाव रखते थे। उनमें से एक संध्या को बहुत अच्छा लगने लगा। उसे प्यार से सभी बंटू पुकारते थे। बंटू कलकत्ता का रहनेवाला था। जंगलों का दिवाना। रात-दिन वहीं रहना चाहता था। साथ में कैमरा रखता था। संध्या से उसकी अच्छी पटने लगी। दोनों गाँव से दूर पहाड़ी के पास मिलने लगे। घंटों साथ रहते। बंटू उसकी तस्वीरें लेता। तरह-तरह की तस्वीरें। इससे दोनों की घनिष्ठता और बढ़ती चली गई।

यह घनिष्ठता रंग लाई। संध्या अपने प्रेमी की हो गई और बंटू अपनी प्रेमिका का हो गया। दोनों  के बीच न कोई पर्दा बचा और न लिहाज। देखने में प्रेम एक पार्थिव क्रिया है, जबकि उससे जुड़ी भावनाएँ अलौकिक। यह उन्माद है। एक जुनून है। नशा है। सनकीपन है। ज्वार है। पहली बारिश के बाद की मिट्टी की सौंधी खुशबू है। रूप बदलते बादलों की सतरंगी आभा है। हवाओं का  भरपूर आलिंगन है। झरने की कलकल है। तभी तो संध्या और बंटू हँसी-उन्माद में डूबने-उतराने लगे। जुनून में लोक-लज्जा भूल गए। यह नशा साँप के ज़हर के समान तेजी से चढ़ा। बंटू भूल गया कोलकत्ता शहर की दिव्य चकाचौंध और बार-बालाओं से मदमदाते मुंबई शहर को, जहाँ वह ग्रामीण भारत की खुशियाँ और दर्द बेचने जाता था, व्यावसायिक कैमरामैन बनकर। उसने गाँवों का नंगापन नहीं बेचा, क्योंकि उसके धंधे का मूल दर्शन था 'आवरण ही आमंत्रण हैं।' संध्या भी इसी दर्शन से आकर्षित हुई। दोनों की घनिष्ठता कोई चार-पाँच हफ्ते चली। अचानक बंटू को कोलकाता लौटना पड़ा। किन्हीं कारणों से। फिर कभी नहीं लौटा। आज तक नहीं। ट्रक भर सतावर की जड़ बटोरकर सभी ले गए। बंटू के

शेष सहयोगी भी गए तो फिर उनकी कोई खोज़-खबर नहीं है। आज तक नहीं।

संध्या मन तन्हा-तन्हा रहा। शरीर बोझिल। कदम भारी। उसकी यादें उदासी का कारण बन गईं। शरीर लाचार हो चला। घुटी-घुटी सी महसूस करने लगी संध्या। पड़ोस की भौजाई भाँप गई उसकी व्यथा। तसल्ली देने पहुँची, चूँकि वह खुले तबीयत की थी। संध्या से बहुत पूछा। जवाब नहीं मिला। जानकारी मिली कि वह जो खा रही है पचा नहीं पा रही है। जी भारी-भारी रहता है। ऊबकाइयाँ आने लगी हैं। भौजाई ताड़ गई। मासिक स्राव के बारे में पूछा। जवाब नकारात्मक मिला। तब उसे सफेद कपड़े पर पेशाब करने को कहा। संध्या ने ऐसा ही किया। कपड़ा धोते ही भौजाई भौंचक रह गई। बंटू की शरारत समझ में आ गई—संध्या माँ बननेवाली थी। परिवार में हाय-तौबा मच गया। किसी ने बताया कि 'योनि-द्वार पर घोड़े की लीद रख देने से गर्भपात संभव है। नुस्खा परिक्षित है।' संध्या ने भुवनेश्वर जाकर गर्भ गिरवाने की सोची। घरेलू-देहाती उपायों पर उसे भरोसा नहीं था। निर्णय और अनिर्णय की स्थिति में काल के अजगर ने चार महीने का समय लील लिया।

भुवनेश्वर में लेडी डॉक्टर ने गर्भ गिराने से इनकार कर दिया। उपाय दो ही थे, आत्महत्या या बच्चे को जन्म देना। सूर्यनगर के एक फादर ने उसे इस हाल में खूब सांत्वना दी। उसे कहा कि गर्भपात पाप है। घोर पाप। आत्महत्या कायरता है। संध्या को फादर की बातें अच्छी लगीं। इस बात की चर्चा वह आज भी करती है। मगर एक सवाल करती है, उन लोगों से जो उसे अनब्याही माँ के रूप में उसे पहचानते हैं। पूछती है कि माना बंटू की लाचारी ऐसी होगी कि उसे अचानक जाना पड़ा। मगर वह लौटकर क्यों नहीं आया? संध्या की भावनाओं और देह के मनमाना इस्तेमाल कर चुके बंटू को क्या उसकी यादें नहीं आती? क्या उसने सतावर जमा करने के गरज से पैसे और प्यार चना-चबैने की तरह बाँटें ? क्या ये सब पूर्व नियोजित थे ? क्या बंटू साजिश रचनेवाला एक सरगना था? संध्या जवाब देती है, "शहरों में ऐसा ही होता है। मनचाही लड़की से बच्चा पैदा करना शहरवासियों के लिए आम बात है।" यह कोई जवाब नहीं और न ही उसका आत्मसंतोष है। बल्कि शहरी मनमानस में बढ़ती भोगवादी दुष्प्रवृत्ति पर एक करारा व्यंग्य है।

# नारायणी दया पर जीना नहीं चाहती

कोरापुट जिले के सिमलीगुड़ा प्रखंड की नारायणी गुमसुम रहती है। अपनी कड़वी पीड़ा पीकर जीवन काटने का मन पक्का कर चुकी है। यही वजह है कि जब हम उसके गाँव गुलेल पहुँचे तो बड़ी सहजता से उससे मुलाकात हो गई। मगर रात और दिन के चौदह घंटे के अथक प्रयास के बावजूद वह शांत रही। हम सवाल करते रहे, उसने चुप रहना शायद जरूरी समझा। नारायणी इस साल अठारह साल की हुई है। दो साल पहले माँ बनी। मतलब जब वह पंद्रह की थी।

अक्सर बीमार रहती थी। सर्दी-खाँसी और तब बुखार में मलेरिया। एक बार पीलिया भी हो चुका था। उसकी देह रोगों की शरणगाह थी। इसलिए कृशकाय नारायणी मरणासन्न सी खाट पर पड़ी मिलती। गाँव-घर में सारे लोग उस पर दया करते। चिंता भी करते थे। इसी वजह से नारायणी के माँ-बाप के प्रति ग्रामीणों की सहानुभुति थी। इतना ही नहीं गाँववाले नारायणी के लिए जड़ी-बूटियाँ भी जंगलों से जुटाया करते थे।

इसी बीच गाँव में पल्स पोलियो की बूँद पिलानेवाले आए। हर बच्चे के लिए उनके पास दो बूँदें थीं। वे दो थे। एक झोला छाप डॉक्टर था। इलाज और रोग के बारे में लंबी-चौड़ी बातें करता था। गाँववाले उस पर विश्वास करने लगे। उसने कुछ ग्रामीणों के रोग ठीक भी कर दिए। संजय नाम था उसका। उसने लोगों के दिल जीते। एक इंजेक्शन के पंद्रह रुपए वह लेता था जिससे मलेरिया ठीक होता था। संजय को लोग पहचानने लगे। इसी बीच उसने नारायणी का इलाज भी शुरू कर दिया। चमत्कार दिखा। सारी वनदेवियों की पूजा निरर्थक हो चुकी थीं। दुष्ट आत्माओं की शांति के नाम पर न जाने कितने मुर्गों-कबूतरों और बकरों की हलाली हो गई। उनके खून से नारायणी नहलाई गई। कच्चे अंडे काटकर तांत्रिकों ने यह आतंक मचाया कि अंडे से एक बूँद द्रव का नहीं बहना इस बात की निशानी है कि उसके ऊपर भूत-प्रेत की छाया है। ''आदिवासी समाज में आज भी इस लोक से इतर की गतिविधियों और उनके दुष्प्रभावों

को लेकर जनमानस में घोर आतंक हैं। इसी आतंक से मुक्ति को लेकर सांत्वना और सहानुभूति दिखानेवाले ओझा-तांत्रिकों की अपनी सत्ता है।'' नुआपाड़ा के विजय पाणिग्रही कहते हैं।

इधर जागरूकता आई है। शासन-प्रशासन और स्वयंसेवी संगठनों द्वारा संचालित विकास की वजह से लोगों में जो समझदारी विकसित हुई है, उससे इन ठग तत्त्वों के प्रति इनकार किए जाने का साहस लोगों में अब प्रकट होने लगा है। झारखंड में तो कई स्वयंसेवी संस्थाओं और स्थानीय प्रशासन ने इसी साहस के बूते जनान्दोलन चलाए। प्रेमचंद जी ने व्यवस्थित तरीके से ओझाओं के खिलाफ मुहिम चला रखी है। कानून और विधेयक पारित किए गए। मगर उड़ीसा में ऐसी एकजुटता अभी तक सामने नहीं आई है। और न ही कोई प्रेमचंद प्रकट हो सका है। वहाँ समाज की निर्धनता और बदहाली के प्रति संवेदनशील मीडिया भी बच्चों के बेचे जाने, उन्हें उनके माता-पिता द्वारा गिरवी रखे जाने, पलायन के क्रम में राशन कार्ड और बी.पी.एल. कार्ड बेचे जाने की खबरों में तेल-मिर्च-मसाला लगाने में मशगूल रहती है। समाज में चेतना कैसे जागे, लोग कैसे जागरूक हों और वर्जनाएँ कैसे टूटे, इनके प्रति न तो शासन-प्रशासन संवेदनशील है। पाणिग्रही की बातें शत-प्रतिशत सही हैं। ओझाओं-तांत्रिकों के आतंक से आदिवासी समाज आहत है। परेशान है।

नारायणी ठीक होने लगी। सेहत सुधरने लगा। यह सब गाँववालों को अच्छा लगने लगा। संजय सबों का प्यारा, आँखों का तारा हो गया। उसने नारायणी को ठीक करने का बीड़ा उठाया था, इसलिए वह ज्यादा से ज्यादा समय उसके साथ रहता। गाँवों में लोगों की उसके प्रति आस्था बढ़ती चली गई। लोग सरकारी अस्पताओं के रास्ते भूल गए। रोगी संजय का नाम लेते, भगवान का नाम नहीं। क्योंकि वह भगवान का पर्याय बन चुका था। उसका इस इलाके में आना खुदा की वापसी थी। हर साल उन गाँवों में लोग आंत्रशोध, मलेरिया, दिमागी बुखार और सूखी खाँसी के बहाने सैकड़ों की संख्या में हर साल मरते हैं। ऐसी मौतें सालाना जलसा हो जाती हैं, खबरचियों के लिए। वहाँ संजय की वजह से ऐसी मौतें थम गईं। इलाके में राहत आई—आशा का संचार हुआ और जीने की ललक लोगों ने करीब से महसूस किया। लेकिन संजय की एक बुरी बात थी।

वह लंगोट का कच्चा था। मतलब बहू-बेटियों पर उसकी अच्छी नज़र नहीं थी। इलाज के बहाने उसने कई महिलाओं और कन्याओं से शारीरिक संबंध बनाए। किसी ने अपनी इच्छा से तो किसी ने लाचारी में संजय के साथ संबंध बनाए। कहते हैं कि उसने सोलह-अठारह साल की कन्याओं से लेकर 40-45 साल की अधेड़ महिलाओं के साथ जिस्मानी रिश्ते बनाए। इनकी संख्या सैकड़ों में थी। इनमें से कितनी शादीशुदा महिलाएँ गर्भवती हुईं इस बारे में पुष्ट जानकारी किसी के पास उपलब्ध नहीं है। उसके बारे में आम धारणा यही है कि उसे जो भी लड़की अच्छी लगती थी, किसी न किसी बहाने वह उन्हें अपने चुंगल में ले ही लेता था।

नारायणी भी उसके गिरफ्त में थी। वह उसके साथ महीनों पहले दैहिक संबंध बना चुका था। इसी वजह से वह गर्भवती हो गई। संजय ने नर ताड़ के पेड़ से पैदा हुए फल (बुलुड़ी) को पानी में खौलाकर उसे पिला दिया, जिससे गर्भपात हुआ। एक नहीं तीन बार। यह देसी उपाय है, जो उड़ीसा में बेहद प्रचलित है। मगर एक बार धोखा हो गया और नारायणी गर्भवती हो गई। चूँकि तीन गर्भपात की वजह से वह बेहद कमजोर हो चुकी थीं, इसलिए इस बार गर्भपात का मतलब था मौत। मगर संजय ने इस आशंका की परवाह नहीं की। उसे वही काढ़ा फिर से नारायणी को पीने के लिए मजबूर किया। ऐसा करने से उसने इनकार कर दिया। जमकर कलह मचा। संजय ने बेदर्दी से नारायणी को पीट डाला। हो-हल्ला से गाँववाले इकट्ठे हो गए। संजय की थू-थू होने लगी। सेवा के नाम पर शर्मसार किया था संजय ने। उसकी जमकर पिटाई हुई। पुलिस में किसी ने रिपोर्ट नहीं की बल्कि पंचायत की बैठक बुलाई गई। पंचों की राय थी की संजय चुपचाप इसी गाँव में रहें, नारायणी से शादी करे और पैदा किए बच्चे को पालने की जिम्मेदारी लें। इस पाप का यही प्रायश्चित गाँववालों ने तय किया। संजय ने इसे स्वीकार कर लिया।

उसने नारायणी की देखभाल शुरू की। दिसम्बर 2003 की किसी तारीख नारायणी ने एक नर शिशु को जन्म दिया। संजय बड़ा खुश था। बच्चे के लिए कुछ जरूरी सामान लेने उसे अचानक कोरापुट शहर जाना पड़ा। सब कुछ सहज था। मगर जाने के बाद वह कभी नहीं लौटा। अन्य प्रेमियों की तरह।

नारायणी का बेटा आज दो साल की उम्र पार कर चुका है। वह अपनी माँ के साथ है। नारायणी से बातचीत करने से यह जानकारी मिली कि अब गाँव में रहना उसे अच्छा नहीं लगता। दया, उलाहने, तफ्तीश, सहानुभूति और संवेदना के स्वर और शब्द उसे अंदर तक बींध देते हैं। वह किसी के दया पर जीना नहीं चाहती। उलाहनों से मुँह चुराती है। लोगों के तफ्तीश करने का अंदाज उसे अमानवीय लगता है। सहानुभुति से पेट नहीं भरते और संवेदना से उसकी जिंदगी की कटु स्मृतियाँ ताजी हो जाती हैं। विश्वास, श्रद्धा, सदाशयता और समर्पण; इनके प्रति उसकी तनिक भी आस्था नहीं है। धोखा-झूठ-छल-प्रपंच ही उसकी जिंदगी के यथार्थ हैं। वह बस इतना ही जानती है कि इंसानी जिंदगी इन्हीं के बूते चल रही है।

ऐसा मानना है नारायणी का। चूँकि यही सच है। पूरी जिंदगी आज उसके सामने पहेली है। प्रश्न है। चुनौती है। उसके सामने सवालों की फेहरिस्त लंबी है। मगर जवाब उसके पास नहीं हैं। यह उसकी जिंदगी की त्रासदी है। चाहकर भी इस सच से वह जुदा नहीं हो सकती। लेकिन इस सच से सामना करना कोई नहीं चाहता। न तो सत्ता के गर्भगृह में बैठे भद्रजन और न ही जिला प्रशासन चलानेवाले वे चाबुकधारी नौकरशाह जिन्हें धांधली करने का लाइसेंस इस जनवादी व्यवस्था वाली सरकार से मिला है। ये नौकरशाह न तो 'भूख से हुई मौत की बात स्वीकार करते हैं' और न ही मुर्गे के एक किलो गोश्त की कीमत से भी कम दाम पर बिक रही बालाओं की खबरों पर यकीन

है। लेकिन ऐसी सोच से उन सच्चाइयों का समापन नहीं होता जिससे समूचा आदिवासी समुदाय आहत है। क्या इन सच्चाइयों पर पर्दा डालना संभव है? शायद नहीं।

क्योंकि नौकरशाह देश-समाज से दूर एक सुविधाभक्षी तबका है, जो जनसेवक कहलाने के बावजूद अपनी ठसक-ऐंठ में समाज के पूरे अस्तित्व को धत्ता बताकर अपनी श्रेष्ठता साबित करने पर आमादा होता है। कालाहांडी के तत्कालीन जिला कलेक्टर श्रीमान् शाश्वत मिश्रजी को अनब्याही माँ की घटनाओं पर पहले यकीन नहीं हुआ। मन से भावुक मिश्रजी के लिए ऐसी हर घटना हादसा है। वज्रपात है। जिसे वह बड़े भाव-विह्वल होकर सुनते हैं। मगर लचर कानून के सामने वे लाचार हो जाते हैं।

# 'गुनाहों की देवी' कृष्णा टांडी

कालाहांडी, जहाँ अनगिनत अनब्याही माताओं का बसेरा है, वहीं की है कृष्णा टांडी। प्रखंड लांजीगढ़ के गाँव में पैदा होकर पली-बढ़ी कृष्णा एक दलित परिवार से संबंध रखती है। समाजसेवी संध्या देवी के अनुसार 'कृष्णा का परिवार पहले खुशहाल था।' रोटी दोनों शाम नसीब हो जाती थी। रोग-व्याधि से छुटकारा पाने के लिए दवा-दारू खरीदने में कर्ज लेने की नौबत नहीं आती थी। तब के दिन अच्छे थे। कृष्णा के परिवार के लिए मुसीबत के दिन तब आए जब एक सरकारी फरमान जारी हुआ।

स्टर्लाइट नामक एक कंपनी को सरकार ने पीठ थपथपाई है उस इलाके के नियमगिरि पर्वत से बाक्साइट उत्खनन कर एल्युमिनियम उत्पादन करने के लिए। क्योंकि पूँजीवाद की ठगिन बुढ़िया ने विकास के नाम पर सरकार के सामने अपना नैना झमकाकर उसका मन मोह लिया है। चूँकि लांजीगढ़ के गर्भ में बॉक्साइट है। इसलिए वहाँ के मूल वाशिंदों को अपने पुरखों की ज़मीन छोड़ने का आदेश जारी किया गया है। इन दिनों वहाँ कई गाँव खाली करवाए जा चुके हैं, प्रभावितों को मुआवजा दिया जा चुका है। जहाँ खनन होना है वह क्षेत्र 'प्रतिबंधित' है। मूल से उजड़कर कृष्णा का परिवार खेती-बाड़ी से भी वंचित हो गया। इसलिए उसके परिवार ने चाय-पकौड़े की एक दुकान खोल ली। कृष्णा भी उसी दुकान में बैठने लगी। वहाँ रोज नए-नए ग्राहक आते थे।

वहीं उसकी मुलाकात होती है दयाशंकर प्रधान से। उसके बारे में सभी यह जानते थे कि वह किसी कंपनी का ऐजेंट है। बस इतना ही। वह अकेला था। इसलिए कृष्णा के माँ-बाप से अपने सुख-दुख, अकेलापन, घर में आनेवाले पत्रों की आतुर प्रतीक्षा, घर की चिंताएँ—हर बात बयाँ करता। हाँ, कृष्णा जब अकेले में मिलती तो उसे बचपन की मधुर स्मृतियाँ सुनाता। वह केंद्रपाड़ा का रहनेवाला था। बातचीत कब आत्मीयता में बदली यह उन दोनों को भी नहीं पता। बातों-बातों में एक-दूसरे से प्यार करने लगे। उधर जमीन खोदते विशाल क्रेन और जंगलों को नष्ट करते पीली टोपीवाले अभियंताओं के गिरोह, इन सबकी चर्चा अब खत्म हो गई। शेष रही तेरी-मेरी बातें। सौंदर्य-समर्पण

और साहचर्य में जा फँसी दयाशंकर और उसकी प्रेमिका सारे दुख भूल गए। कृष्णा को न तो शिकायत रही उस सरकारी फरमान से जिसने उसे विस्थापित कर दिया, जिससे उसके जीवन की लय टूट गई। दयाशंकर भी व्यवस्था के विद्रूप स्वरूप और अपने इर्द-गिर्द स्वार्थ लोलुपों की चालबाजियों से बेखबर हो गया।

उन दोनों ने अपने प्रेम को दयनीय नहीं बनाया। एक दूसरे को जी लेने की तमन्ना थी उन दोनों में। कृष्णा खुद का सम्मान करना जानती थी। वह जानती थी कि जिंदगी के किस मोड़ पर दरिंदा और पूर्वाग्रही हो जाता है। वह यह भी जानती थी कि बिस्तर पर आकर प्रेम अपनी ऊँचाईयाँ छूता तो जरूर है, लेकिन यहाँ लड़की आत्ममोहक स्थिति में फँस जाती है। खासतौर से कच्ची उम्र की लड़कियाँ और तब भावनात्मक ब्लैकमेल का खेल शुरू हो जाता है। प्रेम विवेक को चाट जाता है। रोमांस लज्जा को दबोच लेता है। तभी तो प्रेमी-प्रेमिका के आपस में नैन मिलते ही चैन न जाने कहाँ खो जाता है। कृष्णा और दया चुप रहते थे। चोरी-चोरी प्यार करते थे। बचते-बचाते मिलते थे। मगर दूर-दूर, गली-गली यह बात फैल चली कि उन दोनों के बीच कुछ-कुछ चल रहा है। प्रेमी हो या प्रेमिका, उन दोनों के नटखट नैन किसी की बातें मानने से साफ इनकार कर देते हैं। कृष्णा हरदम दयाशंकर के साथ रहना चाहती थी तो प्यार का रस उसकी आँखों से झरता था, हँसी से फूटता था और बालों में लरजता था। उसने हँसी-हँसी में अपने प्रेमी को लूट लिया था।

दुनिया से दूर एकांतवासी बने प्रेमी युगल मस्ती में एक-दूसरे के सान्निध्य में डूबे रहने लगे। सुध-बुध खो बैठे। होश तब आया जब कृष्णा गर्भवती हो गई है। ऐसा सुनकर दयाशंकर दयाहीन हो गया। जैसे संभोग के बाद स्खलित होने से लड़का अस्थायी वितृष्णा से भर जाता है। वैसे ही वह अब स्थायी वितृष्णा अपनाकर कृष्णा को भूल गया। अब दयाशंकर अस्थायी मक्कारी पर ऊतारू हो गया और वह नया शिकार तलाशने लगा। ग्रीवर ने ठीक ही कहा है कि, ''पुरुष द्वारा प्रदर्शित ठंडापन असल में जुगुप्सा है। भोगने के बाद स्त्री को दुत्कार देना मर्द के लिए लाचारी होती है, जो बड़ी स्वाभाविक और सनातन होती है। यह लाचारी आत्मवितृष्णा से जन्मा, घृणा के पात्र पर किया गया हत्यारी आक्रमकता से भरा कृत्य है।'' अपमानित होकर भी कृष्णा ने उससे सहायता की गुहार की। उससे कहा कि चाहो तो गर्भ गिरवा दो या फिर शादी कर लो। दयाशंकर को इन दोनों बातों पर एतराज था। वह कुछ पैसे देकर उससे जान बचाना चाहता था। धीरे-धीरे बात फैलने लगी, ज़हरीली गैस की तरह। पहले चर्चा हुई, जो परिचर्चा में तब्दील हो गई। दयाशंकर की खूब भर्त्सना हुई। दलित समुदाय के युवक ताव खा गए। उसे सबक सिखाने का मन बनाने लगे। अंततः दयाशंकर वहाँ से अचानक गायब हो गया। फिर नहीं लौटा।

उसके जाने के छह महीने बाद कृष्णा को लड़की हुई जो आज अपने ननिहाल में रहती है। कृष्णा अभी की जिंदगी के बारे में सोच नहीं पा रही है। कोई एक फिर से शादी करने की सलाह देता तो दूसरी तरफ दर्जनों मर्द उसके साथ हमबिस्तर होने की

इच्छा जता चुके हैं। "ऐसी इच्छा जताना हर मर्द का विशेषाधिकार है। क्योंकि इसके बगैर उसकी जवानी कच्ची और अधूरी समझी जाती है।" रायपुर के समाजविज्ञानी मनोज प्रसाद टिप्पणी करते हैं। कृष्णा आज जिन सच्चाइयों से रू-ब-रू हो चुकी है उनके लिए समाज कुछ नहीं सोचना चाहता क्योंकि "ये घटनाएँ उड़ीसा में बड़ी सामान्य है।" भुवनेश्वर की समाजसेवी अनुराधा मिश्र कहती हैं।

# पराजित बनिता की कौन सुने

फूलबनी के बुगुडा प्रखंड के बुगुडा गाँव में 20 साल की बनिता भोई माँ बन गई। इसी उम्र में कन्याएँ वहाँ माँ बनती हैं मगर अपने समाज के लड़कों से। बनिता माँ कैसे बनी? भवानीपटना से 180 कि.मी. दूर फिरंगिया के निर्मल कुमार मोहंती से मुलाकात होती है, जो इस इलाके में पल रहे कुछ स्वनाम धन्य श्रीमंतों की करतूतों की विशद् व्याख्या करते हैं।

फूलबनी जिला आज भी जैव-सम्पदा का विपुल संसार है। इसे विचित्र संयोग कह लें कि बालीगुडा के आस-पास के इलाके में घने-घनघोर सैकड़ों साल पुराने पेड़ों और उनके अलावा उन जंगलों में जाने के अस्थायी कच्चे रास्ते पूरे क्षेत्र को भयावह बना देते हैं। पोदू (झूम) कृषि के बावजूद वहाँ के जंगल मौजूद हैं। इतना कि दोपहर दो बजे बाद शाम जैसा अंधकार छा जाता है। सीढ़ीदार खेतों से धान पैदा करना, जंगलों से वनोपज जुटाना, कुदरत के भरोसे जीवनशैली में जीना—ये वहाँ के जीवन दर्शन हैं। लोग प्रजातंत्र से बेखबर है। विकास से अनभिज्ञ हैं। राहत और पैकेज के बारे में उन्हें पता नहीं। उन्नत तकनीक के इस्तेमाल से खेती में ज्यादा पैदावार न कभी उन्होंने देखा है और न इसके बारे में कभी सुना। जनसंख्या नियंत्रण, सर्वशिक्षा अभियान, 'बच्चों की मुस्कान-राष्ट्र की शान' के बारे में उन्हें कुछ भी पता नहीं है। यहाँ तक कि उनसे मिलने आज तक ब्लॉक ऑफिसर का कोई चपरासी तक नहीं आया।

मगर यह भूभाग बाहरी लोगों के आवागमन से सर्वथा मुक्त नहीं हैं। लोग उन गाँवों में जाते हैं, और कोई सरकारी मुलाजिम या हाकिम नहीं जाता। बनिता के गाँव में भी एक शोधार्थी जा पहुँचा। आदिवासी समाज के बारे में जानने के लिए। कई उम्मीदों के साथ वह वहाँ पहुँचा। उसके साथ नुआपाड़ा का कोई व्यक्ति था, जो उसका दुभाषिया था। उसकी मदद से उस शोधार्थी को बनिता के घर में जगह दी गई। घर के दालान में। उसके पास टेपरिकॉर्डर था, कैमरा था और मूवी कैमरा भी। साथ में डायरी और बहुत कुछ। वह दिन भर जंगलों में भटकता था। निर्जन-घनघोर और सुनसान

इलाकों में जाने से उसे कोई भय नहीं था। बड़ा मेहनती था वह।

उसका नाम देवकी था। प्यार से उसे देबू दा कहते थे गाँववाले। वह रायपुर का वाशिंदा था। शाम में उसके साथ चर्चाओं को दौर चलता। एक से एक मजेदार बातें। उन आदिवासी की अधिकार की बातें। उनके स्वाभिमान जगाने से लेकर अच्छी जिंदगी जीने के रास्ते बताते थे देबू दा। गाँववालों को उन्होंने अच्छी खेती करना सिखाया। अदरक और लहसुन की खेती। अश्वगंधा उगाने के अलावा कृमि खाद बनाने की तरकीबें देबू दा से गाँववालों ने सीखी। गाँव तरक्की करने लगा। अब गाँव की महिलाएँ स्वयं सहायता समूह बनाने को प्रेरित हुईं। इस काम के लिए बनिता को चुना गया, जो गाँव की महिलाओं का नेतृत्व करती।

देबू दा का बहुत ज्यादा ध्यान बनिता रखती थी। खाने-पीने, सोने-जागने से लेकर कपड़ों और पैसों की साज-सँभाल का उत्तरदायित्व बनिता के ऊपर ही था। इससे नजदीकियाँ बढ़ीं। साथ-साथ रहते हुए मन मिला। इस तरह प्यार हो गया। कहते हैं बड़ा ही सात्विक प्यार था उन दोनों में। बनिता उसकी हमसफर थीं। साये की तरह साथ-साथ रहती। देबू दा के सान्निध्य के बगैर वह खुद को नाजुक, कमजोर और असुरक्षित पाती थी। उनका प्रेम बड़ा मासूम था। शुद्ध और ऊष्ण भी। ऐसा सभी मानते थे। देबू दा गाँव में रहकर खुद को आदिवासी मानते थे। हर पूजा-पर्व, आचार-विचार में दूध में शक्कर के माफिक मिल गए थे वह। जनता को जगाने के साथ-साथ देबू दा ने अपना शोधकार्य जारी रखा। आदिवासी समाज के बारे में बनिता उन्हें बहुत सारी बातें बताती थी। उसका यह व्यवहार शोधार्थी देवकी को बहुत अच्छा लगा। इसी क्रम में दोनों के शारीरिक संबंध भी बन गए। यह महीनों चलता रहा। चूँकि बनिता उसकी सहकर्मी थी इसलिए दोनों के बीच घनिष्ठता का गाँववालों ने सहजता से लिया।

बनिता को यह जानकारी थी कि वह जो कर रही है उसके परिणाम क्या होंगे। यह सच  है कि प्यार इंसान को अंधा बना देता है। प्रेमी-प्रेमिका के सोचने - समझने की क्षमता चूस लेता है। उनकी सोच जड़वत बना देता है। पूर्णतः स्थित प्रज्ञं। विवेकहीन। संयमहीन। भावुक। उसने देबू से इस काम से मना करने का मन कई बार बनाया। किंतु वह जब भी उसके सामने आती तो खुद को लाचार और कमजोर पाती—मन से और विचार से भी। बनिता उसके सामने हर बार हार जाती थी। देबू दा का यह कैसा आकर्षण था वह समझ नहीं पाती थी। द्वन्द्व और दुविधा से जड़ी पीड़ा से गुजरकर।

औरत यहीं हार जाती है, इसी मोड़ पर पिछड़ जाती है—कलेजे को पत्थर भी करना चाहे तो मोम बन जाती है। घृणा करना भी चाहे तो प्रेरणा बन जाती है। तभी तो गेटे ने अपनी पुस्तक *फाउस्ट* के अंत में 'औरत को उत्थान की ओर जाने  की प्रेरणा देनेवाली एक स्रोत' के रूप में स्थापित किया। बनिता भी देबू दा की प्रेरणा थी, मानो वह वास्तविकता से पूर्ण सहमति रखते हुए सहचरी के विभिन्न सद्‌गुणों को प्रभावित करने लगी थी। देबू ने भी उससे जो अपेक्षाएँ रखी, उसे बनिता ने कर दिखाया।

अक्टूबर 2001 में बनिता गर्भवती हुई जब वह उम्र के 20 बसंत से रू-ब-रू हो चुकी थी। देबू को पता चला तो सन्न रह गया। मानो वह भयजनक हो गई। वह चर्च का प्रेमी था, मतलब वह ईसाई था। देबू दा को यही बताया गया कि दुनिया की तमाम लालसाएँ नारी में देखी जा सकती हैं। वह शरीर और शैतान एक साथ है। उसके फादर ने उसे बताया था कि 'औरत ने ही आदम को पाप के लिए उकसाया।' वह संत आगस्टाइन का समर्थन था, जिसने यही कहा था कि 'हमारा जन्म पेशाब और स्राव के मिलन से हुआ है'। स्थानीय समाजसेवी नगेंद्र मोहंती तो देबू से कई बार मिल चुके थे। उनके अनुसार, ''देबू बगुला भगत था। औरतों के जननांग से, उसके संसर्ग से दूर रहने का ढोंग करता था। वह यही प्रश्न करता था कि 'हम मर्द भला क्योंकर औरत के उन घृणित अंगों से अनुराग रखते हैं जिनसे खून और पेशाब रोज बहते हैं।' वह आश्चर्य करते हैं कि ऐसे सवाल करनेवाला देबू इतना अधमी कैसे हुआ?''

वह समाजसेवी था, नारी उत्थान के लिए सदैव तत्पर होता था। वह औरत को समाज की धुरी मानता था, वह उसे अलौकिक अनुग्रह मानता था। मगर जैसे ही उसने सुना कि बनिता उसके बच्चे की माँ बननेवाली है, वह विचलित हो गया। उसके आदर्श, दर्शन और संकल्प महज मिथ्या, असीमित और सत्यविहीन विशेषणों के साथ बनिता को डँसने लगे।

उसने बनिता को भुवनेश्वर चलने को कहा। मगर वह तैयार नहीं हुई। पराए मर्द के साथ गाँव छोड़ना संभव नहीं था। बड़ी शिष्टता से इनकार कर दिया। तो देबू ने बनिता की माँ और छोटे भाई को साथ चलने के लिए कहा। मगर कारण क्या बताते? कारण कुछ भी नहीं था। इसलिए ऐसे बकवास से बावेला मचने का डर था। सोचने और विचारने में समय सरकता गया। देबू के लिए कुछ भी तय कर पाना मुश्किल था। मगर उसने बेहद संयम से काम लिया। शाम के वक्त बनिता की माँ को सच-सच बता दिया कि बनिता उसके बच्चे की माँ बननेवाली है। उसने अपना निर्णय भी बड़ी दृढ़ता के साथ सुनाया—वह उसके साथ शादी करेगा, अगले शुक्रवार को। बनिता की माँ विचलित हो उठी। गरीबी अपने आप में एक अभिशाप है और ऊपर से बदनामी, जो आजीवन पीढ़ी दर पीढ़ी साथ चलेगी। बनिता के बाप तो सदमे से मर जाएगा, आशंका के इस हालात में वह पसीने से तर-बतर हो गई। न जाने आगे क्या-क्या होगा।

रात में बनिता ने एक सपना देखा। जहाँ वह देबू दा के संग रोज रात में संभोग करती थी, वहाँ अचानक गाँववाले जलती मशाल लेकर आ जाते हैं। उन दोनों को नंगा कर जबरिया आलिंगनबद्ध होने के लिए कहते हैं। ऐसा नहीं करने पर उन दोनों को जलते अंगारों में फेंक देते हैं। उसने आस-पास के पहाड़ों को जलते देखा। जंगलों को धधकते देखा। जोर (छोटी नदी) में उमड़ती-घुमड़ती आग के गोलों में देबू को छटपटाते देखा। अचानक वह हड़बड़ाकर बैठ गई। साँसें तेज चल रही थीं। गला सूख रहा था। शरीर थरथर काँप रहा था। लालटेन की रोशनी में उसे यह आभास हुआ कि देबू दा भी जाग रहे हैं। रात्रि के इसी प्रहर में वह देबू दा के बिछावन पर उनसे आलिंगनबद्ध

हो जाया करती थी। उसके कदम खुद-ब-खुद उधर ही बढ़ गए। वह शांत और सामान्य होने के लिए उनका सान्निध्य चाहती थी। मगर। वह सिहर उठी। थरथराकर धरती पर बैठ गई। तेज चक्कर आया सिर में।

देबू गाँव छोड़कर जा चुका था। सुबह यही चर्चा थी गाँव में। क्यों? कब? कैसे? अनगिनत सवाल थे। मगर बनिता अपने प्यार के अस्तित्व और अर्थ के तलाश में मूक थी। बधिर भी और शायद सदमे से उपजी पीड़ा में आँसूओं की धार ने उसे अंधा बना दिया। वह खो गई कि वह क्या है? कहाँ है? देबू के जाते ही समूचा गाँव अनाथ सा हो गया। जब उन्हें उस 'महानायक' के 'नायकत्व' की जानकारी हुई तो वे असहज हो गए। गाँव के लोग खुद को अभिशक्त मानने लगे।

आज बनिता का बच्चा 4 साल का है मगर इस बारे में उससे किसी ने कोई सवाल नहीं किया। गाँव के नाम पर, उद्धार के लालच में, बदहाली से उबरने के गरज से बनिता माँ बनी। इस बात को गाँव के लोगों ने माना। इसलिए उसके बच्चे को सामाजिक स्वीकृति भी मिल गई। गाँववालों ने यही माना कि लोगों की भलाई के नाम पर बनिता कुर्बान हो गई।

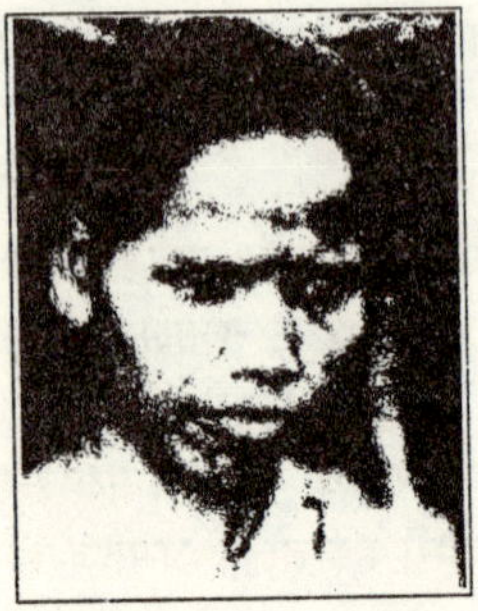

# बेइंतहा बेवफाई की शंभू ने

कोरापुट जिले के डकारा प्रखंड की मनिया को आज भी जमकर सामाजिक उलाहनों और थूकम-फजीहत का शिकार होना पड़ रहा है। क्योंकि उसे परिवार के लोगों की परवाह किए बगैर जिस प्यार से अपना जीवन सँवारना चाहा, उसके भयंकर परिणाम सामने आए।

मनिया अपने गाँव डकारा के समीप जंगलों से लकड़ियाँ लाकर उसे ब्लॉक ऑफिस के सामने चाय सिंगड़ी (छोटा समोसा) की दुकानों में बेच देती थी। लकड़ी बेचना उसके और उसके पूरे जीवन के पेट भरने का साधन था। इससे वे दो जून अपना पेट भर लेते थे। तन ढँक लेते थे। जंगलों से लकड़ी लाने और बाजार ले जाने की हाड़तोड़ प्रक्रिया में उसकी मित्रता शंभू से होती है। शंभू एक आदिवासी किशोर था, अपने गाँव के ढोर-डंगरों को चराकर पूरे परिवार के लिए रोटी जुटाया करता था।

पत्रकार नीरजचंद्र साहू कहते हैं, ''चरवाही करनेवाले और लकड़ी बिननेवाले लड़के और लड़कियाँ प्राकृतिक साहचर्य में निर्जनता का फायदा उठाने में बाज नहीं आते। ऐसी शत-प्रतिशत युवतियाँ सोलह साल की उम्र तक आते-आते सहवास के अभ्यस्त हो चुकी होती हैं।'' इसलिए मनिया भी रोज शंभू के साथ शारीरिक संबंध बनाती थी। किंतु इस वजह से उन दोनों काम पर कोई असर नहीं पड़ा। मनिया लकड़ियों के गठ्ठर बेचती रही। शंभू ईमानदारी से काम करता रहा। महीनों तक किसी को इस बात की गंध नहीं लगी। चूँकि आदिवासी समाज में इस प्रकार से बननेवाले दैहिक रिश्ते पर किसी को कोई एतराज नहीं होता, इसलिए उन दोनों में सामान्य रिश्ते बनते रहे। दिल की धड़कनों की तरह, सावन की पूरबईया की तरह और शहद की धार की तरह—सतत् अबाधित और निरंतर।

प्रसिद्ध लेखक कीर्केगार्द ने कहीं लिखा है कि, ''औरत के जरिए ही जीवन में आदर्श प्रवेश होता है। उसके बगैर मर्द का अस्तित्व कुछ भी नहीं होता।'' चूँकि वह अपने प्रेमी के लिए आदर्श थी। प्रेरणा थी। शक्ति थी, जो शंभू को अंदर से भर देती

थी। संतुष्ट कर देती थी। यह कारण है कि शंभू अपने हमउम्र शोहदों में ईर्ष्या का पात्र बन गया। मतलब मनिया भी अपने प्रेमी के लिए आदर्श थी। प्रेरणा थी। शक्ति थी। मगर कहा जाता है कि सेक्स विषयों से उपजी पीड़ा और ईर्ष्या बड़ी भयावह होती है, अंतहीन भी। इस हाल में विनाश के तमाम रास्ते खुल जाते हैं, खुद-ब-खुद। एक दिन अज्ञात हमलावरों ने शंभू की जमकर पिटाई की—डंडों से, पत्थरों से, थप्पड़ों और घूँसों से।

मनिया के लिए यह यातनापूर्ण था। उससे कुछ युवकों ने नाजायज पेशकश की। अश्लील प्रस्ताव रखे। यहाँ तक कि शंभू को जान से मारने की धमकी दे डाली। परंतु मनिया में शंभू को लेकर सनक थी। जिद्द थी। प्यार निभाने की अटूट प्रतिबद्धता थी। वह जल की तरह तरल थी, बारिश की तरह रोचक थी और पुरईन के पत्ते की तरह कोमल थी। मगर शंभू के लिए। क्योंकि सनक, जिद्द, प्रतिबद्धता के बगैर प्रेम कहानी लंबी नहीं होती। टिकाऊ नहीं होती। बेशक, व्यवहार और विचार में कोमलता, तरलता, सरसता और रोचकता न हो तो कैसा प्यार ? ऐसे में प्रेम-प्यार दिखावा होता है, समय काटने का बहाना होता है। उसने समझौते से इनकार का साहस किया। उसके इस दुस्साहस ने उसके अंतर्मन में प्रेम और भर दिया। यह मानिया के आत्मरक्षा का प्रश्न नहीं था। बल्कि उस प्यार को शक्ति-साहस और प्राण देने का प्रसंग था, जिसके बूते वह अच्छे भविष्य के ताने-बाने बुन सकती थी।

घायल शंभू आतंकित था। थोड़ा स्वस्थ होते ही उसने मनिया से संबंध बनाए जरूर मगर अब वह पहले से ज्यादा सोचने लगा। इसी दरम्यान मनिया गर्भवती हो गई। यह गर्भ अवांछित था। शंभू को यह जरा भी पसंद नहीं आया कि शादी के बारे में भी नहीं सोचा और यहाँ मामला माँ बनने का आ गया। सहसा मनिया उसे बुरी लगने लगी। उस मादा मकड़ी की तरह, जो नर मकड़ी खा जाती है। उसका प्यार उस नरभक्षी पौधे की तरह था, उस अँधेरी खाड़ी के समान, जहाँ वैसे साँप का बसेरा होता है, जो मर्द की ताकत को चाट लेता है।

उसने गाँव में यह प्रचार कर दिया कि मनिया आवारा है। बदचलन है। उसमें इस गलतफहमी को दूर करने की अथक चेष्टा की कि उसे मनिया के मामले के नाहक बदनाम किया जा रहा है। इस प्रकार बेचारी मनिया, उसके प्यार का नशा हिरन हो गया। पास बचा कुछ भी नहीं। पीड़ाजनक स्मृतियाँ, आँसूओं की विरल धारा, शोहदों के ताने, पड़ोसियों के उलाहने। शंभू उस गाँव में रहकर भी मनिया से दूर होता चला गया। जब उसने नर शिशु को जन्म दिया तब भी शंभू बेखबर रहा। अनभिज्ञ और अनजान। उसके अनुसार यह मनिया का पाप था। उसकी गलती थी जिसने ऐसे माहौल पैदा किए।

जिंदादिल शंभू कठकरेज निकला। "औरत के गर्भ संबंधित मामले रहस्यों से भरे होते हैं। गर्भ की कानूनी वैधता इसी वजह से एक रहस्य का मामला है।" गंजाम में हृदयानन्द मिश्र कहते हैं। इस प्रसंग में जिला प्रशासन या पुलिस विभाग से बड़ी विशाल

अपेक्षाएँ किया जाना इस वजह से उचित नहीं क्योंकि इस जानकारी के बावजूद भी फलाँ युवक और फलाँ युवती के साथ शारीरिक संबंध बनाता रहता है पुलिस प्रशासन चुप रहना बेहतर समझते हैं। इसलिए इस मामलों में किसी तरह के कदम उठाना मुनासिब नहीं।

क्योंकि ऐसा संबंध अवैध नहीं है। पुलिस प्रशासन इस मामले में किसी प्रकार का कदम उठाने का अधिकार नहीं रखती। इसलिए कानून की नज़रों में शंभू निर्दोष है। कटक के एक पुलिस अधिकारी प्रमोद पंडा के अनुसार, "सत्य और न्याय के बीच लंबे फासले हैं। हम लाचार हैं। जब तक जोड़े आपस में मिले, मौज-मस्ती, गुल छर्रे उड़ाती है तो यह व्यक्तिगत मामला कहा जाता है। इसलिए हम हस्तक्षेप का अधिकार नहीं रखते। अब कोई लड़की माँ बन जाए तो भला इसमें पुलिस क्या कर सकती है?" शंभू ने इसी बात का नाजायज लाभ उठाया है। उसके लिए मनिया एक साधन थी, मजे लूटने की।

शंभू के अनुसार, "शुरुआत में मनिया ने पहल की। मैंने नहीं। मैंने तो इनकार किया था। वह तो इसके बगैर जी ही नहीं सकती।" शंभू जैसे लोग कामोन्माद में पगलाई पड़ी कन्याओं के साथ 'रहम' करते हैं। उसे जीने का 'अधिकार' देते हैं। आजादी के 'सुख' देते हैं। क्योंकि ऐसा ही करने की शिक्षा प्राचीन ग्रंथों में है कि संभोग के लिए कन्या यदि पहल करें तो उसे ना कहना घोर पाप है। ब्रह्मवैवर्त के श्लोक में तो इस बारे में स्पष्ट व्याख्या भी है,

*'यदि कामवती दैवात् कामवती दैवात् कामिनी समुपस्थिता,*
*स्वयं रहसि कामार्त्ता न सा त्याज्या जितेन्द्रियैः,*
*ध्रुव भवेत् सोडपराधी तस्या अद्यावमानतः।'*

अर्थात् संयोगवश कोई कामातुरा एकांत में आकर स्वयं उपस्थित हो जाए तो उसे कभी नहीं छोड़ना चाहिए। जो कामार्त्त स्त्री का ऐसा अपमान करता है, वह निश्चय ही अपराधी है।

तो शंभू पापी नहीं है। उसके अनुसार मनिया ने संभोग करने के लिए उकसाया था। ऐसे में वह चुप कैसे रह जाता ? एक वेश्या द्वारा संभोग के आमंत्रण दिए जाने पर जब भगवान ब्रह्मा चुप रह गए तो वह उन्हें चट शाप दे बैठी कि 'अब कोई तुम्हारा मंत्र नहीं पढ़ेगा।' शापित ब्रह्मा से शंभू सबक ले चुका था। इसलिए ऐसा करने के बाद वह मुक्त है। स्वतंत्र है। विचरण की उसे पूरी छूट है। तभी तो उसने मनिया से अपना नाता तोड़ लिया। अड़ोस-पड़ोस में रहकर भी। मनिया रोज अपने प्रेमी से रू-ब-रू होती है। मगर अब क्या कर सकती है? परंतु ज्यादातर अनब्याही माताएँ अपने प्रेमी से नहीं मिल पाती है। दूर होकर या पास रहकर भी।

# दलीलों के पेंच में फँसी प्रेम की दास्ताँ

सुंदरगढ़ जिले की सुनंदा की व्यथा कुछ अलग है, जिसकी पीड़ा अंतहीन है। वह आज खो गई है कि वह कहाँ है, यह खुद उसे पता नहीं। अंदर से टूट चुकी, मन से बुझी हुई, थकी-हारी बेचारी सुनंदा। 20 साल की वनजा, सहजी-सहमी सी जिंदगी को समझने की उत्सुकता के उलझाव में डरी हुई है। जब उत्तेजना का अंतर्ज्ञान नहीं था तभी वह कामनात्मक क्रियाओं से जुड़ गई। तब वह 15 साल की थी।

यह उम्र बड़ी नाजुक होती है। कब क्या हो जाए कहना मुश्किल हो जाता है। यदि इस उम्र में जवानी के फूल खिल जाएँ तो बहुत शीघ्र ही मुरझा जाते हैं, चट्टानी फूलों के माफिक। सुनंदा भी समय से पहले जवान हो गई। बल्कि ऐसा कहें कि जवान बना दी गई। गाँव से दूर पानी भरने जाती थी, मटके में। पनिहारिन बनकर पनघट पर ही रविदास से नज़रें चार हुई, फिल्मी शैली में। वह मतवाली हो गई, प्रेम दिवानी सुध-बुध खो बैठी। रविदास हॉकी का माहिर खिलाड़ी था। तेज-तर्रार। पूरा इलाका उसके पीछे पागल था। नाज था वह उस गाँव का। लोगों की आँखों का तारा। बड़ी इज्जत थी उसकी।

सुनंदा उराँव आदिवासी है। रविदास गंड समुदाय का अनुसूचित जाति युवक। सुंदरगढ़ के नाम के साथ उराँव के बदले 'ओराम' लिखते हैं। राम के परम भक्त। यह इलाका पूर्व जनजातीय कल्याण मंत्री जुएल ओरामजी का है। जुएलजी भाजपा के हैं, हिंदूवादी हैं। आदिवासी हितों के घोर पक्षधर। अच्छी सोच रखते हैं कि आदिवासी राष्ट्र की मुख्य धारा से कैसे जुड़ेंगे। यह बात दूसरी है कि अपने इलाके से न तो भूखमरी रोक पाए और न ही पलायन। सुनंदा और रविदास के ऊपर अठारह महीने तक प्रेम का नशा चढ़ा रहा। इस बीच दैहिक संबंध नहीं बने। वह ऐसा करने से डरती थी कि कहीं कुल देवता नाराज न हो जाएँ या वन देवी रूठ न जाएँ। उसे घर में ऐसा ही बताया गया था कि शादी से पहले ऐसा कुछ नहीं करना चाहिए। किंतु दोनों की भरपूर बदनामी हो गई। सुनंदा के घरवाले सतर्क हो गए मगर कुछ हाथ नहीं आया। इससे

स्वाभाविक सी निश्चिंतता आ गई। वह किसी भी हाल में रविदास को छोड़ना नहीं चाहती थी...वह उसका आदर्श था, लक्ष्य था, परम लक्ष्य। उसे पाकर वह धन्य हो जाना चाहती थी। रविदास का भी हाल कुछ ऐसा ही था। वह उसे पाना चाहता था, पाकर खोना नहीं चाहता था।

वह दिन रविवार था। साल 1999। महीना सावन का। रिमझिम सावन में सुलगती आग बुझाने की गरज से सुनंदा और रविदास एकाकार हुए। अंग-अंग से निचुड़ा उमंग, पोर-पोर से उत्सर्जित आवेग और प्राण वायु की ऊष्णता से समूचे तंत्रिका को उन्मादित करने की अद्‌भुत अनुभव, अवर्णित, जितना सुखद उतना ही सरस महसूस हुए। ऐसा लगातार सात दिन चला और आखिरकार वह गर्भवती बन गई। रविदास ने शादी करने का वचन पहले ही दे दिया था जिसे उसने दोहराना शुरू किया। लेकिन, न्यायालय में, यही उसकी शर्त थी। अभी उसमें दस महीने कम थे। तब सुनंदा सत्रह साल दो महीने की थी। मतलब पहले बच्चा और तब शादी। वह पैदा होनेवाले बच्चे को कानूनी मान्यता देना चाहता था।

स्थिति द्वन्द्व और दुविधा की थी। रविदास ने बच्चा गिरवाने की छूट दे दी। सुनंदा के घर के लोग अवाक् थे। सन्न। रविदास बड़ा नीच निकला। अधर्मी। कुकर्मी। धोखेबाज। वे पुलिस में रिपोर्ट लिखवाना चाहते थे। इज्जत लूटने का। बलात्कार का। यौन शोषण करने का। बहलाने-फुसलाने का। स्थानीय पुलिस विभाग ने सूझ-बूझ से काम लिया। स्पष्ट कर दिया कि सख्त सजा दिलवा पाना मुश्किल है। इसलिए पंचायत का निर्णय ही आखिरी विकल्प है।

सुनंदा को अप्रैल 2004 में एक मादा शिशु हुआ। रविदास के यहाँ से कोई देखने तक नहीं आया। माहौल भारी था, खिंचा-खिंचा सा। बच्ची का संसार में आना किसी ने पसंद नहीं किया। वह अवांछित थी। अवैध थी। इसी बीच मई महीने में काम की तलाश में रविदास दिल्ली पहुँचा। तब से वह वहीं है। लौटकर घर नहीं आया। चिट्ठियाँ लिखता है। हाल-चाल लेता है। मगर गाँव नहीं आता। सुनंदा हमारे जरिए रविदास से कुछ पूछना चाहती है। उसे इतनी जानकारी है हम जो भी लिख रहे हैं, उसे रविदास जरूर पढ़ेगा।

भाई रविदास गौर से सुनिए। मौका मिले तो हमारी बातें जरूर पढ़ें। सुनंदा के सवालों को सुनिए। हम जानते हैं कि आप और आप ही ऐसे शक्स हैं जो सुनंदा के जवाबों के प्रश्न दे सकते हैं। क्योंकि आपसे नजदीक उस अबला के लिए कौन है? आप निश्चित रहें कि हम आपका नाम कहीं किसी खबरिया चैनल को दे देंगे। सुनंदा का पूछना है कि 'यदि वह चरित्रहीन है और संभोग के लिए आतुर रहा करती थी तो उससे मित्रता होने के महीनों बाद तक संयमित कैसे रह गई? यदि वह चरित्रहीन है तो आपने उससे मित्रता क्यों की? मित्रता हो गई तो आपने दैहिक संबंध क्यों बनाए? यदि संबंध बन भी गए तो शादी का वायदा क्यों किया? वह भी कोर्ट में जाकर?' सुनंदा जवाब देती है, क्योंकि आप खुद कैसे जानते हैं कि जब मेरे गर्भ में बच्चा आया तो मैं सत्रह

साल दो महीने की थी। यदि मैं तब नाबालिग थी, शादी कर भी लेती तो कौन बावेला मचाता?

रविदास जी! हम आपसे कुछ जानना चाहते हैं। आप जानते हैं कि सुनंदा की उम्र क्या है? आप यह भी जानते हैं कि उसका बर्थ सर्टिफिकेट किसी के पास नहीं है। स्पष्ट है कि आपने जानबूझकर सुनंदा की जिंदगी में तबाही के झंझावात पैदा किया। आखिर वजह क्या है कि पहले आप शादी के मीठे-मीठे वादे करते रहे। जब वह गर्भवती हो गई तो कोर्ट में शादी करने की बात करने लगे। यदि इन सबके बावजूद आप निर्दोष हैं तो सुनंदा की आज देखभाल क्यों नहीं कर रहे हैं ? जब रोजगार की तलाश में आप बाहर जाने की बातें करने लगे तब सुनंदा बालिग हो चुकी थी। तब शादी क्यों नहीं की। सुनंदा एक ऐसी लाचार स्त्री बन चुकी है जिसकी असावधानियों की दरारों से ताँक-झाँक करनेवाले लोगों की कमी नहीं। वह वैसे लोगों से घिरी है जिनका मानना है कि स्त्री या तो जंगलों में रहती है या खेतों में या बिस्तरों पर। वास्तविक यथार्थ की जटिल नाटकीयता से तबाह सुनंदा कल्पनालोक से दूर फेंकी जा चुकी हैं। मर्दों के लिए माल और बाजार की भाषा में देह व्यापार के चोखे धंधे में सहजता से खपाई जानेवाली एक अदद मादा देह।

# पैसेवाले ने बनाया अनब्याही माँ

बोलंगिर जिले के गुडवेला प्रखंड में एक गाँव रूसुरा के लोग मच्छर काटने से मरते हैं। वहीं की है पवित्रा। घर में सौतेली माँ और उस माँ से पैदा हुए पाँच बच्चे—तीन लड़के और दो कन्याएँ। जाहिर है उसे उपेक्षा-प्रताड़ना और उलाहना रोटी में सालन की तरह रोज मिलते थे। प्रसिद्ध नारीवादी लेखिका नासिरा शर्मा के शब्दों में, ''बुजुर्गों की छाया लंबे अरसे तक मिलना बड़ी बात है, मगर जब यह छाया गहरी हो, अँधेरे में तब्दील हो जाती है तो जिंदगी का चेहरा गायब हो जाता है।'' इसलिए पवित्रा के लिए माँ-बाप-दादी जैसे शब्द तीव्र घृणा, भाई-बहन के मायने ईर्ष्या और परिवार से अंतर्मन में उदासी के भाव फूटते। घर के अंदर की घुटन जानी-पहचानी थी और बाहर का परायापन बिल्कुल अजनबीपन के साथ न जीने देता था और न मरने देता था। इस अनजाने माहौल में उसकी मुलाकात होती है शिव नारायण नामक एक अंडा व्यापारी से। शिवनारायण आंध्र-प्रदेश का रहनेवाला था, जो उड़िया और तेलुगू भाषाओं का अच्छा जानकार था।

वह पैसावाला था। रोबदार था। शौकीन था। उसके पास एक कार थी। नौकरों और चेलों के साथ कहीं भी जाता था। जहाँ जाता बेधड़क पैसे लुटाता था। उसे घूमने का बड़ा शौक था। गाँवों में रुकता था। बकरे-मुर्गों के गोश्त और महँगे शराब परोसे जाने की वह अपनी शान और इज्जत समझता था। पहली नज़र में ही पवित्रा उसे जँच गई। किन्हीं कारणों से बहुत जल्द ही दोनों बेहद करीब हो गए। गरीब घर में पैदा हुई पवित्रा ने उससे दोस्ती की तो माँ-बाप और परिवार के अन्य सदस्यों की किस्मत सुधरती नज़र आने लगी। दाने-दाने को मोहताज हो चुका उसका परिवार अब पान-बीड़ी-जर्दा-सिगरेट और सोडावाटर रखने लगा। शिवनारायण कब आ जाए, कोई ठीक नहीं। वह आता तो रात बिताकर ही जाता था। इसलिए पवित्रा के बाप ने घर के पिछवाड़े एक कमरा बनवा दिया—ईंटों को गीली मिट्टी से जोड़कर। टीन का छत और उस छत के ऊपर एक सामियाना डाल दिया जिससे कि भीतर सरदी कम पहुँचे।

शिवनारायण और पबित्रा के संबंध पुराने हो चुके थे, साथ में बेहद चर्चित भी। उस दिन वह कुछ चिंतित नज़र आया, इसलिए वहाँ आ पहुँचा। आने की खबर पहले ही मिल चुकी थी। इसलिए बकरे का गोश्त बनाया गया था। उसे शराब भी परोसा गया। पबित्रा व्यग्र थी। बेचैन। शराब पीते हुए शिवनारायण ने उसे छेड़ा, गुदगुदाया। शराब के खुमार भरी जवान आँखों ने, पबित्रा की व्यग्रता को माशुकाना अदाओं में बदल दिया। रात रंगीन हो गई। माहौल गरम रहा तब तक प्रेम का नशा उतरा नहीं। गेहुँआ रंग, बड़ी-बड़ी आँखें महुआ रस से हर क्षण नशीली, चिपटी नाक, भरे-भरे उभरे ओंठ, जिन्हें शिवनारायण खूब चूमता था। उन ओंठों पर मुस्कुराहट थिरकती थी मगर आज उनमें थरथराहट थी, कंपन थे। आँखें आर्द्र थीं और उदास भी। शिवनारायण का नशा उतरा तो वह भाँप गया कि प्यार लुटानेवाली पबित्रा आज बेचैन थी। अस्थिर। वह खुद को रोक नहीं पाया। पबित्रा भी उससे कुछ कहना चाहती थी।

उसने शिवनारायण को बताया कि उसके पेट में एक जीव पल रहा है। वह तेजी से आकार ले रहा है। इस वजह से उसकी तबीयत ठीक नहीं रहती। जी भारी रहता है। उपाय समझ में नहीं आता कि क्या करें। लोक-लाज, बदनामी,चर्चा-परिचर्चा, निंदा-परिहास से उसे डर लगता है। इसलिए वह उपाय चाहती हैं। चूँकि इस दुनिया में शिवनारायण ही अपना है जिसे उसने अपना सर्वस्व सौंपा है, जो उसके होनेवाले बच्चे का पिता है। इसलिए वह समाधान भी बताता ऐसी उम्मीद थी उसे। वह सक्षम था। समर्थ था। शक्ति-संपन्न था। पैसेवाला था। इसलिए पबित्रा के इस समस्या को सुलझाना उसके बाएँ हाथ का खेल था।

शिवनारायण उसकी बात सुनता रहा—ध्यान से, चुपचाप। खामोशी में पल-प्रतिपल बीत रहा था। गाँव के एक कोने में अशोक के पेड़ पर क्रोंच रह-रहकर अपने पंख जब भी फड़फड़ाता, उस खामोशी में व्यवधान पैदा होता। तभी एक टिटहरी आकुल-व्याकुल चिल्लाती हुई जाने कहाँ गुम हो गई। शिवनारायण अपनी जगह से उठा। सिगरेट सुलगाई। निर्णय और अनिर्णय के संक्रमण से वह गुजर रहा था। सारा गाँव उसकी करतूतों से वाकिफ था तो इनकार कैसे करता? जो चर्चित होते हैं, अपने नाम के लिए वे बड़े संवेदनशील होते हैं।

शिवनारायण भावुक हो गया। क्योंकि वह पबित्रा को आत्मा की गहराइयों से प्यार करता था। संकट में भला उसे कैसे छोड़ सकता था। उसके गर्भ में पलनेवाला एक जीव उसका ही तो था। शिवनारायण इस मामले में बेहद मानवीय होता चला गया। पबित्रा को निश्िंचत किया। उसे ढेर सारे पैसे दिए। अपना ध्यान रखने की हिदायत दी और फिर जल्दी ही आने के वादे किए। पबित्रा को उससे ऐसे ही व्यवहार की अपेक्षा थी। क्योंकि भावना के बहाव में पबित्रा ने उसे अपना सर्वस्व सौंपा था। लेकिन शिवनारायण का उसे छोड़कर जाना अखर रहा था—आशंका, खटका और अपशकुन के संजाल में वह धँसती जा रही थी। वास्तव और कल्पना के बीच की दीवार चौरस और मजबूत होती चली गई। वह वही पुराने जादुई माहौल की अपेक्षा में घुलने लगी, अपनी

घिसी-पिटी उत्तेजनाओं को समेटकर शिवनारायण को अपने आगोश में लेना चाहती थी।

देह उत्सव के जाल और बिस्तर की रहस्यमयी पाशविकता का सच उसे कोंचने लगा। जैसे एक बार गाड़ देने के बाद शव कब्र से नहीं निकलता। वैसे ही वह मन से बुझ गई तो जिंदा लाश बन गई। मांटेन्यू के शब्दों में, "कामुकता वह गतिशीलता है जो अन्य की ओर अग्रसर होती है। यह उसकी मुख्य विशेषता है। किंतु, गहरा संबंध और अधिक सान्निध्य पति और पत्नी को एक-दूसरे के लिए एकरूप बना देते हैं।" पबित्रा को सान्निध्य मिला और उसका सुख अनंत था। मगर सच्चाई जो है वह यही है कि दैहिक प्रेम को न तो लक्ष्य माना जा सकता है और न ही लक्ष्य प्राप्ति का साधन। इससे उपजा सुख न उस सुनहली सामान्यता से है जिसमें आकांक्षा और भावना की तीव्रता का अभाव दिखता है। इसके लिए पहले स्त्री का अस्तित्व पुरुष ही न्याय संगत साबित कर सकता है। इसके लिए पहले स्त्री को अपना अस्तित्व मर्द को सौंपना पड़ता है। मतलब बड़ी विनम्रता के साथ औरत को अपने विश्व का त्याग करना पड़ता है। यहाँ विश्व का मतलब स्त्री के पुराने परिवेश, उस परिवेश से जुड़े लोगों से, संबंधित मान्यताओं और संवेदनशीलता से है। तभी उसे पुरुष का संरक्षण मिलता है। पबित्रा ने ऐसा ही किया।

कहते हैं पति या प्रेमी को पकड़ना एक कला है और उसे पकड़े रहना एक कार्य है। इस काम में बड़ी शक्ति और धैर्य की जरूरत पड़ती है। इसके लिए विनम्रता, प्रतिरोध और सतर्कता की जरूरत होती है। विडंबना यह है कि जब कोई प्रेमिका प्रेम करती है तो समाज की नज़र में उसकी भावनाएँ और संवेदनाएँ अनैतिक हो जाती हैं। उसे चरित्रहीन और वेश्या की उपाधि दी जाती है। तभी तो कन्याओं को माँ बन जाने पर उसके कोमल मन और पवित्र भावनाओं को बेहद विकृत रूप दे दिया जाता है और आखिरकार वह आजीवन पापयुक्त जीवन जीने को मजबूर हो जाती है। यह भयावह सच है कि विवाह स्त्री को कभी सुख नहीं देता। और न ही सुख के विषय में विवाह किसी प्रकार का आश्वासन देता है। वह स्त्री और उसकी अहमियत को विकृत कर देता है। मगर विवाह की वजह से वह सामाजिक उलाहना, कुदृष्टि और तिरस्कार से बच जाती है, ऐसा ही होता है। यह भी एक सच है। यथार्थ है। अनब्याही माताएँ इन्हीं कष्टों और पीड़ाओं से आजीवन बिंध जाती है।

पबित्रा से 'जल्द ही आएँगे' कहकर जा चुका शिवनारायण आज तक नहीं लौटा। पाँच साल हो चुके हैं। बच्चा चार साल से कहीं ज्यादा का है। लड़का है। उसके जन्म के बाद वह गुमसुम रहने लगी है। झर-झर आँसूओं से जिंदगी कट रही है। अपनी माँ के नहीं रहने का उसे अफसोस है। सौतेली माँ ने अपने सुख के लिए उसे शिवनारायण के खटिया पर बिछा दिया। अगर पेट पालने के लिए पबित्रा के अभिभावक ने उसे किसी अय्याश व्यापारी का रखैल बना दिया तो इसे हम उड़ीसा राज्य की निर्धनता में पल रही 87 प्रतिशत गरीब आबादी की नियति कह सकते हैं।

# इश्क की दास्ताँ और जवानी की जुबाँ, मतलब धोखा

फूलबनी जिले के बडेडी गाँव की लाबा नाग के ''इश्क की दास्ताँ और जवानी की जुबाँ'' बेहद हृदयविदारक है जिससे बहकावे-छलावे-बहलाने और फुसलाने के न जाने कितनी तिकड़में चस्पाँ है। वह अपने किसी संबंधी से मिलने मदनपुर रामपुर गई थी। यह गाँव प्रखंड मुख्यालय भी है, घनघोर जंगलों से घिरा, छोटी-बड़ी पहाड़ियों की ढलानों पर बसा। यहाँ के जंगल हाथियों और बाघों के बसेरे हैं। दर्जनों झरने और बरसाती नाले इस पूरे इलाके की जैव संपदा को समृद्ध करते हैं। यहाँ कंद-कुटिया आदिवासियों की सैकड़ों बस्तियाँ हैं।

जंगलों में, सुनसान जगहों में बसे गाँवों में जंगली हाथियों का आतंक है। ये हाथी महुआ से चुआई गई शराब पीने के लिए गाँवों पर धावा बोल देते हैं। जिन बलुई माटीवाले खेतों में मूँगफली की खेती होती है, वहाँ सियार और भालूओं का उत्पात है और भुट्टे की फसल चाटने पहाड़ी तोते आते हैं। कुल मिलाकर इस इलाके का एकाकीपन कालाहांडी के अन्य इलाकों के गाँवों से जुदा है। लाबा नाग तब 17 साल की थी और जयपटना में उसकी शादी तय हो चुकी थी। जब से उसकी सगाई हुई तब से वह बेहद खुश रहने लगी थी। अतिरिक्त उत्साह और उमंग में उसने जीवन के तमाम दुःखद पहलुओं को नज़रअंदाज कर दिया था।

साल 1997 में उसकी सगाई हुई थी। उसके तुरंत बाद वह मदनपुर रामपुर गई। वहीं बस स्टैंड पर उसे कंदर्प से मुलाकात हुई। कंदर्प ने खुद को उसके मंगेतर का ममेरा भाई बताया। मतलब उन दोनों के बीच भाभी और देवर के रिश्ते तय हुए। चूँकि लाबा कोई महीने भर के लिए वहाँ गई थी, इसलिए दोनों के बीच घनिष्ठता बढ़ती चली गई। भाभी से हास-परिहास का रिवाज है। इसलिए दोनों बेहद खुलते चले गए। मिलना-जुलना, हँसी-ठिठोली, वाद-संवाद और उपहारों के आदान-प्रदान में शर्म और

हिसाब का झिना आवरण कब हटा, न लाबा समझ पाई और न ही कंदर्प ने समझने का कष्ट उठाया। यदि कंदर्प की नियत पहले से ही गलत थी तो लाबा की सहजता इस मंशा को भाँप सकने में पंगु रही। एक सतत प्रवाह में वह बहती चली गई, जो प्रवाह बरसाती नाले की बाढ़ समान थी।

कंदर्प और लाबा एक-दूसरे के करीब होते चले गए। चूँकि स्त्री के आनंद को व्यक्त करने के लिए कोई विशेष शब्द नहीं होते इसलिए उसकी इच्छा भी असीमित की ओर अग्रसर होने से मानसिक तृप्ति पर शांत होती है। यदि पुरुष में कामेच्छा तीर की तरह उठती है तो औरत को कामोन्माद बिच्छू के डंक समान रह-रहकर जोर मारती है। संभोग के पूर्व स्त्री के मनोभावों का आकलन ब्लॉक एलिस ने बड़े विस्तार से किया है। उनके मुताबिक "स्त्री दैहिक संबंध बनाने की स्थिति में हो या न हो मगर चुंबन और आलिंगन के लिए उसकी इच्छा अपने प्रेमी से कभी नहीं खत्म होती है।" मनोवैज्ञानिक विश्लेषण के अनुसार आत्मपीड़क कामुकता स्त्री की एक खास विशेषता होती है। इसलिए वह अपने को प्रेम-संबंधी किसी भी स्थिति के अनुकूल बना लेती है। फ्रॉयड के विचार से स्त्री में आत्मपीड़क कामुकता इस अर्थ में होती है कि उसमें आनंद और प्रेम का सुंदर सम्मिश्रण होता है।

लाबा के संदर्भ में इन स्थापित सच्चाइयों को हम नज़रअंदाज नहीं कर सकते। उसने कंदर्प में जब से अपने मंगेतर की छवि दिख गई तब से अतिरिक्त मनोभाव के राग-रंग में डूबती चली गई। शर्म-संकोच-हया की वजह से उसने पहल नहीं की। मगर लाबा ने उसके अनुरोध को ठुकराया भी नहीं। दोनों के बीच चुंबन और आलिंगन तो शुरू से ही चलते रहे। चूँकि कंदर्प में उसने स्त्री को सम्मान करने का भाव महसूस किया। उसके हर शब्द से प्रेम टपकते थे और भावुकता में रसासिक्त विचार उसे मानसिक संतुष्टि दे रहे थे। लाबा हीनभावना से मुक्त हो गई और इसी मुक्ति के बाद वह कंदर्प के समक्ष समर्पित हो गई। स्टेकल ने ठीक ही कहा है, "सेक्स-संबंधों में मानसिकता स्थिति सबसे ज्यादा महत्त्व रखती है।" दोनों मन से जब भी तैयार होते एक दूसरे पर प्यार लुटाते। आलिंगन का सुख हर बार अपूर्व होता था। ताल सहित लहरों का उठना, गिरना, फिर से उठना मानो एक आवेग की स्थिति पैदा हो गई हो। लाबा शिथिल हो जाती परंतु इच्छाएँ पूरी नहीं होती। उसकी इच्छाएँ असीमित की ओर बढ़ती थीं और मन की तृप्ति पर जाकर तृप्त हो जाती थी। स्त्री का कामावेग कुम्हार के घूमते चाक की तरह होता है जो चरम स्थिति हासिल करने के बाद भी बहुत देर बाद शांत और स्थिर होता है।

किशोरावस्था में सहवास स्त्री में मंत्र-मुग्धता की स्थिति ला देता है। लाबा के साथ भी ऐसा ही हुआ। वह जब भी अपने देवरनुमा प्रेमी से आलिंगनबद्ध होती तो पूर्ण समर्पण की हालात में आ जाती। आँखें बंद करने की कोशिश किए बगैर पलकें स्वतः उसे संपूर्णता में ढँक लेती थी। यह उसकी तन्मयता की सूचक होती थी। वह आसपास को भूल जाती थी। खुद में खो जाती थी। ऐसा हफ्तों चला। एक दिन कंदर्प मोटर

साइकिल लेकर आया। जंगल में मंगल मनाने के प्रयोजन से। बालीगुड़ा के जंगलों में। जहाँ दोपहर में शाम घिरने का एहसास हो। लाबा तैयार हो गई। लेकिन जब तक बालीगुड़ा पहुँचती शाम हो चुकी थी। इसलिए वे दोनों बस स्टैंड के पास स्थित एक लॉज में ठहर गए।

लॉज का नाम अब लाबा को याद नहीं। हाँ, इससे कोई सौ मीटर की दूरी पर है पुलिस स्टेशन और उस इलाके के 'सरकारी राजा' कहे जानेवाले सब कलेक्टर साहेब का निवास और कार्यालय है। पास में हैं सिंचाई विभाग और पथ निर्माण विभाग के डाक-बँगले। साप्ताहिक हाट और रोज के बाजार की रौनक यहाँ रात तक होती है और भवानीपटना से भुवनेश्वर जानेवाली तमाम बसों का पड़ाव भी। बालीगुडा अंग्रेजों के जमाने से महत्त्व का स्थान रहा है। अच्छी रात की कामना लाबा की आँखों में खुमारी भर रहे थे। उसे उम्मीद थी कि इस रात कंदर्प उसे भरपूर प्यार देगा।

वह पहली रात थी। सान्निध्य सुख पाने की चाहत और उमंग की रात। वह अपने संबंधी के घर से बिना बताए आई थी। मगर दैहिक सुख पाने की चाहत में उसे अच्छे-भले-बुरे का ज्ञान रहा ही नहीं। चूँकि प्यार एक उन्माद है, जोश है जो सोच-समझ और संचेतना को पल भर के लिए पंगु बना देता है। एक क्षणिक आवेश में प्रेमी युगल या अकेला प्रेमी या प्रेमिका विवेकहीन निर्णय लेने से पीछे नहीं हटते। यही कारण है कि किसी ने प्यार को अंधा बताया तो किसी ने इसकी उपमा सुनामी की भयंकरता से की है। जोश, उन्माद, ज्वारभाटा, अंधड़-बवंडर और तूफान के अलावा न जाने क्या कहा प्रेम के व्याख्याकारों ने इसे।

लाबा को प्यार पाने की चाहत थी। मगर मन में तूफान था। उसे कुछ कहने की जल्दी थी। बाहर माहौल शांत था और मन में समुद्री लहरों का हाहाकार था। तभी दरवाजे पर दस्तक हुई जो दिल पर जाकर धक् से लगी। बार-बार कोई दरवाजे पर थपकियाँ दे रहा था, जो बाद में धमाल में बदल गया। अब एक नहीं कई आवाजें थीं। लाबा डर गई। मगर साथ में कंदर्प नहीं था। अंततः एक झटके से दरवाजा जा खुला, सामने अनजान मर्द खड़े थे। वे संख्या में चार थे। शराब के नशे में धुत्त। सिगरेट के छल्ले मुँह से भभकाते हुए। एक साथ टूट पड़े लाबा पर, जैसे बॉलीवुड की मसाला फिल्मों में होता है। रात-भर देह दमन का दौर चला जो लाबा की बेहोशी का शबब बना। मुर्दा बनी लाबा और उस पर मशीनी प्रक्रिया में उछल-कूद मचाते वे वहशी दरिंदे, जो शांत होने का नाम नहीं ले रहे थे। कंदर्प नहीं आया। सुबह होने से पहले वे दरिंदे लाबा के मुँह पर पट्टी बाँधकर और उसके हाथ-पैर में बंधन डालकर चले गए।

अगली रात वे फिर लौटे। वही हुआ, जो पिछली रात को घटित हुआ था। छद्म प्रेमी के छल में लुट गई लाबा, पैशाचिक खेल झेलती रही। ऐसा कोई एक हफ्ते चला। तगड़ी देहवाली लाबा टूट गई। शरीर और आत्मा से, जिसकी अपनी कोई इच्छा नहीं रही। वहाँ से वह कहाँ जाती? घायल थी बेचारी, इसलिए समीप के एक शौर्ट स्टे होम में जाकर रहने लगी। वह गर्भवती हो चुकी थी, तो नौवे महीने एक बच्चे की माँ बन गई।

अब वे सारी बातें उसके अंतर्मन में खिन्नता भरती हैं। किसे अपने बच्चे का बाप माने यह तय कर पाना उसके लिए मुश्किल ही नहीं नामुमकिन है। उसके मन में आज प्रश्नों के ढेर हैं, जिससे जूझना उसकी विवशता है और शायद नियति भी। नियति की मार बड़ी गहरी होती है। वह पराजित के पास समस्याएँ लाती है, उसे हताश कर डालती है। हारकर उसने आत्महत्या का मन बनाया। किसी ने समझाया कि आत्महत्या किसी अस्थायी समस्या का स्थायी समाधान है। जीवन का अंत कर लेना कायरता है। इस बात से ईश्वर भी नाराज हो जाते हैं और अकाल मौत से आत्मा भटकती है। आत्मा के भटकने ने उसे अंदर से हिला दिया।

असह्य कष्ट के बारे में उसने सुना था कि कैसे अकाल मौत को गले लगानेवाली उसकी पड़ोसन दो बच्चे छोड़कर इस दुनिया से जुदा तो हो गई परंतु टोला-खलिहान में उसकी भटकती सफेद छाया से गाँववाले तंग आ गए। इसलिए उसने जिंदगी अपने अंदाज में ही लेकिन पूरी गंभीरता से जीना उचित समझा। अब स्वभाव से लाबा बदल चुकी है। लेकिन इस बदलाव के पहले उसकी जिंदगी में जो सुनामी आया जो कैटरीना आया उसके प्रति उसके सामने न शब्द हैं और उन घटनाओं के बारे में सोचने का वह साहस रखती है।

# देह मंडी की देहरी से लौटी पुतुल

बीस साल की पुतुल उड़ीसा राज्य के नुआपाड़ा जिले के एक आदिवासी बहुल गाँव महुलपादर की रहनेवाली है। वह भी एक अनब्याही माँ है, जो भावनाओं में बहकर अपने प्रेमी उमेश साहू को अपना सर्वस्व दे बैठी। प्रेमी के प्यार में पागल बनी पुतुल ने न तो परिवार की चिंता की और न ही समाज की। जो भी मन में आया करती चली गई। अपने प्रेमी को खुश करने के लिए। क्योंकि उमेश उसके जीवन का सर्वस्व था। जीवन की पूर्णता प्रेमी में थी। भविष्य की संभावनाएँ प्रेमी में थी।

उसे आज भी देखकर यकीन नहीं होता कि वह एक बच्चे की माँ है। किसी ने सच ही कहा है कि स्त्री की देह खुद स्त्री के लिए अभिशाप है। भरी-पूरी छातियाँ उसके गले में अटका फाँसी का फंदा है। भरे-भरे बदन की पुतुल का हर जलवा शोला था। वह आग थी जो मर्दों को मोम की तरह पिघलाना जानती थी। वह जानती थी कि मर्द को कैसे लुभाया जाता है। उसे पता था कि उसकी औकात क्या है। उसे यह भी पता था कि उसके पास जो 'खास' है उसे पाने की तड़प हर मर्द की होती है। कॉलिंस के शब्दों में, 'योनि बोलती है, धकेलती है।' युवतियाँ युवकों के मुकाबले ज्यादा रतिकामी होती हैं। पुतुल ने इसी वजह से अपने प्रेमी को लुभाया।

दोनों के बीच प्रेम के नाम पर बने दैहिक रिश्ता महीनों जारी रहा। उमेश को जब यह जानकारी हुई कि उसका बच्चा पुतुल के पेट में पल रहा है तो उसने परस्पर सहमति से गर्भ गिरवा देने का निर्णय लिया। इस कारण वे दोनों चोरी-चोरी चुपके-चुपके नागपुर चले गए। वही एक प्राइवेट क्लिनिक में साढ़े पाँच हजार में सौदा तय हुआ। मगर यह सौदा कुछ और उद्‌देश्य को लेकर था। पुतुल को इस बारे में कोई जानकारी नहीं थी। उसे तो बस इतना पता था कि उमेश जो भी करेगा अच्छा करेगा। उसके लिए करेगा।

मुंबई की बदनाम बस्ती कमाठीपुरा के एक दलाल को पुतुल का उभरा यौवन रास आ गया—उसमें कमाई की पुरजोर संभावना थी। इसलिए उमेश साहू को अच्छी कीमत देकर उक्त दलाल ने पुतुल को अपने कब्जे में ले लिया। पुतुल बिक चुकी थी। अपने

प्रेमी के जरिए। अब उसे अपनी देह से एक प्रेमी नहीं बल्कि ग्राहकों को एक ही रात में खुश करने की जिम्मेदारी सौंपी जा रही थी। प्रेमी उमेश ने उसे इस लायक समझा। उसे इस बात का पक्का यकीन था कि पुतुल की देह दशा ऐसी है कि वह एक ही रात में कई मर्दों को न सिर्फ झेल सकती है बल्कि उन्हें खुश भी कर सकती है। जिस प्रेमी को उसने अपना शरीर सौंपा, उस प्रेमी ने उसी शरीर को सरेआम नीलाम कर डाला। मर्द के लिए औरत सचमुच ब्रांड है। माल है।

मतलब वह सबके लिए है। उसकी योनि सबके लिए है, पूरे समाज के लिए है। उसे बंद कमरे में भी अपने प्रेमी के साथ वही करना पड़ता है जो उसे ग्राहकों के लिए करना पड़ता है। मगर पुतुल का भाग्य अच्छा था। वह दलाल के कब्जे से जैसे-तैसे निकलकर नागपुर स्टेशन पहुँची, जहाँ देर रात के समय समता एक्सप्रेस आई। समता रायपुर-केसिंगा से गुजरकर विशाखापत्तनम जाती है। सामान्य श्रेणी में बेटिकट यात्रा करते हुए वह महासमंद (छत्तीसगढ़) पहुँची और उसके बाद किसी आरक्षित डिब्बे में बैठकर वह केसिंगा पहुँची। पुतुल पर सबको दया आई। हर किसी का मन पसीजा।

मगर उमेश साहू बड़ा बेदर्दी और कठकरेज निकला। उसकी देह के रेशे-रेशे से सुख निचोड़ने के बाद उसे बेच डाला। मतलब उसका भरपूर उपयोग किया। उपभोग किया। शायद यही नियति वैसी हर स्त्री की होती है जिनका प्रेमी उनके साथ न सिर्फ दगाबाजी करता है बल्कि उन्हें देह बाजार के मलमलाते माहौल में धकेलने के हर जुगाड़ करता है। पुतुल के लिए जितना आसान हुआ उस देह-दलाल के चंगुल से भागना, उतना ही मुश्किल साबित हुई आगे की जिंदगी। समाज के नियम, नियमों से जुड़ी परंपराएँ और उन परंपराओं से चस्पाँ वर्जनाएँ—इन्हें धत्ता बतानेवाला या इनके विपरीत चलनेवाला संघर्ष और समस्याओं से लंबे समय के लिए घिरा रह जाए तो इसे बेहद आश्चर्य से नहीं देखा जाता। परंतु यदि कोई स्त्री पूरे समाज के प्रारूप के प्रतिकूल चलनेवाली चरित्र बन जाए तो उसे उसका समाज सहजता से स्वीकार नहीं करता। कहते हैं 'विजेता हमेशा एक समाधान का हिस्सा होता है तथा पराजित सदैव समस्या का हिस्सा होता है।' पुतुल ने जिस नए अंदाज में जीने का जो आत्मनिर्णय लिया था। उसमें उसका आत्मज्ञान से प्रतिबद्धताओं और प्रतिज्ञाओं का अटूट आत्मविश्वास था।

पुतुल को अपने लिए और अपने बच्चे के लिए जीना था। उसे अपने उस भोगी-कामी-लम्पट प्रेमी को भी दिखाना था कि औरत कमजोर होती नहीं, बनाई जाती है। एल्बर्ट हब्बर्ड के शब्दों में, 'जिम्मेदारी शब्द की संजीदगी सहजता से समझी जा सकती है। उनके मुताबिक ''जिम्मेदारियाँ उस व्यक्ति की तरफ खिंची चली आती हैं जो उन्हें कंधे पर उठा सकता है।' जवाबदेही को स्वीकार करना ही जिम्मेदार व्यवहार है और यह हमारी-आपकी समझदारी और परिपक्वता को दिखाता है। पुतुल ने अपने प्रेमी और उसके परिवार को भुला दिया। लग गई एक ऐसे मिशन में, जहाँ अपने को समर्पित कर समाज के साथ जीना था। अनपढ़ से लेकर हर पढ़े-लिखे को यह बताना कि एड्स कैसे फैलता है और इसे कैसे रोका जा सकता है।

काश! पुतुल समाज की उन मासूम बालाओं को समझाने की कोशिश करती कि भले ही संभोग मर्द का कौशल है लेकिन इसका निर्णायक स्त्रियाँ ही होती हैं। इसकी शुरुआत दुष्चक्र है, जो स्त्री को दासता, गुलामी, बदनामी और आत्महीनता की ओर धकेलती है।

# प्रेमी ने दी लांछित जिंदगी

नुआपाड़ा जिले के नंगापाड़ा गाँव की उमा एक आम आदिवासी युवती है। रोज मजदूरी करती है तब अपना पेट भरती है। वह पुश्तैनी दिहाड़ी मजदूर है। वह 23 साल की है और सात साल पहले गर्भवती हुई। उसे समाज की अच्छी समझ है कि इसमें कैसे-कैसे लोग रहते हैं, जो उम्र की आड़ में, शराफत की टोपी पहनकर या पैसे का लालच देकर या डरा-धमकाकर औरतों को लाचार करते हैं शरीर सौंपने के लिए। चूँकि इस शराफत को उसने झेला है और इसकी भारी कीमत उसे चुकानी पड़ी।

प्रेम करने की भूल उसने भी की थी। उसका प्रेमी भुवनेश्वर का रहनेवाला था। उसे सभी किसना कहते थे। उसने अपने प्रेमी में एक सुरक्षित भविष्य देखा। प्यार देखा। एक औरत को इससे ज्यादा क्या चाहिए। एक गरीब, बदहाल लड़की को, जो दो जून रोटी के लिए तरसती हो। उसके सामने था एक समृद्ध, कुशल और पारंगत मर्द। ऐसा मर्द जो अंग-अंग को प्यार से भर दे। उसे रोटी दे। सुरक्षा दे। प्यार दे। पैदा हुए बच्चे की सही परवरिश दे सके। दुनिया की प्रायः हर औरत ऐसा ही चाहती है और यह सबकुछ वह जिस मर्द में देख लेती है उसे ही अपना यौवन सौंपती है। उमा ने किसना से चाहा था भरपूर प्यार। अछोर प्यार। अनहद प्यार। उस भूख से मुक्ति जिससे वह अपनी आत्मा को भी तृप्त कर सके। ऐसी भूख जो हर औरत के अंदर होती है।

वह उसके प्रति आकृष्ट हुई तो अपना सुध-बुध खो बैठी। उसे अपने अस्तित्व को भुला देना सुखद लगा। स्वयं के नकार की इस प्रवृत्ति ने उसके कई आचरणों को जन्म दिया। सबसे पहले वह किसना की शिकार हो गई। उसके प्यार में इतना कमजोर हो गई कि अकेले में उसे डर लगता था। शुरू में वह किंकर्तव्यविमूढ़ हो गई। इसलिए किसना की हर इच्छा पूरी करना उसका फर्ज हो गया।

उमा को आज भी याद है किसना का वह प्रणय निवेदन। उसकी बेलॉस जुल्फें जिस पर वह मुग्ध था। दहकते होंठ, डूबती आँखें, लजाए लाल गाल और नशे की लौ में लोटती उमा, जिसके गले के नीचे दोनों गोलाइयों की मिलन स्थल उभर आई कुदरती

दरार पर टिकी उसकी निगाहें। उमा खिलखिलाती मादकता उड़ेलती थी और उसका सानिध्य रुहानी आग का दरिया बन जाता था। पहला चुंबन—आनंद से भरपूर। उस स्पर्श में बिजली के तरंगें थीं जिसने उसके रसिक उत्तेजना को जगा दिया। किसना ने उसे अपने से लगा लिया। भारी-भारी गर्म साँसें। उसके ब्लाउज के पतले कपड़े पर दबे दहकते अधर। अब कपड़ों के आवरण को देह से लगाकर रखना मंजूर न था। किसना ने उसके दोनों हाथ थाम लिए और उन्हें अपने होंठों तक ले गया। वह जिस भूखे उद्वेग की लपट से दहक रहा था उसे उमा ने भी महसूस किया। उमा की देह झनझनाकर आनंद से थरथरा रही थी। उसकी बादल-सी देह किसना पर टूटकर बरसती रही। मादक हवा के झोंके-सी गुजरती रही। साँसों का लावा, गीली आग, गदराई बूँद, बेहद-बेहिसाब भीगा-भीगा नशा, अश्अश, उफ्फ्-उफ्फ् जैसे शब्द साँसों को सुलगाने में सफल होती हैं। उमा सुलग गई तो शांत नहीं हुई। ऐसा हर बार होता था।

किसना से दैहिक संबंध बनने के कोई एक पखवाड़ा बाद उसके देह में उत्पात शुरू हुआ, जो समय के साथ बढ़ता ही चला गया। पेट और पेडू के बीच की नतोदरता साड़ी से ढँकने के बावजूद दिखने लगी। शरीर पीला पड़ने लगा और दिनभर ऊबकाइयों की वजह से चेहरा सूजा-सूजा रहने लगा। आँखें लाल हो जाती थीं और नाखूनों पर सफेद धब्बे किसी गंभीर रोग के संकेत दे रहे थे। उमा की बढ़ती तकलीफ को लेकर किसना लापरवाह था। उसके मुताबिक आठ-दस बार संसर्ग से औरत गर्भवती नहीं होती। उसकी दलील थी कि उसने कई औरतों से दैहिक संबंध बनाए थे, उनमें से किसी ने भी गर्भ धारण नहीं किया। तो इसका मतलब स्पष्ट था कि उमा के संबंध अन्य मर्दों से भी थे। किसना के कहने का मतलब यही था।

चरित्र लाँछन किसी मर्द का किसी औरत के खिलाफ सबसे सहज और अचूक प्रहार होता है। यह किसी स्त्री को आसानी से उपलब्ध घोषित भोग्या बना देता है, उसे वेश्या का ठप्पा लगा देता है। किसना ने स्पष्ट तौर से उमा से कह दिया कि उससे शादी करना संभव नहीं है। उसकी सलाह थी कि उमा उसके साथ शादी के सपने लेना छोड़ दे। उसने दो टूक होकर कहा कि प्यार और संभोग की परिणति शादी हो, ऐसा किसी धर्मग्रंथ या कानून की किताब में नहीं लिखा है। उसने स्पष्ट किया कि संभोग में दोनों ने समान रूप से मजे लिए हैं। उसने जबरिया यह संबंध नहीं बनाया है। यदि बलपूर्वक कुछ किया है तो उसने किसी से कुछ शिकायत क्यों नहीं की। इन बातों के, इन सवालों के जवाब उमा के पास नहीं थे।

दगाबाजी के दंश से उमा निढाल रहने लगी। सरसों के फूल समान पीली पड़ गई बेचारी। माँ-बाप ने यही कहा कि पेट में सँपोला है, जो अंदर ही अंदर उमा को चाट रहा है। मगर उमा तो माँ थी—अपने बच्चे के बारे में बुरा सोचना पाप था। उससे वन देवी नाराज हो जाती। तनहाइयों के बियावान में राह ढूँढते हुए उदासी के दलदल में गिर जाना कितना आसान होता है, उमा ने यह महसूस किया। उसने सुना था कि शहर की लड़कियाँ रोज नए लड़कों के साथ घूमती हैं, उनके साथ डिनर करती हैं, शाम

गुजारती हैं, मटरगश्ती करती हैं और गुलछर्रे उड़ाती हैं। यहाँ तक कि शादीशुदा औरतें किसी को अपना दोस्त बनाती हैं। कामावेश के बेतहाशा तूफान में शर्मो-हया त्याग कर लहर सी मादकता के साथ लोट रही होती हैं। वे मजे लेकर भी गर्भवती नहीं होतीं। उसने सपने में भी नहीं सोचा था कि संभोग के बाद प्रेमी उससे ऐसा बर्ताव करेगा।

जैसे-तैसे आठ महीने काटे और आखिरकार एक बच्ची पैदा हुई—बेहद कमजोर। उमा के परिवारवालों ने अलग ठिकाना दे दिया। अपने साथ नहीं रखा। तब से वह उसी हाल में रहती चली आ रही है। हर साल सितम्बर-अक्टूबर में वह रायपुर पलायन कर जाती है। फरवरी के बाद लौटती है। फिर अगले पलायन तक जमा पूँजी खर्च करती है। जिंदगी ऐसे ही कट रही है, आगे भी इसी तरह कटेगी। यही उस समस्या का समाधान है। क्या सच में यह समाधान है?

# नरक भोगती बाली उमर

सुंदरगढ़ जिले की एक संस्था *संपूर्ण विकास केंद्र* के सहयोग से हम सुंदरी से मिलते हैं जो एक शांत स्वभाव की कन्या है, वह वहाँ के केलेफरीपाड़ा गाँव में पैदा हुई। इस संस्था के कुछेक कर्मियों से अपना दुखड़ा रो चुकी सुंदरी शहर के बस स्टैंड के पास फल बेचती है। कलेक्टर साहेब की कोठी के पास उससे हमारी मुलाकात बड़े नाटकीय अंदाज में हुई। जिला कलेक्टर सुरेश कुमार वशिष्ठ से मुलाकात खत्म होने के बाद हम बारिश खत्म होने का इंतजार स्टेडियम से जुड़े नेहरू युवा केंद्र के दफ्तर के पास कर रहे थे।

तभी कुछ शोहदे अपनी मस्ती में प्रकट हुए—उड़िया भाषा में संबलपुरी फिल्म की अश्लील पंक्तियाँ गाते हुए। वे हमारे पास आए और चुपचाप खड़े हो गए। हमने अपने आने का कारण उन्हें बताया। उनसे यह जानना चाहा कि सुंदरगढ़ जिले में अनब्याही माताओं को लेकर उनके पास कोई जानकारी है या नहीं। लड़कों ने एक मजेदार प्रस्ताव रखा। उन्होंने यही कहा कि यदि उन्हें हम भरपेट सेब खिलाएँ तो वे एक अनब्याही माँ से हमारी मुलाकात करवा सकते हैं। हमने प्रस्ताव मान लिया। तब तक बारिश थम चुकी थी और सड़क पर वाहनों का आवागमन तेज हो गया। हमारे पास समय कम था—हमें राउरकेला पहुँचने की जल्दी थी ताकि अगली सुबह राँची पहुँचकर झारखंड *ट्राइबल रिसर्च सेंटर* के निदेशक डॉ. प्रकाशचंद्र उराँव से मिल सकें।

बस स्टैंड के दूसरे छोर पर हमारी मुलाकात सुंदरी से हुई। बीस साल से भी कहीं कम उम्र की—गोद में एक नर शिशु को सँभाले, दूसरी तरफ बड़ी असहजता से सेब-संतरा तौलती हुई। हर ग्राहक उसकी जवानी पर नज़रें टिकाने की कोशिश करते, उनसे बचने-बचाने की अथक कवायद करती सुंदरी। महीने में हजार-बारह सौ रुपए कमा लेती है; माल की लागत और पुलिसवालों को हफ्ता खिलाकर ही इतना कमा लेती है। मकान मालिक को एक सौ सत्तर रुपए, बिजली पानी के चालीस रुपए और बच्चे के दूध-दवा पर तकरीबन दो सौ रुपए के अलावा बनिया के हर महीने सात से आठ

सौ रुपए—कुछ नहीं बचता हाथ में। बल्कि हर महीने राशन के करीब सौ-दो सौ रुपए उधार उसके माथे पर मांसखोर गिद्ध समान चक्कर काट रहे होते हैं। कभी मकान मालिक तो कभी बनिया के सामने घिघियाने की नियति के साथ जी रही सुंदरी को साथ रहने के प्रस्ताव कई मर्दों से मिल चुके हैं। उसकी तकलीफों के निवारण के लिए नहीं बल्कि उसके बदन के कसाव-भराव और उभार को महसूसने और लूटने की मंशा होती है उन श्रीमंतों की। वह चुप रह जाती है, क्योंकि आज उसे पता है कि मर्दों के ऐसे प्रलोभन के क्या हश्र होते हैं।

वह याद करती है कि उसके पिता की अच्छी खेती-बाड़ी है! इसलिए कभी पैसे की दिक्कत नहीं हुई थी। दाल-रोटी, बर्त्तन-बासन, कपड़े, दवा-दारू और नाश्ते, कभी किसी के सामने हाथ पसारने की नौबत नहीं आई। जिंदगी अच्छी थी, सुखदायी थी। मगर आठवीं कक्षा में जाते ही जैसे सुंदरी के रूप-यौवन पर ग्रहण लग गया। उसे गदाधर रथ से प्यार हो गया। वह खुर्दा जिले का रहनेवाला था। बस स्टैंड के पास चाय की दुकान चलाता था। जिन दिनों दोनों के बीच नज़रें चार हुईं, उन दिनों सुंदरी जिला अस्पताल में अपनी माँ के इलाज के लिए ठहरी थी।

इलाज लंबा चला—कोई डेढ़ महीने। प्यार कैसे हुआ सुंदरी यह बताने में शर्मसार हो गई। दोनों के बीच प्यार का परवान इतना चढ़ा कि चौकीदार को रोज पाँच रुपए देकर उन्हें रात भर के लिए एक कमरे का जुगाड़ हो जाता था। पूरे रात का यौन-सुख सुंदरी के लिए अद्भुत था। यह सिलसिला कोई तीन हफ्ते तक चला। बाद में एक सफाई कर्मचारी ने अवरोध पैदा करना शुरू कर दिया। उसने उस अद्भुत सुख में अपने हिस्से की तजवीज की। अंततः दोनों ने अपना मिलन स्थल बदलना वाजिब समझा।

जब तक सुंदरी को इस बात की जानकारी होती कि वह गर्भवती है, तब तक बहुत देर हो चुकी थी। इस रहस्य से पर्दा जैसे ही उठा गदाधर रथ लापता हो गया। उसके बारे में सुंदरी को थोड़ी भी जानकारी नहीं थी कि उसका घर-ठिकाना कहाँ हैं। इलाज पूरी होने के बाद सुंदरी की माँ अपने गाँव चली गई, मगर अकेले। चूँकि सुंदरी बिनब्याही माँ होनेवाली थी, जो पूरे रिश्तेदारी और गाँव में उसकी बदनामी का कारण होती। इसलिए सुंदरी से अलग हो जाने में पूरे परिवार की भलाई थी। किंतु वह आगे कैसे जिंदगी काटने को मजबूर होगी, इसकी चिंता किसी ने नहीं की। क्योंकि इस समस्या का उपाय किसी के पास भी नहीं था। उसके मन में एक बात आई—अपना पेट फाड़ डाले और निकाल फेंके उस अंश को, जो उसके सामने समस्या बन चुका था।

गदाधर चालाक था, वह यह जानती थी। परंतु धूर्त और मक्कार बन जाएगा, इसकी कल्पना भी उसने नहीं की थी। "वह दुस्वप्न था। गदाधर का पाप, प्रेम की आड़, में जिसके लिए सुंदरी तैयार नहीं थी। न मन से और न ही आत्मा से..." समाजसेवी प्रमोद मिश्र कहते हैं। प्रमोद अनब्याही माँओं के प्रति बड़े संवेदनशील हैं और उन्हें समाज की मुख्यधारा में लाने के प्रबल पक्षधर हैं। उनके अनुसार, "उन इलाकों में जागरूकता की कमी है। दोषी आराम से छूट जाते हैं। कानून के लोग उनका कुछ नहीं

कर पाते। चाहे तो वे गाँव-देहातों के साँड की तरह घूमते हैं या चुपचाप वह इलाका छोड़ जाते हैं।'' ज्यादातर मामलों में बाहर से आए लोग अपनी 'भूख' बुझाकर गायब हो जाते हैं। कुछेक मामलों में ही, पूर्व परिचय के आधार पर लड़का-लड़की प्रेम करते हैं और गर्भावस्था में प्रेमी अपनी प्रेमिका को छोड़ जाता है। यदि इन घटनाओं का मनोवैज्ञानिक पक्ष देखा जाए तो इस तथ्य को खुलासा होता है कि गर्भ ठहरने के बाद अपनी प्रेमिकाओं से ये प्रेमी टाटा क्यों कर देते हैं।

प्रेमी और परिवार से धोवन की तरह दूर की जा चुकी सुंदरी ने स्थानीय पुलिस की शरण में जाना उचित समझा। ''असहाय-निर्धन और लाचार लोगों के मामले में पुलिस की भूमिका बड़ी शर्मनाक होती है। पुलिस मानवाधिकार का सबसे बड़ा वॉयलेटर (अतिक्रमणकारी) होती है,'' दिल्ली की समाजसेवी परमजीत कौर अपनी बात पूरी करती हैं। सुंदरी के मसले में यही सच सामने आया। पुलिस प्रशासन ने उसे ठेंगा दिखाया। इसे महज आरोप मानकर कार्यवाही करने के पहले पड़ताल करने का राग पुलिस ने गाया। थाने के चक्कर काट-काटकर थक चुकी सुंदरी के लिए न किसी उत्सव का उमंग रहा और न ही उत्साह का उत्कट आवेग। उपेक्षा और तिरस्कार के अलावा कुछ भी नहीं बचा। जवान स्त्री के लिए इतनी असुरक्षा में बाहर रहना न जाने कितनी रंगरेलियों का न्योता था। यह बात शहर में फैलती चली गई। देह लोलुपता की कवायद भी शुरू हुई। मगर एक बार धोखा खा चुकने के बाद उसने अपना मन पक्का कर लिया की एक लाचार के दस खसम होते हैं।

मन मजबूत कर वह उसी शहर में पेट पालने के जुगाड़ कर चुकी है। मरता क्या नहीं करता। इस कल्याणकारी राज्य में उसे कुछ नहीं मिला। 'अपने किए की सजा तो उसे ही भुगतना था। उसकी सहायता भला कौन करता, वह भी इस संवेदनशीलहीन समाज से,' समाजसेवी धीनू साहू स्पष्ट करते हैं।

किंतु ऐसी लाचार-बेसहारा युवतियों और उनके बच्चों का सालों-साल का पोषण इस महँगाई में कोई व्यक्ति या समाज नहीं कर सकता'' मनोवैज्ञानिक डॉ. गौरव गुप्ता का कहना है। ''मौज-मस्ती करने की मंशा से शुरू किए जानेवाले यह ऐसे रिश्ते बर्बादी की हद लाँघते हैं। मगर मामले की भयंकरता को भाँपकर ही प्रेमी फरार हो जाता है।'' वह कहते हैं, सुंदरी ने आखिरकार मान लिया कि उसकी देह तो पूरा समाज चाहता है, मगर उसकी व्यथा से किसी का कोई सरोकार नहीं है। देह की पीड़ा से कहीं घातक होती है मन की कराह। यह वजूद को चाट जाती है। उन यादों में वह यदा-कदा खो जाती है जब उसके सान्निध्य की कल्पना में बदन लश्कारे मारने लगता था। भीतर ही गदाधर मुसकाने लगता था। ओह। मन चिथड़ा-चिथड़ा हो गया, जब वह छोड़कर गया।

# माँ के प्रेमी ने बनाया माँ

अगस्ती (20 साल) से हमारे सहकर्मी ट्रेन में मिलते हैं। वह आज सुंदरी की तरह बिल्कुल अकेली है, न किसी कुटुंब-संबंधियों का सहयोग और न ही मायकेवालों का सान्निध्य। अपना गाँव रेखाडी (जिला फूलबनी) वह तीन साल पहले छोड़ चुकी है। जानकारी मिली खुर्दा शहर के मुहल्ले में एक किराये के मकान में रहती है और चौका-बरतन के अलावा कुछेक घर में जरूरतमंद महिलाओं के बदन-मालिश से अपना जीवन काट रही है मतलब निश्चित रोजगार कहीं नहीं है। यहाँ तक मौसम के प्रभाव से जब कभी सर्दी-जुकाम होने से काम पर भी असर दिखने लगता है। परंतु इसके अलावा उपाय क्या है।

समाज में इतना संयमित रहने पर भी वह खुद को इस वजह से सुरक्षित नहीं रख पाती क्योंकि वह अकेली रहती है। रोजगार निश्चित नहीं होने की वजह से कई परेशानियाँ सामने आती हैं। इनके अलावा कई-कई आफतें भी जिंदगी में धमाल मचाती हैं। चूँकि वह जवान है, आकर्षक है और कुँआरी है उसके मांसल उभारों और उन उभारों के इर्द-गिर्द ही गहराइयों से आम राय यही बनती है कि उसमें आनंद है, उल्लास है, जीवन के रस हैं, रंग हैं। सबसे बड़ी बात यही है कि उसका बदन बेहद सहज है, सस्ता है। इसलिए राह चलते कोई मनचला उसके सामने प्रणय-निवेदन की बेशर्मी जरूर करता है।

आज से कोई पाँच साल पहले वह एक नर शिशु की माँ बनी। वह यह नहीं बताती की वह कौन था, जिसने उसके मुकद्दर को बदल डाला। शायद वे बाहरी ऊँचे रसूखोंवालों श्रीमंत हैं। उसने अगस्ती को चेता दिया कि वाचाल होने के हाल में उसे अपनी जिंदगी से हाथ धोने पड़ सकते हैं या, आजीवन अंधी हो सकती है या हाथ-पैर काटे जा सकते हैं। तो क्या पैदा हुआ बेटा आज मर चुका है? ऐसा प्रस्ताव था। मगर उसने अपने नवजात को बचा लिया। आज वह कहाँ है, यह वह नहीं बताती। जहाँ भी है सुरक्षित है। महफूज है। बेटे के साथ नहीं रहने से ही कई लोगों ने कई बार कयास यही लगाया कि वह कुँआरी है। अपने बारे में वह इससे ज्यादा बताना नहीं चाहती,

शायद राज खुलने का भय है। हमारी टीम ने उसे जब यह बताया कि हमारे साथ राज्य की पुलिस का सहयोग है। हम गवर्नमेंट के लोग हैं। हमारी पहुँच ऊपर तक है। तब जाकर उसने अपनी आपबीती कुछ इस तरह बयान किया।

वह अपनी माँ के साथ खेतों में काम करने जाती थी। इसलिए वह उससे बेहद करीब हो चुकी थी। जंगलों से वनोपज जुटाना, उन्हें सुखाना और पास के मंडी में बेचना, अनाज की कमी के दिनों में वनोपजों को उपयोग में लाने के लिए पहले से जोगाकर रखने और बाद में उन्हें खाने के लायक बनाने की कड़ी- कवायद वह करती थी। पिता शांतनु बंछोर की अपंगता ने उसे समय से पहले सयाना और समझदार बना दिया। उसने बताया कि एक दिन जब जंगल से शाम के वक्त लौट रहा था तो एक लकड़बग्गे ने उस पर आक्रमण कर दिया। चूँकि आदिवासी अपनी आत्मरक्षा के लिए कुल्हाड़ी लेकर ही जंगलों में जाते हैं, इसलिए शांतनु की जैसे-तैसे जान बची। मगर इस हमले में वह बुरी तरह घायल होने की वजह से बिस्तर पर महीनों तक पड़ा रहा और आखिरकार लकवाग्रस्त हो गया। कमर के नीचे की अपंगता में वह चलने-फिरने के लायक नहीं रहा और भरी जवानी में अपने परिवार के लिए बोझ बन गया। तब अगस्ती की माँ 32 साल की थी।

इस उम्र में पति की इस हालत ने उसे खूब भटकाया। शांतनु न तो काम के लायक रहा और न ही दाम्पत्य जीवन जीने की शर्तें पूरी कर रहा था। इस हाल में अगस्ती की माँ पर गाँव के लोगों ने ही डोरे डालने की रस्म शुरू की। वे सफल भी हो गए। किंतु उसकी भटकती जवानी का भरपूर उपयोग एक स्थानीय व्यापारी ने किया, जिसकी पहुँच दिल्ली तक है। राज्य विधानसभा के कई सदस्यों के बीच उसका उठना-बैठना है। अगस्ती ने बताया कि 'वह माँ के करीब था, यह मुझे पता नहीं,' उसने बाद में पैसे का प्रलोभन देकर अगस्ती को भी अपने काबू में ले लिया। मतलब, एक ही बिस्तर पर अलग-अलग समय में उसने माँ और बेटी दोनों के साथ संभोग किया।

जब से अगस्ती गर्भवती हुई, एक नए विवाद की शुरुआत हुई। उसके प्रौढ़ प्रेमी को इस खास खबर की जानकारी महासमंद में हो गई, जहाँ उसका कारोबार है। ऐसा कहते हैं। इसके बाद वह एक बार बड़े तामझाम के साथ आया। गाड़ियों के काफिले के साथ गाँव पहुँचा। अगस्ती से उसकी बातचीत हुई, साथ में उसकी माँ भी थी। बाद में वह वहाँ से चला गया। लेकिन आज तक सभी अनभिज्ञ हैं कि उसने क्या कहा। अगस्ती ने किसी से कुछ नहीं कहा। ऐसा लगा कि बच्चा पेट में पोसने की उसकी विवशता थी।

कुछ लोगों का मानना है कि यह अगस्ती का फैसला था, खुद का फैसला जिसके कारण बच्चा गर्भ में पलता रहा तब शायद उसे इस बात का आभास नहीं था कि भविष्य में उसके साथ कितनी मुश्किलें पैदा होंगी। इस संबंध में मनोविज्ञानियों की राय अलग-अलग है। लेकिन सभी इस बात से सहमत रहे कि कोई भी माँ अपने बच्चे से जुदा होने का मन नहीं बनाती। गर्भ नष्ट करवाने का मन वह सहजता से नहीं बनाती।

# पालतू पशुओं के लिए बन गई माँ

अनब्याही माताओं के हित में कानून बनाने की खास जरूरत है। यह आम राय है। मगर विरोधाभास पर नज़र डालें। यह सच है कि आदिवासी इलाकों में ऐसा कोई भी कानून जो वनवासी समाज की अपनी सामाजिक परंपरा को अपराध बना दे संविधान की भावना से मेल नहीं खाते। केंद्रपाड़ा जिले के डंडाबादी गाँव की किशोरी अपने देश के उस कानून की वजह से प्रथम दृष्टया दोषी है जिसके मुताबिक कानून और नियम तो ठोस होते हैं मगर समूची व्यवस्था मूल्य निराधार की वकालत करते हैं।

किशोरी। उस कंद कन्या की कथा जो कामुकता की भेंट चढ़ती रही, रोज लगातार नियमबद्ध और व्यवस्थित तरीके से। जहाँ न प्रेम के बतास थे और न ही सान्निध्य पाने की परस्पर उत्कट लालसा। वहाँ सौदेबाजी थी, मोलभाव था। जंगल के बदले जवानी भेंट चढ़ाने की रजामंदी थी। वह स्थानीय जंगलों में पशु ले जाती थी, उसके एवज में वन विभाग के सिपाही ने उससे दैहिक संबंध बनाने की पेशकश की।

वह बकरी-गाय चराने जंगलों में जाती थी, जो उसके पूरे परिवार के आजीविका के साधन थे। तीन गाय, पाँच बकरियाँ, एक बछड़ा और एक बकरी। साथ में बकरियों के बारह-तेरह बच्चे। यदि उन्हें जंगलों में जाने से रोका जाए तो किशोरी के पास क्या उपाय था। किशोरी के परिवार में उसकी तीन बहनें और दो भाई थे। पिता चार साल पहले पेचिश से मरा, जो प्रशासन के मुताबिक 'कोई रहस्यमय रोग' था। पति की मौत के बाद उसकी माँ लाचार हो गई। इसलिए पूरे परिवार के मुँह में निवाला डालने की जिम्मेदारी चौदह साल की किशोरी के कोमल कंधे पर आ गई। ऐसा अक्सर होता है, उन इलाकों में जहाँ आजीविका के साधन पूरी तरह से कुदरती संसाधनों पर निर्भर होते हैं।

अंग्रेजों के जमाने में प्रचलित उड़ीसा राज्य वन कानून के अनुसार जंगलों में चराने के लिए पशु ले जाना गैर-कानूनी ठहराया जाता था। दंड के रूप में प्रति पशु 25 पैसे से लेकर 60 पैसे वसूलने का प्रावधान था। तब दुधारू गाय की कीमत डेढ़-दो रुपए थी। करीब 80 साल पुराना कानून आज भी किशोरी के लिए बादलों से चमकनेवाली

बिजली की तरह था। आज जबकि अपेक्षाकृत कड़े-कठोर कानून सरकार लागू कर चुकी है। जंगलों में घुस आए पालतू पशुओं को जंगलात विभाग के सिपाही अपने कब्जे में ले लेते है। वे अब पशु मालिकों पर आर्थिक दंड नहीं लगाते बल्कि उन्हें मंडियों में बेच डालते हैं। यहाँ तक कि दुधारू पशुओं को कसाइयों के हाथों बेचे जाने की भी सूचना है। यही वजह है कि आदिवासी कैद किए गए पशुओं को छुड़ाने के लिए जंगलात विभाग को पैसे देते हैं और आदिवासी कन्याएँ और औरतें वनपालों से दैहिक संबंध बनाए जाने को मजबूर की जाती हैं।

इसलिए किशोरी के सामने समस्याएँ विकराल होती चली गईं। जंगलों में जाना उसके लिए आम बात थी। नियम-कानून और सजा से उसका क्या वास्ता? वह धड़ल्ले से अपने ढोर-डंगर लेकर जाती और शाम को लौटती। बाद में उसे पता चला कि विभाग के सिपाही हर महीने उसकी माँ से पाँच किलो घी और तीस लीटर दूध ले जाते हैं। इसके अलावा साल में दो बकरे भी। जाहिर है कि वन अधिनियमों की वजह से पहाड़ों और जंगलों के रहवासियों की जिंदगी में बेहद बदलाव आया है। यह बदलाव बदहाली की शक्ल में सामने आया है। डॉ. ब्रह्मदेव शर्मा के शब्दों में,...''वनों के संबंध में हमारे देश की व्यवस्था में सांविधानिक संरक्षण और मानवीय अधिकारों की अनदेखी होती रही है। यही आदिवासी समाज की सबसे दुखती रग है और उनके मामले में एक बड़ी ही करुण गाथा है।''

जो प्रस्ताव था, वह बड़ा अटपटा था। हालाँकि वह यह जानती थी कि मर्द किसी लड़की के साथ लिपटता-चिपटता है तो पूरे शरीर में सिहरन होती है। वह जिस अंग को ढँककर रखता है, उसे जब वह लड़की के छुपाए गए अंग, जिससे वह पेशाब करती है, उन दोनों के संसर्ग से बड़ा मजा आता है। ऐसा बताया था उसकी पड़ोसन ने, जो ब्याह कर ससुराल गई और लौटकर आने के बाद उसने उस राज को अबोध कन्याओं के सामने खोला था। किशोरी को इस बात की भी जानकारी थी कि लड़की के साथ ऐसा करने का अधिकार उसके पति को है, अन्य मर्दों को नहीं। मगर उसे किसी ने नहीं बताया कि संभोग से ही बच्चा पैदा होता है। इस प्रकार शारीरिक संबंध से जुड़े उसके ज्ञान अधूरे थे। उसे यह भी नहीं पता था कि शादी से पहले बच्चा पैदा करना गुनाह है।

उस दिन उस सिपाही ने उससे फिर वही कहा। वह सोच में पड़ गई। उसे ऐसा करने में कोई विरोध नहीं था। परंतु मन ऐसा करने की गवाही नहीं दे रहा था। उसने जिस 'मजे' के बारे में सुना था, उसकी जरूरत उसे नहीं थी। फिर भी इस प्रस्ताव को लेकर वह अपने माँ के पास गई। माँ ने सब कुछ सुनने के बाद संभोग का सच बताया। क्या होता है इसके बाद। कैसी दुर्गति होती लड़की की। अंत में उसे किशोरी को जंगल में जाने की मनाही कर दी। घर के बाहर बँधे जानवर भूख से बिलबिलाने लगे। उन्हें खिलाने के लिए उनके पास पर्याप्त चारा नहीं था। इधर-उधर से बिनकर घास-फूस उन्हें खिलाना तो नामुमकिन था। अंततः वह अपने मन से उन पशुओं को लेकर चल पड़ी।

यही सोचकर कि सिपाही यदि माँग करे तो वह 'ना' नहीं कहेगी। हालाँकि उसकी अंतर्आत्मा ने उससे यह सवाल जरूर किया कि यदि गर्भ ठहर गया तो? उसका जवाब था 'जैसे इतने जीव पेट भर ले रहे हैं, उसी तरह पैदा हुआ बच्चा भी जी-खा लेगा।'

उस दिन उस वक्त वह सिपाही नहीं दिखा, जब किशोरी जंगल में गई। लेकिन वह हर पल के लिए तैयार थी कि वह कभी भी आ सकता है। अपनी बातें कहकर उसे भयाक्रांत करेगा। किशोरी ने मन पक्का बना लिया कि अब वह किसी हालत में उस सिपाही से याचना-निवेदन-निहोरा नहीं करेगी। राष्ट्रपिता महात्मा गांधी ने सही ही कहा है 'किसी से अनुग्रह याचना करना, अपनी स्वतंत्रता को बेचना है।' हमारे संविधान में मूलभूत अधिकारों के पवित्र प्रावधान हैं। किशोरी उस सिपाही का मन ही मन इंतजार कर रही थी। उसे पता था कि यह माँग मान लेने के बाद स्वच्छंद होगी खुद और उसके जानवर भी।

शाम ढलने से पहले वह आया। आते ही उसने किशोरी को डराना-धमकाना शुरू किया। लेकिन समर्पण को तैयार उस कन्या के तेवर से वह शांत होता चला गया। थोड़ी देर सहमति हो गई, बस स्थान तय करना था। किशोरी जहाँ छुटकारा पाना चाहती थी वहीं वह सिपाही कुछ दूसरे ही जुगाड़ में था। वह उसे रोजाना इस्तेमाल करना चाहता था। खैर तय जगह होने के बाद उसने किशोरी के कुँआरेपन के झीने आवरण को हौले-हौले उतारना शुरू किया। उसके लिए यह बिल्कुल नया अनुभव था। जबकि सिपाही तो घोर अय्याश था ही। घोर शारीरिक यातना झेलते हुए वह रो पड़ी। साँसें अटकने लगीं। थम सा गया समूचा श्वसन तंत्र। एक-दूसरे में समाहित होने की प्रक्रिया। धीरे-धीरे तेज होती धड़कनों के साथ उसकी बाँहों में वह सिमटती चली गई। साँसों का कंपन तेज गतियों के साथ उसके देह में घुलते चले गए। कच्ची जवानी के मादकता के उफान, हुस्न के तूफान सी उड़ती-बहती वह बेचारी तन-बदन से उस सिपाही के लिए समर्पित थी। लंबा चला सेक्स का वह घिनौना खेल, जहाँ समर्पण था लेकिन आत्मिक सहमति न थी। थोड़ी देर बाद खुद-ब-खुद देह ठंडा पड़ने लगी और घास खून से तर-बतर देखकर उसके होश फाख्ता हो गए।

सेक्स का यह पहला अनुभव विचित्र था। भयावह यातनादायक। डरावनी एवं पीड़ादायक। वह घास पर शिथिल पड़ चुकी थी और वह जोर-जोर से हाँफ रहा था। उसके ऊपर कूद रहा था। न जाने कैसी-कैसी ऊटपटांग हरकतें कर रहा था। किशोरी जहाँ बेहद थक चुकी थी, कमजोरी की वजह से उसके लिए चलना-फिरना मुश्किल हो गया। उसने इस सेक्स के बारे में जो भी सुना वह सब उसे बकवास लगा। झूठ। सफेद झूठ। सिपाही वहाँ से चला गया। परंतु उसे उठने का साहस नहीं हुआ। सारी ऊर्जा किसी ने निचोड़कर उसे मांस का लोथड़ा बना दिया। मुँह के प्राण वायु किस्तों से निकल रहे थे। पिंडलियाँ लुंज-पुंज हो गई। पीठ जमीन से चिपक चुका था। वह बुरी तरह से डर चुकी थी। जैसे-जैसे गोधूलि स्याह चादरों में तब्दील हो रही थी, किशोरी के लिए समस्याएँ बढ़ती जा रही थी। घर लौटना और वहाँ सामान्य होकर सारे काम निपटाना

यह संभव नहीं था। साड़ी खून से तर-बतर थी। सिपाही ने किसी से कुछ न कहने को उसे मना कर दिया।

सारे ढोर-डंगर जा चुके थे। किशोरी ने अपने आपको सँभाला और लौट चली गाँव की ओर, जो घटना स्थल से कोई दो किलोमीटर दूर था। घर पहुँचने तक आकाश में तारे टिमटिमाने लगे थे। घर और आस-पड़ोस के लोग उसका बेसब्री से इंतजार कर रहे थे। सबने देर होने का कारण पूछा तो उसने यही जवाब दिया कि जंगल में उसका बुखार से बदन तपने और तड़पने लगा था। जैसे-तैसे वह पहुँच सकी है। अँधेरे में खून के धब्बे किसी ने नहीं देखे, गनीमत थी। घर आकर वह चुपचाप सो गई और नींद खुली तो सूरज आसमान पर काफी ऊपर चढ़ चुका था। रात की थकावट करीब-करीब जा चुकी थी। वह अपने को सामान्य महसूस कर रही थी।

अब रोज सिपाही किशोरी के साथ दैहिक संबंध बनाता। थोड़े दिनों में किशोरी इस जैविक प्रक्रिया अभ्यस्त हो गई और सब कुछ सामान्य लगने लगा। विपरीत लिंग संसर्ग से वह कुछ ही हफ्तों में गदराती चली गई और पेंडू-बाँहों-नितंब और जाँघों का कसाव ढीला पड़ गया। अपने चेहरे के निखार और बदन के भारीपन को वह चाहकर भी नहीं छुपा सकी। रगों में घुलनेवाला सुरूर चेहरे पर नशा पैदा करता है। मादकता के तो कई रूप होते हैं। कभी शालीनता तो कभी उफनते लावे की मानिन्द। इस नशे की ज़द में आने से शायद ही कोई बच सका है।

सच छुपा पाना आसान नहीं होता, वह भी तब जब इसके लिए सफेद झूठ का सहारा लेना पड़े। यौन जीवन की ऐसी समस्याएँ भले ही अभेदक और गोपनीय लग सकती हैं किंतु समय के साथ बहुत सारी बातें स्वयंसिद्ध हो जाती हैं, चाहे-अनचाहे स्वभावतः या जानबूझकर। नारीत्व और मातृत्व किसी भी कन्या की एक खास उपलब्धि होती है, जिसे वह अपने अंदाज में जीना चाहती है। चाहे मातृत्व कानून की नज़रों में या कानून जाननेवाले संस्कारनिष्ठ या बेहद गँवार घोषित किसी समाज की नज़रों में अनैतिक ही क्यों न हों, होनेवाली माँ पर इसका कोई असर नहीं पड़ता। यदि कोई अपना गर्भ नष्ट करवाने की इच्छा जाहिर करती है तो वह इस कारण से ताकि समाज उससे श्वानयुद्ध न करे।

क्योंकि जन्म और गर्भ का दैहिक पक्ष बड़ा गंभीर मामला है जो खून के रिश्ते भावनात्मक लगाव और मानवीयता जैसे महान कर्तव्य बोध से सीधे प्रभावित होते हैं। इसलिए प्रेम जिस तेजी से गहराता है स्त्री गर्भ और उसके लिए जन्म दोनों के लिए तैयार होती चली जाती है। यह बात दूसरी है कि घरवाले साथ छोड़ जाते हैं, प्रेमी मुँह मोड़ लेता है और समाज का व्यवहार रूखा हो जाता है तो कन्या की प्रतिबद्धता प्रतिज्ञा से जुड़े सपने भरभराकर गिर जाते हैं।

किशोरी का मामला हमें अन्य मामलों से कुछ अलग सा लगा। खासतौर से संभोग के प्रति पहले उदासीन होना और बाद में अपने परिवार और परिवार के अंग बन चुके पालतू पशुओं के लिए खुद को सिपाही के हवाले कर देना सामान्य घटना नहीं है।

संवेदनशील की सतह पर, न मानवीय दृष्टिकोण से और न ही प्रजातंत्र के वातायन से। आमतौर से देखा जाए तो उसके अंतर्मन में भय और जिज्ञासा के मिश्रित भाव थे—संपर्क, स्वाद और सनसनाहट से ओत-प्रोत शारीरिक अनुभव की बातें वह अक्सर सुनती थी, इसलिए पुरुष अंगों के भय भी उसे जरूर था। भय समय के साथ दूर होता चला गया और कोई सात हफ्ते बाद उसे इस बात की जानकारी हुई कि वह गर्भवती है।

मासिक धर्म बंद हो चुका था। स्तनों में भारीपन आ गया और सिर में चक्कर आने लगा। बार-बार की मितली से घबराहट महसूस करती। जैसे वह शिशु को सहज मन से स्वीकार करने में असमर्थ भी और अपने मुँह से ओककर उसे बाहर निकालना चाहती थी। समय के साथ भ्रूण गर्भ में फड़फड़ाने लगा तो किशोरी उसे प्यार करने लगी कि उसकी साँसें ठीक से चले, वह सामान्य चले—इन सारी बातों का ध्यान उसे रखना पड़ता था। वह सोचती कि जन्म के बाद सारी समस्याएँ दूर हो जाएँगी।

गर्भवती के अनुभवों को व्यक्त करते हुए पिछली सदी के महान कवि सिसिल शैवेज ने कहीं गाया है, ''मैं मधुमक्खी के छत्ते की तरह हूँ जिसमें से एक झुंड चला गया है। उसका जन्म हो गया है। मैंने अपने 'छोटे प्रिय' को खो दिया है। अब उसका जन्म हो गया है और मैं अकेली हूँ।'' इन तमाम खट्टे-मीठे अनुभवों के बीच किशोरी ने उस सिपाही को दिल से बाहर निकाल फेंका। उसे याद किया ही नहीं। आज अपनी बिटिया के संग किशोरी जी-खा रही है। वन अधिनियमों को धत्ता बताकर या वनपालों की 'इच्छाएँ' पूरी कर वह जंगलों से सूखी लकड़ियाँ या वनोपज जुटाकर जिंदगी जीने का बहाना ढूँढ़ चुकी है।

# प्यार किया था, चोरी नहीं की

उसका नाम है हेमा राणा। सालभर पहले माँ बनने के बावजूद उसकी उम्र है 15 साल। पिता साधु राणा मेहनत-मजदूरी करता है। घर में आमदनी ठीक-ठाक हो जाती है। जामपादर गाँव में उसकी बड़ी इज्जत रही है क्योंकि पूरे परिवार का स्वभाव मिलनसार है। जब हेमा 13 साल की थी तो उसकी मुलाकात सरोज माँझी से हुई। सरोज एक आदिवासी लड़का है जो नारला थाना का ही निवासी है।

वह एक स्टूडियो में काम करता था, जहाँ उसे नौ सौ रुपए मिलते थे। घर से स्कूल जाने के रास्ते में ही सरोज का स्टूडियो था। आते-जाते वह हेमा को देखा करता था। हेमा उसे अच्छी लगी। क्योंकि उसका बदन उभार पर था। चेहरे का भोलापन उतरा नहीं था और जवानी दस्तक दे रही थी। उसमें सरोज ने मस्ती के लंबे अवसर देखे। मौज का दरिया देखा। आनंद की बगिया देखी। सरोज ने उसे लुभाना चाहा। बहलाना चाहा। आखिरकार सफल रहा।

उसमें गुनगुनी मादकता थी। गेहुंई गदराई देह। हुमगता हुस्न और साथ में कच्ची उम्र की मादकता। मादकता ऐसी जो न सिर्फ रूमानियत थी, न केवल खूबसूरती और न ही शोखी। उसकी मादकता में जवानी की हल्की-हल्की खुशबू थी। थोड़ा-सा हुस्न था। थोड़ी सी हया थी और उस पर शोखी की बुरक थी। इस मादकता ने जब सरोज पर अपना पैरहन डाला तो वह बेचारा पंख कटे पंछी सा हो गया।

प्रेम अपने परवान चढ़ने लगा। कच्ची उम्र का आकर्षण कच्चे आम की तरह होता है। खट्टा भी और मजेदार भी। जिंदगी भर इस उम्र की याद ताजा होती है। हेमा उसकी अपनी हो गई। उसकी मुस्कान, उसकी हँसी, उसके सुख और दुख, इन सब पर सरोज का अधिकार हो गया। वह हँसती थी सरोज के लिए। साँसें लेती थी सरोज के लिए। सजती थी सरोज के लिए, सँवरती थी सरोज के लिए। उसका सजना-सँवरना सबके दिलों में खटकने लगा। सरोज ने उसे दैहिक संबंध के लिए राजी कर लिया। वह खुद यह बात स्वीकार करती है कि उसे पता था कि इस संबंध के नतीजे क्या होंगे।

प्रेमी के प्यार में पागल बनकर माँ बन जाना शायद उसने ठान लिया था।

जहाँ भी मौका मिलता वह संभोग कर लेती थी। जिस स्कूल में वह पढ़ने जाती थी, उसके पिछवाड़े, पोखर के पास, नदी किनारे और कभी-कभार खलिहान में। खलिहान में पुआल के ढेर में छुपकर संभोग करना उसे भाता था। कच्ची उम्र की नादानी में उसने जो भी किया वह बड़ा ही दुखदायी हुआ। सरोज उससे नौ साल बड़ा था। उसे पता था कि वह क्या कर रहा है। उसे यह भी पता था कि इस संबंध का खामियाजा सिर्फ हेमा को ही भुगतना है। किंतु सेक्स ने उसे अंधा कर दिया था। सोचने की क्षमता जा चुकी थी। वह न सुन सकता था और न ही देख सकता था। क्योंकि प्यार एक ऐसा रोग है जो अंधा कर देता है, बहरा कर देता है, गूँगा बना देता है।

हेमा के मुताबिक यह संबंध लंबे समय तक चला। जब पेट के नीचे एक उभार देखने को मिला तो उसकी माँ सब कुछ समझ गई। उसने कारण पूछा। नाम पूछा। हेमा ने सबकुछ सच-सच बता दिया। उसने कोई चोरी नहीं की थी। प्यार किया था। साधु राणा ने पुलिस में जाने का मन बनाया तो गाँव के लोगों ने सरोज माँझी के बाप से मिलने की सलाह दी। इसी बीच हेमा के माँ बनने की खबर तेजी से फैलती चली गई। सरोज हेमा के साथ शादी करने का मन बना चुका था। उसने साधु राणा के सामने हाथ जोड़कर हेमा का हाथ माँगा।

मगर उसके जाति के लोगों को राणा जाति में शादी करना मंजूर नहीं था। राणा जातीय आधार पर त्यज्य माने जाते हैं। उस जाति से लड़की लाना अपराध समझा जाता है। सिर्फ उस जाति की लड़की भोग के काम आ सकती है। पंचायत का ऐसा मानना था। जब तक हेमा और सरोज साथ-साथ रहे एक-दूसरे का महत्त्व भले ही समझ में नहीं आया हो मगर दोनों एक दूसरे के पूरक थे। सरोज के हेमा को पता नहीं। मगर हेमा जब से सरोज से दूर हुई तबसे उसने महसूस किया कि सरोज उसकी साँसों से भी ज्यादा जरूरी है उसकी जिंदगी के लिए।

जातीय पंचायत ने सरोज को जान से मार डालने की धमकी दे डाली। दोनों का मिलना-जुलना बंद हो गया। साँप का काटा हुआ जैसे लहरें लेता है वैसे ही हेमा की नसों में फैला हुआ उदासी का ज़हर उसे अंदर से झकझोर देता था। उसने खाना-पीना छोड़ दिया। अपने को जितनी तकलीफ हो सकती थी, देती थी। भयंकर उदासी में दिन कट रहे थे, रात की बात तो पूछो मत। सबकुछ हुआ मगर हेमा के पक्ष में कुछ नहीं हुआ। सरोज कहीं जा चुका था। हफ्तों पहले से ही हेमा ने हँसना छोड़ दिया था। मुस्कराना छोड़ दिया था। क्योंकि बहलावे के लिए न हँसी चाहिए और न ही मुस्कान। उसने महसूस किया कि आँसूओं से मन जल्दी बहल जाता है। जैसे हँसते हुए प्रसन्नता थक जाती है और रोते हुए इंसान की उदासी। उदासी को नहीं खत्म कर पाने की पीड़ा ने अंदर से कमजोर कर डाला।

सरोज के जाने के कोई तीन हफ्ते बाद हेमा ने एक नर शिशु को जन्म दिया। माहौल बदल चुका था। उसके चारों ओर रेंगनी के काँटे बिछे थे। आकाश में निराशा

के बादल थे। फिज़ाँ में ज़हर घुली खामोशी थी। उलाहनों की चिल्लाहट थी। प्रताड़ना का सतत् दुष्चक्र था। इतना सब कुछ के बावजूद साधु राणा ने बेटी का साथ नहीं छोड़ा। बेटी को भले ही स्कूल से हटाया गया मगर साधु ने उसे अपने दिल से लगाए रखा। उसने जो नादानी की उसे साधु ने नासमझी ही माना। उसकी शिकायत है कि पुलिस ने हेमा का साथ नहीं दिया। सरोज को आज तक गिरफ्तार नहीं किया।

प्राथमिकी दर्ज होने के 90 दिन के अंदर पुलिस को हर हाल में चार्जशीट दायर करना होता है। तभी अभियुक्त को अदालत से फरार घोषित किया जाता है। 90 दिन गुजरे, कई माह हो गए। पुलिस निश्चिन्त है तो न्यायालय क्या करे। उधर हेमा की देखभाल उसका पिता बड़ी संजीदगी से कर रहा है। मगर कब तक ? हेमा की जिंदगी में जो कलंक पुत गए हैं उसे नज़रअंदाज भी कर दे तो बोझ बनी जिंदगी कैसे कटेगी, यह सवाल है।

# नग्न उत्सव के भयावह सच

सुकिया इर्लागुई गाँव में रहती थी, किंतु आज वहाँ नहीं रहती। उसके बावजूद हमने वहाँ जाना जरूरी समझा। सुकिया जिस इलाके में पैदा हुई वहाँ आज भी दोनों शाम चावल खाना उत्सव है। वहाँ लोगों को दोनों शाम सालों भर चावल नहीं मिलता बावजूद इसके कि वहाँ की प्रमुख फसलें धान ही होती है। जिले का जनजीवन कालाहांडी जिले के समाज से मिलता-जुलता है। सुस्त-शांत और श्रांत। न उत्साह, न उमंग। पारंपरिक जीवनशैली में आधुनिकता की थोड़ी-बहुत छाप युवा वर्ग में है, वह भी उनके लिबास में जो लिबास विदेशी सभ्यता और समाज को उतारने होते हैं। वे उतारन कौड़ी के मोल ठेलों पर फुटपाथ पर बिकते देखे जा सकते हैं। स्वास्थ्य-शिक्षा और खेती से जुड़ी एजेंसियाँ वहाँ बिगड़े और बेकार हालात में हैं। वहाँ जाना किसी पर्वतीय अभियान इतनी ही रोमांचकारी लगता है। *डिस्कवरी चैनल* में दिखनेवाली कोई जनजातीय दुनिया जहाँ सभ्यता अपनी आदिम अवस्था में रेंग रही होती है।

साजिश का कोई निश्चित एजेंडा नहीं होता न ही इसका कोई गाइड लाइन। सरकार सीधे तौर से ऐसे मामलों से हाथ झाड़ लेने का स्वांग रचती है। मगर वास्तविकता तो यही है कि शासन और प्रशासन के नाजायज समर्थन से ही गैर-सामाजिक तत्त्व उत्पात मचाने की हिमाकत करते हैं। पुलिस उनके लिए हर कदम पर साथ देती है और उनकी हर करतूतों का समर्थन करती है। ऐसा ही हुआ इस जिले के उस वन्य इलाके में, जहाँ एक व्यापारी के समर्थन में पुलिस ने बेशर्मी की मिसाल कायम की है।

वह गाँजे का व्यापारी था। पुलिस-प्रशासन की भाषा में वह एक तस्कर था। चोरी-छिपे वह गाँजे इकट्ठे करवाकर मल्कानगिरी से बाहर भेजता था। इसके लिए उसने पुलिस से दोस्ती कर ली। जब सईंया भये कोतवाल तो अब डर काहे का। ऐसा ही वहाँ भी हुआ। मोहन लाल नामक उस व्यापारी के भुवनेश्वर से राँची तक बिराजनेवाले पुलिस अधिकारियों से घनिष्ठ संबंध थे। चूँकि वह पानी समान पैसा बहाया करता था,

इसके लिए उसके सामने नेता-नौकरशाह-पुलिस-प्रेस सभी हाथ जोड़ते थे। उसने अपने प्रभाव का इस्तेमाल अपने धंधे में किया तो अपने पैसे के बूते उसने अय्याशी की—हर रात कोई नई लड़की। अपनी वासनामूलक कमजोरी की वजह से वह दोहरी जिंदगी जीता था। अपनी कर्म-कुशलता, दानशीलता और करुणामुक्त व्यवहार से वह गाँववालों का बेहद प्रिय हो जाता था। इसी वजह से वह सुकिया को अपने वश में करने में सफल रहा।

अर्द्ध-नग्न गाँववाले, बाँस-सागवान से बने घर, गाय-भैंस और बकरियों के झुंड और उनके साथ मस्ती में मचलते फूले पेटवाले बच्चे, जो महिला एवं बाल विकास मंत्रालय की तमाम प्रतिज्ञाओं को ठेंगा दिखाते हैं। गाँव तक जाना आसान नहीं, जो उन आदिवासियों के बारे में यह प्रमाणित करता है कि वास्तव में वह राष्ट्र की मुख्यधारा से कोसों दूर हैं। सामान्य लोगों से छुटकारा पाना उन लोगों के लिए आसान नहीं होता और पेचिश-टायफायड जैसी बीमारी का निदान उनके लिए तो मौत ही है। यही उनकी जिंदगी का सार तत्त्व है। वैसे सरकार जो भी प्रमाणित करे, दावेदारी करे हर साल बारिश आने के बाद मलेरिया का कहर उस पूरे गाँव को झकझोर देता है। वहाँ गर्मी के दिनों में विषाक्त भोजन खाने से न जाने कितने ग्रामीण बीमार पड़ जाते हैं, जिनके बारे न तो प्रशासन को कोई जानकारी होती है और गाँववाले ऐसी मौत को सहजता से स्वीकार कर लेते हैं।

सुकिया ने इसी माहौल में साँसें लीं। उम्र के जितने बसंत काटे, वे नई जिंदगी की तरह थे। हर साल एक नए जन्म समान—जन्म और पुनर्जन्म। बीमारी और संक्रामक रोगों की वजह से जिंदगी बड़ी अनिश्चित और असुरक्षित होती है राज्य के सुदूरवर्ती गाँवों में डॉक्टर और स्वास्थ्यकर्मी दूर-दराज में जाना नहीं चाहते और गाँववाले स्वास्थ्य केंद्रों के बारे ज्यादा नहीं जानते। ऐसी जगहों के सामने वे ताश खेलते पाए जाते हैं, अपने जानवर बाँधते हैं या गुल्लीडंडा खेलते हैं। राज्य के ज्यादातर स्वास्थ्य केंद्रों की हालात बद से बदतर है। आँगनबाड़ी के सामने भूखे-नंगे बच्चे और किसी तरह अपने को ढँककर अन्न की तलाश. में उनकी माताएँ नज़र आती हैं। यहाँ देखने से लगता है कि कैसे अव्यवस्था, वंचना, उपेक्षा और निराशा के माहौल में गरीबी अपने परवान चढ़ती है। अपने अंदाज से, अपनी गति से नदी की धार की तरह—सतत, निरंतर और कभी-कभार बेहद भयंकर अट्ठास के साथ।

पहली मुलाकात उससे कैसे हुई वह बता नहीं पाती। उसकी भाषा उड़िया है मगर उच्चारण में तेलुगू के पुट साफ झलकते हैं। शायद शर्म है या संकोच या यह साबित करने की चेष्टा है कि प्यार की पहल उसकी थी, न कि सुकिया की। हालाँकि वह अपने बारे में ज्यादा बताने का उतावलापन नहीं रखती। शब्द और भाव का सपाटपन जिंदगी के प्रति उसकी निराशा का साफ प्रतिबिंबन है। आदिवासी अमूमन अपने बारे में ज्यादा नहीं कहते। हालाँकि समूचा वन्य समाज मौजूदा दौर में बहुस्तरीय विपदाओं से आहत है। उनके ऊपर जुल्म का जो दौर चला है उससे बड़ी निराशा पैदा हुई। इस हाल में आदिवासी अतिवादी हो जाते हैं या तो चुपचाप दमित हो जाते हैं या विद्रोही हो जाते

हैं। "भारत में जनजातीय विद्रोहों का मूलचरित्र कहीं न कहीं ऐसी मान्यताओं और मानसिकता के साथ संबंधित है।" नृविज्ञानी नरेश कुमार वैद्य कहते हैं।

सुकिया की जिंदगी में राज ही राज हैं। आज उनके बारे में वह बताना नहीं चाहती। बस अफसोस जाहिर करती है। हार चुके जुआड़ी के भाव उसके चेहरे पर साफ दिखते हैं। हालाँकि प्यार करना उसके लिए किसी चौपड़ का खेल नहीं था, मगर कुछ छुटने, कुछ खोने का मलाल तो उसे जरूर है। अपने प्रेमी के साथ वह तब करीब हुई जब उसने शादी करने का प्रलोभन दिया। गरीबी का लाभ उसके प्रेमी ने उठाया, सुकिया को रंग-बिरंगे कपड़े दिए। पैसे दिए। आज सहवास के उस सुख से वंचित हो चुकी सुकिया के मन में बड़े बवंडर उठते हैं। यादों के भभूके।

वह सहवास के वक्त हिंसक हो जाता था। उसे पीटता था। अपनी पीठ पर नाखून के खरोंचे दिखाकर टीम की महिला संगियों को आपबीती बयान करती है। वह बेरहमी से काटता था, पूरे शरीर पर दाँतों के दाग रोज रात में उभर जाते। गंदी-गंदी गालियाँ देता--गहरे नशे में उसके साथ जबरिया दैहिक संबंध बनाता। जब ना कहती तो गुस्से में दहाड़ने लगता। स्तनों को नींबू समान निचोड़ता, तब तक जब तक स्नताग्र से पंछा नहीं निकल जाता। उसे ऐसा करने में बहुत मजा आता था। वह सुकिया की देह के प्रत्येक अंग का मनमाना इस्तेमाल करता था। ऐसे जोर-जबरदस्ती का विरोध कर पाना उसके लिए बेहद मुश्किल हो जाता था। उस दिन दरिंदगी की हद हो गई सुकिया ने उसे देह सौंपने से इनकार कर दिया। उसने गुस्से में सुकिया के भग में लाठी ठूँसने की कोशिश की तो नंग धड़ग उस औरत ने उसके पैर पकड़ लिए। इसके बाद उसने कभी कोई विरोध नहीं किया—किस्मत ने एक जान के सामने हजारों मुश्किलें पैदा कर दीं। उन मुश्किलों से निजात पाना सुकिया के लिए आसान नहीं था।

जैसा होता है, वैसा ही हुआ सुकिया के साथ भी। वह गर्भवती हुई और उसका प्रेमी लापता हो गया। उसके बारे में जानना चाहा तो कोई जानकारी नहीं मिली। अकेलेपन, असहजता और निस्सहायता के हाल में वह दिन काटने लगी। गाँव में सवेरे-सवेरे प्रायः सभी औरत-मर्द अपने काम पर चले जाते तब सूनापन बढ़ जाता। इसी बीच शरीर भारी होने लगा और वह लाचार होती चली गई। अपनी खटोलिया पर लेटे-लेटे वह अपने जीवन को पीछे मुड़कर देखती—जिंदगी के बाइस्कोप देखती। उसे लगता कि मन की उमड़न के साथ उसके भीतर से एक और सुकिया उभरकर उससे सवाल पूछ रही है। उभरकर सामने आई सुकिया बड़ी सुंदर-शालीन और बिंदासपन से लबालब लगती। उसी सुकिया के एक-एक अंग को भोगा था, उस व्यापारी ने। एक सुकिया हँसती है, खिलखिलाती है, सहवास सुख से उपजी निश्चिंतता और उससे स्वतः पैदा हुआ स्त्री का अप्रतीम सौंदर्य उसके चेहरे पर साफ दिखता था। एक सुकिया, जो वास्तव में खटोलिया पर अधमरी सी है, वह दुःख उदासी और अकेलेपन को भोगती है। कितने भोग एक साथ एक में एक जुड़े हुए आते हैं, वह सब पुरानी बातें एक-एक कर ध्यान में आती चली जाती है।

अपने प्रेमी की याद के साथ उसका देह ऐसा जुड़ता कि भोग की साधन बनी उसकी काया शांत शिथिल पड़ जाती। मगर वह अपने में दोष ढूँढ़ती, पूर्व जन्म के आँगन में निहारने की निष्फल चेष्टा करती। शायद कहीं किसी के साथ उसने कोई दगाबाजी की हो—सवाल और जिज्ञासा शून्य में उमड़कर-घुमड़कर विलीन हो जाते। इसी जनम का पाप था, जो उसके जीवन को बोझिल बना रहा था। "उसका दोष या, आदिवासी कुनबे में पैदा होना। अन्यथा उसके साथ कुछ भी बुरा नहीं होता," समाजसेवी संतोष कुमार दास कहते हैं। सुकिया का कहना है कि जिंदगी में पहली बार जिसने प्रेम के सपने अपनी मासूमियत भरी बातों से दिए, जिंदगी में सतरंगी उम्मीदें जगाई वह तो यही व्यापारी था जिसने मेरी आत्मा का अपमान कर मेरे देह से खेलता रहा। आत्मा से धिक्कारते हुए उसे कोसने लगी। घंटों। न पानी पीने का होश और न ही भोजन की चिंता।

इस हाल में कोई तसल्ली देनेवाला नहीं मिला। बल्कि उलाहने, लाँछन और उससे आगे बढ़कर टोकरी भर अपशब्दों की भरमार—पड़ोसियों से और बाद में घर के लोगों से, जिनके सामने पैदा हुई, पल-बढ़कर जवानी के दहलीज पर पाँव रखे। उसने अपना कसूर ढूँढना चाहा, सिवाय प्रेम के उसने अपने आप से अपना कोई अपराध कबूल नहीं किया। औरतों और कई-कई लड़कियों को उसने देखे हैं, जो दिन-रात किशोर और जवान लड़कों से रिश्ते बनाती हैं फिर भी उनके साथ कुछ भी बुरा नहीं होता। पता नहीं चलता कि किस मर्द की वजह से उसका पेट गदराया है। सुकिया और ऐसी दिलफेंक औरतों के बीच बस इतना ही अंतर है कि वह कुँआरी है और औरतें शादी-शुदा होती हैं। उसने यह जरूर स्वीकार किया कि उसकी देह की आग आज तक नहीं बुझी है किंतु इस आग में खुद को जलाना नहीं चाहती। इतना जुल्म, अनहद अत्याचार और बेइंतहा दैहिक शोषण झेलकर भी सुकनी को आज भी उसकी यादें आती हैं। हालाँकि वह जानती है कि मुलाकात होने के हाल में भी वह (व्यापारी) उसके साथ रहम नहीं करेगा। बल्कि इस गर्भावस्था में भी वहीं उम्मीद करेगा, जैसा उसने उसकी कच्ची-कोरी काया के साथ किया। वह किसी महानगरीय कन्या की तरह विशाल हृदयवाली लड़की नहीं है, जो इस पूरे हादसे को मात्र इत्तेफाक समझे। रात गई-बात गई मानकर आगे की सोचे। उसकी जिंदगी तो तार-तार हो गई, बेजार और बेजान भी। दुनिया में जवान बेसहारा औरतों का कोई ठिकाना नहीं होता, उसके साथ मौज-मस्ती करनेवालों की कोई गिनती नहीं होती। यह सच वह मान चुकी थी। हफ्ते-महीने जैसे-तैसे काटकर उसने एक बच्चे को जन्म दिया, जो बेहद कमजोर था।

घर में उसका साथ इस वक्त सबों ने दिया। बच्चे की परवरिश भी जैसे-तैसे होती चली गई। वन्य समाज में नवजात बच्चे के लिए पोसने की अपनी परंपरा है। न जाने कितने तरह की जड़ी-बूटियाँ और उपाय-विधियाँ, जिससे पल-बढ़कर बड़े हुए भीलों के हरावल दस्ते ने गांडीवधारियों के छक्के छुड़ा दिए। एकलव्य हो या बिरसा मुंडा या उनके वंशज इनकी वीरता की पताका-परचम फहरने की वजह वही पालन विधि है जिसकी

रहस्यमयता आज भी बच्चों को पोषण आहार बाँटनेवाले महिला एवं बाल विकास विभाग के सरकारी लोगों के लिए शोध और विमर्श का विषय है। यह बात दूसरी है कि वनवासियों की परंपरागत जीवनशैली के सतत प्रवाह को बाधा पहुँचाकर हमने उन्हें असभ्य गँवार और न जाने क्या-क्या कहा। जंगलों-वनस्पतियों से दूर धकेले जा चुके वन्य समाज के लिए जीवन एक जंजाल है। यहाँ तक कि वे अपने बच्चे का नामकरण चार-पाँच साल की उम्र तक इस वजह से नहीं करते, क्योंकि उड़ीसा में शिशु मृत्यु दर देश भर में सबसे ज्यादा है।

सुकिया यही चाहती थी कि उसका बच्चा भी इसी आँकड़े की भेंट चढ़ जाए, बच्चे की मौत की फेहरिस्त में शुमार हो जाए। मगर उसकी यह मुराद पूरी नहीं हो सकी। कुछ ही महीनों में बच्चा हृष्ट-पुष्ट हो गया। यह सुकिया के लिए जैसे परेशानी का कारण बन गया। वह किसे क्या जवाब देती। कोई सवाल पूछ ले तो यह उसके समक्ष एक कठिन चुनौती से कम नहीं थी। उसने इन तमाम प्रश्नों से खुद को अलग करने में अपना हित समझा। प्यार में जो धोखा मिला, उसे भुला देने में ही उसकी भलाई थी। यह उसने अपने मन से मान लिया। मगर पैदा हुआ बच्चा आगे जाकर कितनी जलालत का सबब बन जाए, कौन जानता था? दुराचारी के फंदे से बाहर निकलकर वह मुक्त हो सकने की कवावद कर सकती थी। पेट में गर्भ आने के बाद तो उस दरिंदे-दुराचारी से उसे मुक्ति मिल ही गई। पर आगे की जिंदगी कैसे कटेगी, यह समस्या थी।

सुकिया के सामने आज भी वह एक सवाल है कि उसने पाप क्या किए हैं ? यशस्वी साहित्यकार अमृतलाल नागर के शब्दों में, "औरत के लिए मरद की चाह पाप नहीं (नाच्यौ बहुत गोपाल / 1982 पृ. 263)।" सचमुच पाप तो किया उस व्यापारी ने, जिसने उसकी जिंदगी तबाह कर उसे कहीं का नहीं रहने दिया। हाँ, उसने अपनी गरीबी, अपनी कमियों और वंचनाओं की वजह से ही उसकी ओर जरूर मुग्ध हो गई। वह इस बात को स्वीकार करती है कि अपनी काया से उसने उस व्यापारी को लुभाकर फँसाया था। तो क्या इसे पाप कहेंगे। सुकिया फिर से अपने मन में फँस गई, उलझ गई। तड़पाहट से पैदा हुई बेचैनी में कुढ़न की आग थी, जलन की दाह थी। आखिरकार उसने अपने मन से कहा कि प्रेम पाप नहीं है। यदि है भी तो इस पाप का भागीदार वह व्यापारी भी है। मगर इस भागीदारी के सबूत उसके पास नहीं थे और इसी विवशता के साथ नैतिकता और शुचिता से जुड़े सवालों की फेहरिस्त लंबी हो जाती है।

सुकिया की बस्ती से हम जैसे-जैसे दूर होते गए, इन तमाम सवालों से हम जूझते रहे जिनका जवाब आज कोई देने से कतराता है।

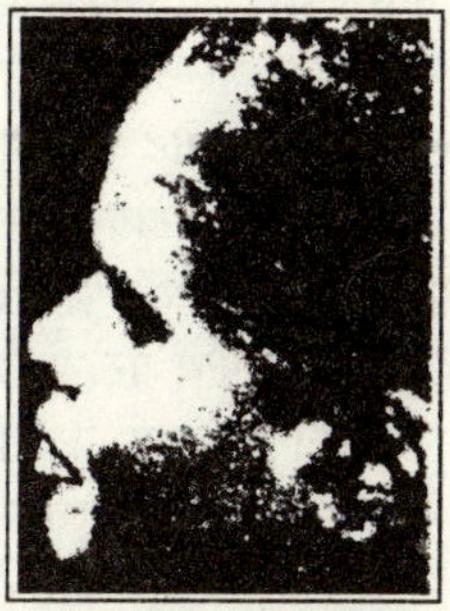

# स्वार्थी प्रेम के नतीजे

केंद्रपाड़ा जिले के मिजापाड़ा गाँव की राधा ने अब स्थिति के सामने हाथ जोड़ लिए हैं। उसके पास कहने के लिए अपनी लंबी कहानी है। मगर अब कुछ कहना नहीं चाहती, क्योंकि अपनी पीड़ा ओक-ओककर वह थक चुकी है। उसके घाव जब ताजा थे तो लोगों ने उसकी आपबीती सुनने के बाद भी उसे न्याय दिला पाने का आश्वासन नहीं दिया। वह अकेली पड़ चुकी थी, अरण्य में बिल्कुल अकेली, जहाँ उसे कोई नहीं मिला।

राधा ने जब अपने प्रेमी पूर्णचंद्र को प्यार किया था तो उसके मन में कोई स्वार्थ-प्रपंच या विषाद से जुड़े विचार नहीं थे। न पैसे का लोभ और न ही शादी करने का दबाव। बस प्यार तो प्यार ही था। जब वह उसके करीब होती तो पूरी दुनिया को भूल जाती थी—जंगल के कानून, परिवार में पैसे की कमी, गाँव-परिवार की तकलीफें और सखियों से छोटे-छोटे मनमुटाव के ढेरों प्रसंग। पूर्णचन्द्र से वह चाहती थी कि वह उसे भरपूर प्यार दे। उसे संपूर्णता की तलाश थी। क्योंकि औरत मर्द के प्यार से पूर्णता अनुभव करती है। उसकी इच्छा हर बार पूरी हुई। तब उसे इस बात का संतोष था कि बिना किसी हिल-हूज्जत के उसे दैहिक सुख मिल रहा है। यह उसकी अपनी जरूरत थी, जो स्वाभाविक थी। कुदरती थी। मगर वह इस बात से अपरिचित थी कि वह जो कर रही है, उसका अर्द्ध सच सुख से लबालब है। जबकि शेष सच में है जलालत, जहमत और विनाश की कई-कई कथाएँ-गाथाएँ।

दैहिक संबंध बनाए जाने के बाद एक औरत के शरीर में जितने परिवर्तन होते हैं वे सारे परिवर्तन राधा में देखने को मिले। अब उसे न नींद आती थी और न किसी काम में तबीयत लगती थी। सब कुछ उबाऊ-सा लगने लगा था। उसे अब होश नहीं रहा कि कहाँ क्या हो रहा है। अब पूर्णचंद्र उससे मिलने नहीं आता था, न ही राधा को जानकारी होती थी कि वह कहाँ है। जिंदगी पर जैसे किसी ने पर्दा डाल दिया हो और देखते ही देखते प्यार की धूप भी जिंदगी के आँगन से उतर गया। न वह ताप रही और न ही ऊष्मा। जिंदगी की किताब किसी ने जैसे खुली छोड़ दी हो। वह किताब

औंधी पड़ी थी। जिस पर अभाग्य का दानव कलम से कुछ गोदा-गोदी कर रहा हो। कल तक जो अपना था वह आज अपना न रहा। जो सपने देखे थे वे बिसर गए।

उसकी गोद में टील्लू किलकारियाँ मार रहा है, वह सोलह माह का है। दुनिया की सच्चाइयों से बेखबर, सच-छल, भेद से उसके सरोकार नहीं। बल्कि माँ की मीठी लोरियाँ उसे चाहिए। ये तमाम चीजें उड़ीसा के बच्चों को मुश्किल से नसीब होती हैं, क्योंकि वहाँ शिशु मृत्यु दर पूरे देश भर में सर्वाधिक है। पैदा हुए बच्चे की जानकारी नहीं और मौत की भेंट चढ़ चुके शिशुओं के प्रति मातम भरी सोच नहीं। महाकाल की गोद में लोरियाँ खेलते ये बच्चे अपने भाग्य से चलते हैं। माँ के गर्भ से निकले नवजात के लिए जीभें लपलपा रहे होते हैं वैसे रोग जो जानलेवा होते हैं। कुपोषण-भूखमरी तो बाद में उन बालकों का आखेट करती हैं। संयोग है या कोई रहस्य जो बच्चे अनचाहे होते हैं उनकी उम्र लंबी होती है। राधा की टील्लू के साथ भी ऐसा ही है। वह स्वस्थ है, चंचल है, नटखट है।

उसे याद है पूर्णचंद्र के साथ के वे क्षण, जो अंतर्तात्मा में उतरकर उसे विचलित कर देते हैं। वे रातें, अँधेरी रातें, जब पूरा गाँव सो जाता था—यहाँ तक कि रखवाली करते कुत्ते भी सो जाते। कभी भूँकते और कभी कुनमुनाते। दोनों मिलते घर के पिछवाड़े, जहाँ मिलन की सहजता थी। कोई वहाँ जाता नहीं था। राधा के अंग-अंग में उत्तेजना की लहरें उठतीं। पूरे शरीर से उपजी आनंद की तरंगें कहीं एक जगह इकट्ठी होतीं और सहसा देह से एक विचित्र तरंग उठता और पूरा शरीर हल्का हो जाता। खुमारी के बाद की थकावट जिसमें आत्मसंतुष्टि के भाव होते। ऐसा रोज होता था। हर रात होता था।

कोई चार महीने के अंतरंगों के रिश्तों से वह गर्भवती हुई। पूर्णचंद्र तब तक जा चुका था, कहीं ओर। गर्भवती होने के बाद राधा को उसकी यादें खूब सताने लगीं। मन में भोगे हुए अनेक क्षणों का सुखद स्वाद कण-कण में घुलकर उसकी काया में अकड़न भर देता। असुख और केवल असुख—ऊब और उदासी पुरानी यादों की वजह से आत्मघात की ओर बढ़ने लगती। सिर खूब मारती दीवारों पर—कभी कपाल सूज जाता और कभी उससे झलकती खून की बूँदें छिले-सूजे हिस्से से चिरपराने लगती। वही पीड़ा-दर्द और चिरपिराहट ही आँसूओं के महासमुद्र में डूबते मन को नीचे तक ले जाती। पाताल में। सुख की चाहत में भाग्य ऐसा खोटा निकला कि जिसे अमृत घट को पीना चाहा वह हलाहल बन गया। कालकूट विष। उसने शादी के वादे नहीं किए थे। मगर वे दोनों रात में एक हो जाते थे पति-पत्नी की तरह।

बच्चे को जन्म देना उतना पीड़ादायक नहीं रहा जितना उसे बार-बार देखना। संभोग का सुख तो स्त्री और पुरुष समान रूप से लेते हैं। ऐसा नहीं होता तो इस संबंध को संभोग कहा जाना जितना बेमानी होता उतना बेतुका भी। यदि सुख का पलड़ा दोनों ओर समान हो तो बच्चे के जन्म का दर्द और उसके परवरिश का दायित्व केवल माँ पर ही क्यों ?

राधा अपनी बात विस्तार से नहीं बताती। लेकिन आज उसके मन में अपने सेक्स

पार्टनर के लिए तीव्र घृणा है, ईर्ष्या है। वह अपना दोष कहीं से निकाल पाने में असमर्थ है। उसका यही कहना है कि पूर्णचंद्र तो सावधानी रख सकता था, जिससे वह माँ नहीं बनती। गर्भ में पलनेवाले जीव के लिए वह भी जिम्मेदार था, क्योंकि दैहिक सुख उन दोनों ने भोगे थे। मगर मुद्दा यह है कि जब वह राधा से जुदा हुआ, उस क्षण तक दोनों इस बात से, इस सच्चाई से बेखबर थे कि उनका दैहिक प्रेम अब प्राणवान हो चुका है। बदनामी, चर्चा और जलालत से बचने के लिए राधा ने अपने से पूर्णचंद्र को अलग करना चाहा। इसमें दोनों की सहमति थी। ऐसा कहते हैं।

कुछ लोग राधा को चालाक बताते हैं। वे उसे मर्द बदलनेवाली एक शौकीन-रंगीन मिजाज औरत का दर्जा देते है। हालाँकि यह बात आम है। गाँववाले हर अनब्याही माँ को रंडी, छिनाल और पतुरिया ही कहते हैं। चाहे उनका प्यार कितना भी सात्विक क्यों न रहा हो? इसलिए इस मामले में गाँववाले से विचार-विमर्श करना किसी भी सूरत में उचित नहीं था। राधा ने जो भी किया, वह असहज नहीं था। यह सतत् भूल का अहसास कहें तो उसमें किसी को भला क्योंकर गुरेज हो? ऐसा होता है लंबे समय तक चला प्रेम किसी मुकाम पर आकर थम जाता है। दूसरा पक्ष यह भी है कि यदि परस्पर सहमति थी तो आज राधा अफसोस क्यों कर रही है? पूर्णचंद्र कौन है? वह उतने दिनों तक गाँव में क्यों रहा? किसके पास रहा? कहते हैं वह राधा का रिश्तेदार था। राधा के यहाँ रहा करता था। इससे आगे कुछ भी पूछने पर राधा के मन में खौलन मचने लगती है। शायद वह उसका नजदीकी रिश्तेदार है, जिसे वह आज भी देखती है। पर यह बात सार्वजनिक नहीं कर सकती कि उस बच्चे का बाप कौन है ?

पूर्णचंद्र कहाँ गया, यह उसे पता नहीं। लेकिन उसे इस बात से आश्चर्य जरूर है कि आखिर वह गया क्यों। जिंदगी में मरघट की उदासी पसर गई, जहाँ प्यार हार गया, मुस्कानें हार गई और खुशियों के आँसू हार गए। भावना और संवेदना के बयार ने तूफान की शक्ल में सब कुछ बर्बाद कर दिया। सिर पर से आसमान और पाँव तले से धरती हट गई। पूर्णचंद्र के व्यवहार ने राधा की जिंदगी को उस भँवर में डाल दिया जिस भँवर में करोड़ो जिंदगियाँ इस वजह से तबाह हुई क्योंकि वहाँ विश्वास की हत्या की गई थी। पूर्णचंद्र के वादे आज भी कानों से टकराकर आकाश में गुम हो जाते थे। आँसू थमने का नाम नहीं लेते। जो भी हुआ, उससे जो भी गलतियाँ हुई वह आज के नसीहत से बड़ी तो नहीं थी। अपनी आत्मा के संघर्षों से, अपने अंतर्मन के घावों की कसक से जैसे कोई इंसान एकांत कमरे से भागकर भीड़ में गुम हो जाना चाहता है, वहाँ के निरर्थक शोर में खुद को भुला देना चाहता है। ऐसा ही कुछ करना चाहती थी राधा।

मगर ऐसा हो न सका। पूर्णचंद्र आज उसके लिए मर चुका है। आज वह यदि आ भी जाए तो क्या वह आँसूओं से भरे अपने पुराने दिनों को भुला सकती है? शायद कभी नहीं। हाँ पूर्णचंद्र का लौटना उसके बच्चे के लिए जरूरी है, जिस बच्चे को पिता का प्यार चाहिए और सबसे खास बात यह है कि पूर्णचंद्र के बिना बच्चे का कोई वैधानिक अस्तित्व नहीं है।

# दिल देना महँगा पड़ा

सुकेता के पास भी दिल है। इसका आभास अपनी बहन के ससुराल में हुआ। वह आज से चार साल पहले अपनी बड़ी बहन कलिया के ससुराल कच्छापाजू गई थी। यह गाँव रायगड़ा जिले में है। कलिया तब गर्भवती थी, गर्भ में पाँच माह का बच्चा उसे लाचार कर रहा था। इसलिए उसकी सहायता के लिए घरवालों ने सुकेता को भेजा। बहन की सेवा में जुट गई सुकेता के लिए सब कुछ अनजान था, अपरिचित था। बहन के अलावा कोई अपना था तो बहनोई मथुरा भोई। मथुरा के साथ वह सहज थी। कलिया उसे कभी-कभार मथुरा के साथ बाजार भेज देती थी। मथुरा उसे अन्यत्र भी घुमाने का मौका नहीं चूकता था। सत्रह साल की एक लड़की के लिए इन बातों में कुछ गलत नहीं लगा। समय के साथ मथुरा उससे ज्यादा खुलने लगा और सुकेता भी उसके साथ ज्यादा रहने लगी। समय सरकता चला गया।

बहन के ससुरालवाले उससे मजाक में यही कहते कि अब उसे इसी घर में ब्याह देना है। कलिया को यह सब अच्छा लगता था। वह खुश रहती थी। मगर उधर मथुरा बाबू की अपनी पीड़ा थी। वे पिछले पाँच महीने से अपनी पत्नी से दूर थे और इतने समय के लिए ही संसर्ग की कोई संभावना नहीं थी। वे करें तो क्या करें। उन्होंने जो किया, उसके परिणाम हमारे सामने है। सुकेता गर्भवती हो गई। पहली बार गर्भ ठहरा तो उसे नष्ट करवा दिया। मगर तीन महीने बाद वह जैसे ही माँ बनने की स्थिति में आई। मथुरा भोई ने यह मौका हाथ से जाने नहीं दिया। वह फिर से गर्भवती हो गई। बच्चा पैदा होने के तीन-चार महीने बाद ही सुकेता को अपने घर जाने की बात थी। जब कलिया ने एक बच्चे को जन्म दिया तो सुकेता का गर्भ कोई दो हफ्ते का था। और बहन के ससुराल छोड़कर जाते वक्त उसके गर्भ का आकार काफी बढ़ चुका था।

खूब बावेला मचा। मथुरा ने शादी कर लेने का संदेश अपने ससुरालवालों को भिजवाया। लेकिन कलिया ऐसा करने देना नहीं चाहती थी। मामला नाजुक था। कलिया ज़हर चाटकर मरने की धमकी दे डाली और सुकेता अपनों के सामने हाथ जोड़ रही

थी। मथुरा ने आखिरकार यही फैसला लिया कि कलिया को छोड़ना ठीक नहीं। इस प्रकार ले-देकर मुसीबतों का पहाड़ सुकेता पर ही टूटा। जो उसके गर्भ में था उसका अपना था जिसे आजीवन साथ लेकर चलना था। बहन ने, बहनोई ने, परिवार ने और सगे-संबंधियों ने एक वक्त पर आकर मुँह फेर लिया। साल 2002 के जून में एक बच्ची की माँ बनी सुकेता के लिए जिंदगी बोझिल है। वह जिस सुख में समाई रही, वह अंततः क्षणिक साबित हुई। कायिक, मानसिक तृप्ति, आनंद और स्फूर्तिदायी क्षणों में उसने जो सुख समेटे थे, वह आनंद के परम बिंदु पर जाकर दुःखों के पहाड़ के रूप में प्रकट हुए।

''मर्द जैसी जात पर भरोसा कर उसने गलती की। अब उसे कौन देखेगा?'' उड़ीसा की समाजविज्ञानी निर्मला रथ पूछती हैं। यह सवाल सिर्फ सुकेता से संबंधित नहीं है। बल्कि उन चालीस हजार माताओं से जुड़ी है जिनकी कहानी कुछ वैसी ही है जैसी सीता की है, रेवती की है, केतकी की है। यह सवाल सत्ता के सौदागरों से है। समाज के हर तबके के लोगों से, सत्ता पीठिका पर बैठे छोटे से लेकर बड़े उन धर्मशासकों और प्रशासकों से है, जो उनसे औरत पर हो रहे जुल्मों की अनदेखी करते हैं। जो ऐसे मामले को दबाने की कवायद करते हैं और जो महिला हितों से जुड़े कानून बनने नहीं देते।

''यह इनसेस्ट (निकट संबंधियों के बीच संभोग) का मामला है। प्रेमी प्रभावशाली होता है जिसका सामाजिक प्रभाव प्रेमिका के लिए आतंक और भय की वजह बन जाता है,' समाजसेवी युधिष्ठिर पाणिग्रही कहते हैं। रिश्तेदारी में पनपनेवाला यौन संबंध अधिकांशतः कन्या और उसके माँ-बाप के लिए दमन और चुप्पी सहने को विवश कर देता है। मल्कागिरी की सुकेता भोई के लिए रिश्तेदारी में दिल देना बेहद महँगा पड़ा। मुर्लीपाड़ा गाँव की उस वनबाला के लिए प्यार या सेक्स न तो शरीर की भूख थी और न ही इसके जरिए वह एक सामान्य जिंदगी जीना चाहती थी।

इस बारे में उसने अपनी जिंदगी के जो पक्ष रखे, उनमें पिछली घटनाओं की तरह कहीं भी संवेदनशीलता-वादे या दैहिक जरूरत जैसी बातें नहीं थीं। याद आते हैं वे दिन। बेचारी सुकेता...सपने सच में बदले, इसके पहले प्रलय मच गया। जिन भयों से आक्रांत हुई थी, वे असलियत के रूप में सामने कुंडली मारकर उसे डँसने लगा। यही होनी थी, होतव्यता थी। जो सम्मोहन मचलता था। हुस्न की अधपकी फसल, उस फसल की कच्ची गंध और महुआ-पलाश की खटास भरी हवा में यौवन का मृदंग देह की ताल पर बजता था तो वह दूसरे लोक में डूब जाती थी। कुछ नहीं बचा। यादों के बियाबान खंडहर में भटकती प्रेम की आत्मा, जो स्याह घुप्प अँधेरे में चमगादड़ समान लटककर उसकी जिंदगी को ज़ार-ज़ार कर रहा है।

●●●